AF318635

# CATALOGUE

# DE LIVRES

PROVENANT DE LA LIBRAIRIE

## DE M. BARROIS L'AINÉ.

### DEUXIÈME PARTIE.

*Dont la vente se fera le 28 Juin 1838, et jours suivants, à six heures de relevée, Rue des Bons-Enfants, n° 30;*

## MAISON SILVESTRE.

Les adjudications seront faites par M° COMMENDEUR, Commissaire-Priseur, rue Saint-Germain-des-Prés, n° 9.

———

Les acquéreurs paieront, en sus du prix d'adjudication, 5 centimes par franc, applicables aux frais.

## PARIS.

SILVESTRE, LIBRAIRE,

Rue des Bons-Enfants, n° 30.

## 1838.

# ERRATA.

# ORDRE DES VACATIONS.

On pourra voir les livres, le matin de chaque jour de vente, depuis une heure jusqu'à trois.

Les livres vendus devront être collationnés sur place dans les vingt-quatre heures de l'adjudication.

Les articles au-dessous de 10 fr. ne seront repris que s'ils sont incomplets.

### 1re vacation.

#### Jeudi 28 juin. 1838.

| | | |
|---|---|---|
| Théologie. | 1 — | 30. |
| Jurisprudence. | 766 — | 795. |
| Belles-Lettres. | 1571 — | 1584. |
| Histoire. | 1925 — | 1953. |

### 2e vacation.

#### Vendredi 29 juin.

| | | |
|---|---|---|
| Théologie. | 31 — | 60. |
| Jurisprudence. | 796 — | 825. |
| Belles-Lettres. | 1585 — | 1598. |
| Histoire. | 1898 — | 1924. |

### 3e vacation.

#### Samedi 30 juin.

| | | |
|---|---|---|
| Jurisprudence. | 826 — | 856. |
| Théologie. | 61 — | 90. |
| Belles-Lettres. | 1599 — | 1611. |
| Histoire. | 1954 — | 1981. |

### 4e vacation.

#### Lundi 2 juillet.

| | | |
|---|---|---|
| Théologie. | 91 — | 120. |
| Jurisprudence. | 857 — | 888. |
| Belles-Lettres. | 1612 — | 1624. |
| Histoire. | 2122 — | 2149. |

### 5e vacation.

#### Mardi 3 juillet.

| | | |
|---|---|---|
| Théologie. | 121 — | 150. |
| Jurisprudence. | 889 — | 918. |
| Belles-Lettres. | 1625 — | 1637. |
| Histoire. | 2010 — | 2037. |

### 6e vacation.

#### Mercredi 4 juillet.

| | | |
|---|---|---|
| Théologie. | 151 — | 180. |
| Sciences et arts. | 919 — | 951. |
| Belles-Lettres. | 1638 — | 1650. |
| Histoire. | 2038 — | 2065. |

### 7e vacation.

#### Jeudi 5 juillet.

| | | |
|---|---|---|
| Théologie. | 181 — | 210. |
| Sciences et arts. | 952 — | 984. |
| Belles-Lettres. | 1651 — | 1663. |
| Histoire. | 2066 — | 2093. |

### 8e vacation.

#### Vendredi 6 juillet.

| | | |
|---|---|---|
| Belles-Lettres. | 1664 — | 1676. |
| Théologie. | 211 — | 240. |
| Sciences et arts. | 985 — | 1017. |
| Histoire. | 2094 — | 2121. |

### 9e vacation.

#### Samedi 7 juillet.

| | | |
|---|---|---|
| Sciences et arts. | 1018 — | 1050. |
| Théologie. | 241 — | 270. |
| Belles-Lettres. | 1677 — | 1689. |
| Histoire. | 1982 — | 2009. |

### 10e vacation.

#### Lundi 9 juillet.

| | | |
|---|---|---|
| Théologie. | 271 — | 300. |
| Belles-Lettres. | 1690 — | 1703. |
| Histoire. | 2150 — | 2177. |
| Sciences et arts. | 1051 — | 1083. |

### 11e vacation.

#### Mardi 10 juillet.

| | | |
|---|---|---|
| Théologie. | 301 — | 331. |
| Sciences et arts. | 1084 — | 1116. |
| Belles-Lettres. | 1704 — | 1715. |
| Histoire. | 2178 — | 2205. |

### 12e vacation.

#### Mercredi 11 juillet.

| | | |
|---|---|---|
| Belles-Lettres. | 1716 — | 1728. |
| Sciences et arts. | 1117 — | 1149. |
| Théologie. | 332 — | 362. |
| Histoire. | 2206 — | 2232. |

iv

13<sup>e</sup> vacation.

Jeudi 12 juillet.

| Théologie. | 363 — 393. |
| Sciences et arts. | 1150 — 1182. |
| Belles-Lettres. | 1729 — 1741. |
| Histoire. | 2233 — 2259. |

14<sup>e</sup> vacation.

Vendredi 13 juillet.

| Théologie. | 394 — 423. |
| Sciences et arts. | 1183 — 1215. |
| Belles-Lettres. | 1742 — 1754. |
| Histoire. | 2260 — 2286. |

15<sup>e</sup> vacation.

Samedi 14 juillet.

| Sciences et arts. | 1216 — 1248. |
| Théologie. | 425 — 455. |
| Belles-Lettres. | 1755 — 1767. |
| Histoire. | 2287 — 2313. |

16<sup>e</sup> vacation.

Lundi 16 juillet.

| Histoire. | 2314 — 2341. |
| Théologie. | 456 — 486. |
| Sciences et arts. | 1249 — 1281. |
| Belles-Lettres. | 1768 — 1780. |

17<sup>e</sup> vacation.

Mardi 17 juillet.

| Belles-Lettres. | 1781 — 1793. |
| Théologie. | 487 — 518. |
| Sciences et arts. | 1282 — 1314. |
| Histoire. | 2342 — 2367. |

18<sup>e</sup> vacation.

Mercredi 18 juillet.

| Théologie. | 519 — 548. |
| Sciences et arts. | 1315 — 1346. |
| Belles-Lettres. | 1794 — 1806. |
| Histoire. | 2368 — 2394. |

19<sup>e</sup> vacation.

Jeudi 19 juillet.

| Théologie. | 549 — 579. |
| Sciences et arts. | 1347 — 1378. |
| Belles-Lettres | 1807 — 1819. |
| Histoire. | 2395 — 2421. |

20<sup>e</sup> vacation.

Vendredi 20 juillet.

| Sciences et arts. | 1379 — 1410. |
| Théologie. | 580 — 610. |
| Belles-Lettres. | 1820 — 1832. |
| Histoire. | 2422 — 2448. |

21<sup>e</sup> vacation.

Samedi 21 juillet.

| Théologie. | 611 — 641. |
| Sciences et arts. | 1411 — 1442. |
| Belles-Lettres. | 1833 — 1845. |
| Histoire. | 2449 — 2475. |

22<sup>e</sup> vacation.

Lundi 23 juillet.

| Sciences et arts. | 1443 — 1474. |
| Théologie. | 642 — 672. |
| Belles-Lettres. | 1846 — 1858. |
| Histoire. | 2476 — 2502. |

23<sup>e</sup> vacation.

Mardi 24 juillet.

| Histoire. | 2503 — 2530. |
| Théologie. | 673 — 703. |
| Sciences et arts. | 1475 — 1506. |
| Belles-Lettres. | 1859 — 1871. |

24<sup>e</sup> vacation.

Mercredi 25 Juillet.

| Histoire. | 2531 — 2556. |
| Théologie. | 704 — 734. |
| Sciences et arts. | 1507 — 1538. |
| Belles-Lettres. | 1872 — 1884. |

25<sup>e</sup> vacation.

Jeudi 26 juillet.

| Histoire. | 2557 — 2583. |
| Théologie. | 735 — 765. |
| Sciences et arts. | 1539 — 1570. |
| Belles-Lettres. | 1885 — 1897. |

# CATALOGUE

# DES LIVRES

PROVENANT DE LA LIBRAIRIE

## DE M. BARROIS L'AINÉ.

## DEUXIÈME PARTIE.

# THÉOLOGIE.

1. **Abbadie (J.) : Traité de la vérité de la religion chrétienne et art de se connoître.** *Paris*, 1750, 4 vol. in-12. *v.* — Abbadie : les droits de Dieu, de la nature et des gens. *Amst.*, 1755, in-12. *v.*—Nouvelle dissertation touchant le temps auquel la religion chrétienne a été établie dans les Gaules (par Abbadie). *Toulouse*, 1703, in-12.
2. **Abelly : Considérations sur l'éternité.** *Paris*, 1762, in-12, *mar. r. d. s. t.* — Renar, Opuscules spirituels recueillis par Abelly. *Paris*, 1687, in-12. *v.*
3. **Acosta (Jer.), Histoire de l'origine et du progrès des revenus ecclésiastiques.** *Basle*, 1706, 2 vol. in-12. *v. br.*
4. **Acta causæ rituum seu cœremoniale sinensium complectantia.** *Viennæ*, pet. in-8. *br.*
5. **Adami Opera, ed. God. Ghiselberto.** *Antuerpiæ*, 1659, in-fol. *v. br.*
7. **Æsopus epulans, sive discursus morales inter con-**

fratres petrinos curatos. *Viennæ*, 1749, in-4. dem.-
rel. dos de vel.

7. Alani ab insulis parabolæ, cum notis And. Senftlebii.
*Wratislaviæ*, 1663, pet. in-8. *br.*

8. Alani Varenii libri, dialogi et epistolæ. *Parisiis.—*
Clamengii (Nic.) Catalauniensis libri V, tum pii, tum
eruditi. *Parrhisiis*, 1521.—Plutarchi de tuenda bona-
valetudine precepta, Erasmo interprete. *Lovanii*, 1530,
in-4. *parch.*

9. Alexander (Nat.), Commentarius in epistolas S. Pauli
et in epistolas catholicas. *Rhotomagi*, 1710, in-fol.
*v. br.*

10. Alexander (Natalis), Theologia dogmatica moralis.
*Parisiis*, 1694, 10 vol. in-8. *v. br.*

11. Alexander (Nat.), Theologia dogmatica et moralis.
*Parisiis*, 1703, 2 vol. in-fol. *v. br.*

12. Almain in tertium sententiarum. *Parrhisiis*, 1516.
— Catonis distica. *Parisiis*, 1528.—Aniani compotus
manualis. *Parrhisiis*, 1526, in-4. *v. br.*

13. Altenstaig (J.), Lexicon theologicum, ed. J. Tytz.
*Coloniæ Agrippinæ*, 1619, in-4 *v.*

14. Alvarez de Paz (J.), de vita spirituali. *Moguntiæ*,
1614, 2 vol. in-fol *v. non uniformes.*

15. Amama (S.), Censura vulgatæ atque à Tridentinis
canonisatæ versionis V librorum Mosis. *Franekeræ*,
1620, in-4. *vél.*

16. Amica collatio de gratiæ et voluntatis humani con-
cursu invocatione inter Dan. Telenum et J. Camero-
nem. *Lugd. Batav.* 1622, in-4 *parch.*

17. Amyraut : Traité des religions contre ceux qui les
estiment toutes indifférentes. *Saumur*, 1631, in-8.
*parch.*

18. Anecdota sacra, sive collectio opusculorum veterum
sanctorum patrum, virorum illustrium, rerum litur-
gicarum, etc., ed. E. de Levis. *Augustæ Taurinorum*
(*circà* 1789), in-4 *bas.*

19. Anselme, Sermons Paris, 1731, 4 vol. in-8.

20. Antilogia Papæ, hoc est, de corrupto ecclesiæ statu,
et totius cleri Papistici perversitate. *Basileæ*, 1555,
in-8. *mout.*

21. Antiphonarium Romanum ( à l'usage des PP. Picpus

de Limours) 1730, in-fol. *v. coins, et clous en cuivre, courroies.*

Manuscrit.

22. Antiphonarium Romanum. *Lugduni*, 1760, in-4. *v.*

23. Antithesis Christi et anti-Christi videlicet Papæ id est exemplorum, factorum vitæ et doctrinæ utriusque et adverso collata comparatio, versibus et figuris venustissimis illustrata. *Genevæ*, pet. in-8. *fig. sur bois, v. fil.*

24. Antoine (P. G.), Theologia universa speculativa et dogmatica. *Parisiis*, 1742, 7 vol. in-12; *bas. non uniformes.* — (Antoine), Moyens d'acquérir la perfection chrétienne. *Nancy*, 1738, in-24. *br.*

25 Appendix Augustiniana. *Antverpiæ*, 1703, in-folio, *ch. m. br.*

26. Apollinarii interpretatio psalmorum, versibus heroicis. *Parisiis*, 1552, in-8, *mar. v. dent. d. s. tr.*

27. Apollinarii interpretatio psalmorum versibus heroicis, ed F. Sylburgio. 1596, in-8. *v. f. à comp. d. s. tr.*

28. Apollinarii interpretatio psalmorum versibus heroicis. *Parisiis*, 1680, in-8. *parch.*

29. Aratoris de actibus Apostolorum libri II et Epistolæ tres, ed. J. Arntzenio. *Zutphaniæ*, 1769, in-8. *br.*

30. Arcudius (P.), de concordia ecclesiæ Occidentalis et Orientalis in sacramentorum administratione. *Lut. Paris.*, 1626, in-fol. *v. br.*

31. Arnauld (Ant.), de frequenti communione. *Parisiis*, 1647, in-4. *v. br.*

32. Arnauld (Ant.), de la fréquente communion. *Paris*, 1683, in-8. *v. br.* — Arnauld : Lettres au P. Mallebranche. 1685, in-12, *v.*

33. Arnaud, Renversement de la morale de Jésus-Christ par les erreurs des Calvinistes touchant la justification. *Paris*, 1692, in-4. *v. f. fil.*

34. Arnauld : Dissertation sur la manière dont Dieu a fait les fréquens miracles de l'ancienne loy par le ministère des Anges. *Cologne*, 1685, in-8. *cart.* — Arnoldi (G.), historia et descriptio theologiæ mysticæ. *Francof.*, 1702, in-12. *cart.*

35. Attonis Vercellensis opera omnia, ed. B. del signore. *Vercelli*, 1768, 2 vol. in-fol. *cart.*

36. Augustinus (S.), de Civitate Dei. *Sive anno et loco*, in-fol. *goth. non rel.*

37. Augustin (S.), Le combat du Chrétien , trad. par l'évêque de Marseille. *Marseille*, 1738, in-8. *mar. r. dent. d. s. t.*

38. Augustini ( S. ) Confessiones. *Bassani*, 1774, in-24. *br.* — Augustin (S.) : Les confessions . trad. en françois, trad. par Arnauld d'Andilly, latin-françois. 1657, in-8. *v. br.*

39. Augustin (S.) : Lettres traduites en françois avec des notes par Dubois. *Paris*, 1718 , 6 vol. in-12. *v. br.* — Augustin (S.) : Livre de la véritable religion , trad. par Ant. Arnauld. *Paris*, 1720, in-12. *v. br.*

40. Aurelii (P.) opera. *Parisiis*, 1642, 3 tom. en 1 vol. in-fol. *v. f.*

41. Avantages du mariage . et combien il est nécessaire et salutaire aux prêtres et aux évêques de ce temps-ci d'épouser une fille chrétienne. *Bruxelles*, 1758, 2 tomes en 1 vol. in-12. *v.* — Correspondance de deux ecclésiastiques sur le célibat des prêtres (par Henry). *Paris*, 1807, in-12. *br.*

42. Avrillon : Année affective. *Paris*, 1707, in-12, *v. br.* — Commentaire affectif sur l'amour de Dieu. *Paris*, 1742, in-12, *v. br.* — Commentaire sur le pseaume *Miserere*. *Paris*, 1733, in-12. *v. br.* — Conduite pour l'Avent. *Paris*, 1728, in-12. *v. br.* — Conduite pour les fêtes de la Pentecôte. du Saint Sacrement et de l'Assomption. *Paris*, 1731, in-12. *v. br.* — Exercices spirituels pour une retraite de dix jours. *Paris*, 1699, in-12. *v. br.* — Méditations et sentimens sur la Communion. *Paris*, 1787 , in-12. *bas.* — Retraite de dix jours. *Paris*, 1753, in-12. *v. br.* — Sentimens sur l'amour de Dieu. *Paris*, 1753, in-12. *v. br.*

43. Aymon (J.) : Monumens authentiques de la religion des Grecs. *La Haye*, 1708, in-4. *v.*

44. Badoire (P.) ; Prônes sur le Sacrifice de la Messe. *Paris*, 1765 , 3 vol. in-12. *br.*

45. Bagavadam, ou doctrine divine ( publié en français par Foucher d'Obsonville ). *Paris*, 1788, in-8. *v.*

45 *bis*. Baii ( Mic.) Opera. *Coloniæ Agrippinæ*, 1696, in-4. *v. br.*

46. Baiole (And.), de la vie intérieure. *Paris*, 1649, in-4. *v. br.*

47. Ballon ( La Mère de ), les œuvres de piété , recueillies par le P. J. Grossi. *Paris*, 1700, in-8. *v. br.*

48. Bandelis ( Fr. Vinc. de ), de singulari puritate et
prærogativa conceptionis salvatoris nostri Jesu-Christi
*ad exemplar Bononiæ*, 1481, in-12, *vél. piq. de vers.*

49. Barclaii (Rob.) Theologiæ verè Christianæ apologia.
*Londini*, 1676, in-4. *br.*

50. Barronii (Bon ) Panegeryci sacro-prophani. *Lugd.*
1656, in-8. *parch.*

51. Barthelemy ( Nic.), Apologie du banquet sanctifié de
la veille des Rois. *Paris*, 1665, in-12. *v.*

52. Basil.i imp. rom. exhortationes, gr. et lat. *Basileæ,*
1633, in-8. *non rel.*

53. Baudrand , 8 vol.

> L'ame contemplant les grandeurs de Dieu. *Lyon,* 1779, in-12. *bas.*
> — Ame religieuse élevée à la perfection. *Lyon*, 1770, petit in-12.
> *bas* — L'ame éclairée par les oracles de la sagesse. *Lyon*, 1776, in-12.
> *bas.* — L'ame élevée à Dieu. *Rouen*, 1781, in-12. *bas.* — L'ame fidelle
> animée de l'esprit de Jésus-Christ. *Lyon*, 1774, in-12. *bas.* — L'ame
> sanctifiée. *Lyon*, 1773, in-12. *v.* — L'ame sur le Calvaire. *Lyon,*
> 1787 , in-12. *bas.* — Reflexions , sentimens et pratiques de piété.
> *Lyon* , 1780, in-12. *bas.*

54. Bayi (Jac.) Institutiones religionis christianæ. *Pari-*
*siis* , 1621 , in-4. *demi-rel.*

55. Bayle , Pensées diverses à l'occasion de la comète
de 1680. *Rotterdam*, 1721, 4 vol. in-12. *v. br.*

56. Bedæ et Claudii Taurinensis , item aliorum veterum
patrum opuscula. *Bononiæ*, 1755, in-4. *br.*

57. Bellarminus ( Rob.), de controversiis christianæ
fidei. *Lugduni*, 1610, 4 vol. in-8. *v. br. (rel. fatiguée.)*

58. Bellefont (Mᵐᵉ de), OEuvres spirituelles. *Paris,* 1688,
in-8. *mar. r. à comp. d. s. tr. aux armes de S. Cir.*

59. Benedicti XIV (Lambertini), de servorum dei beatifi-
catione et beatorum canonizatione. *Venet.* 1764, 5
tom. en 4 vol. *vél.*

60. Benoist (R.), Claire probation de la necessaire man-
ducation de la substantielle et reale humanité de Jésus-
Christ au saint Sacrement de l'autel. *Paris*, 1561, in-
8. *cart.* — Benoist ( R.), Second advertissement et
notable conseil à la France, touchant ses presentes
extrêmes miseres et calamitez et la crainte de plus

grandes avec changement de religion. *Paris*, 1589, in-8. *cart.*

61. Berchorii (P.) Dictionarium vulgo repertorium morale. *Colon. Agr.*, 1731. 4 tom. en 2 vol. in-fol. *vél.*

62. Bergier, Théologie (de l'encyclopédie méthodique). *Paris*, 1788, 3 vol in-4. *cart.*

63. Bernard (S.), OEuvres, mises en françois, par Ph. Le Bel. *Paris*, 1622, in-fol. *dem. rel.*

64. Bernard (St.), Sermons sur le cantique des cantiques. *Paris*, 1663, in-4. *v. br.* — Bernard (S.), De la considération, trad. par Desmares. *Paris*, 1658, in-12. *v. br.*

65. Beurrier, Homélies sur les épitres de tous les dimanches et principales festes de l'année. *Paris*, 1675, in-4. *v. br.*

66. Beveridge, Pensées secrètes sur la religion. *Amsterdam*, 1731, 2 vol. in-12. *br.*

67. Beverland (H.), de fornicatione cavenda sive adhortatio ad pudicitiam et castitatem. 1698, in-12. *v. br.*

68. Beverland (H.), Peccatum originale. *Eleutheropoli*, 1678. — *Idem.* De stolatæ virginitatis jure. *Lugd. Bat.*, 1680, in-8. *vél.*

69. Beverland (H.), de stolatæ virginitatis jure. *Lugd. Bat.*, 1680, in-8. *v. br.*

70. Bezæ (Th.), Confessio Christianæ fidei et ejusdem collatio cum papisticis hæresibus. 1563, in-8. *parch.*

71. Bezæ (Th ), Tractatio de polygamia. *Genevæ*, 1573. — Ejusdem tractatio de repudiis et divortiis. *Genevæ*, 1573, in-8. *parch.*

72. Biblia polyglotta, ed. Lejay. in-fol. — Acta apostorum (tom. V 2ª pars) Josue, Judices, Ruth, Samuel, Reges. Paralipomena, 2 vol.—Daniel prophetæ minores, Macchabæi, hebr. chald. in-fol. *v. br.* — Judices Josue, Reges, Paralipomena. in-fol. —Ezechiel, Prophetæ minores, Macchabæi, syr. et arab. in-fol. *v. br.*

73. Biblia, cum concordantiis veteris et novi testamenti, S. Hieronimus interpres bibliæ. *Argentinæ*, 1497, in-fol. *goth.* rel. en bois.

74. Biblia. *Parisiis, Rob. Stephanus*, 1540, in-fol. *mar. r. fil.*

75. Biblia sacra. *Parisiis, Rob. Stephanus*, in-8. *rel.* en 4 vol. *mar. r. dent. d. s. tr. (le titre manque.)*

76. Biblia sacra ex sanctis Pagnini transatione. *Lugduni,* 1542, in-fol. *v.*

77. Biblia. *Antverpiæ, Plantin*, 1565, in-8. *mar. cit. à compart. d. s. tr.*

78. Biblia sacra cum duplici translatione et scholiis Fr. Vatabli. *Salmanticæ*, 1584, 2 vol. in-fol. *v.*

79. Biblia sacra, cum scholiis Imm. Tremellii et Fr. Junii. *Hanoviæ*, 1624, in-fol. *v. br.*

80. Biblia sacra cum expositionibus priscorum patrum, ed. Fr. Haræo. *Antverpiæ*, 1630, in-fol. *v. br.*

81. Biblia sacra. *Coloniæ Agrippinæ, Egmond*, 1670, 6 vol. in-12. *mar. r. à comp. d. s. t.*

82. Biblia sacra. *Coloniæ Agrippinæ, Egmont*, 1658, in-8. *v. br.*

83. Biblia sacra. *Parisiis, Coustelier*, 1664, 2 vol. in-12. *v. br.*

84. Biblia sacra. *Coloniæ Agrippinæ, Egmond*, 1682, in-8. *v. br.*

85. Biblia maxima, cum annotationibus N. de Lyra et aliorum, stud. et opera J. De la Haye. *Lut. Paris,* 1660, 19 vol. in-fol. *v. br.*

86 Bible (la) qui est toute la saincte escriture, contenant le vieux testament et le nouveau. 1560, in-4. *v. br.*

87. Bible françoise-latine. *Genève*, 1568, in-fol. *v. br.*

88. Bible (la) qui est toute la saincte escriture du vieil et du nouveau testament. *Sedan, Jean Jannon*, 1633, in-12. *mar. r. fil. doublé de tabis.*

89. Bible (Ste.), trad en françois par De Sacy avec la concorde des quatre évangelistes. *Liege*, 1701, 2 vol. in-fol. *fig. v. br.*

90. Bible (Ste.), trad. en françois par Le Maistre de Sacy. *Paris*, 1730, 2 vol. in-4. *v. br.*

91. Bible (la Ste ), revue par les pasteurs et professeurs de Genève, avec les argumens et les réflexions par Ostervald. *Bienne*, 1771, 2 vol. in-8. *bas.*

92. Bible, Les deux livres de Samuel, en hébreux et alle-

mand. *Vienne*, 1793, in-8. *br.* (*La traduction allemande est imprimée en caractères hébreux*). — Can-
tica canticorum, Ecclesiastes Salomonis, chaldaice et
latine. *Basileæ*, 1553, in-8. *vél.* (*titre coupé*).

93. Bible (figures de la) illustrées de huictains françoys.
*Lyon*, 1564, in-8. *fig. en bois v.*

94. Figures de la bible, par Seb. Leclerc, avec des
explic. manusc. in-12. *obl.* les tomes 2 et 3 *v. br.*

95. Brianville, Histoire sacrée en tableaux, troisième
partie (le nouveau testament). *Paris*, 1675, in-12. *fig.*
*de Seb. Leclerc, v. br.*

96. Biblia trasladada en español revisto por Cypriano
de Valera. *Amsterdam*, 1602, in-fol. *v. f.*

97. Biblia, trasladada en español, 1622, in-4. *bas.*

98. Biblia en lengua espanola. *Ferrara*, 1630, in-fol.
*vél.*

99. Biblia en lengua española. *Amsterdam*, 1661,
in-8. *v. br.*

100. Bibliotheca patrum ascetica, studio ac labore
C. Chantelou. *Paris*, 1661, 5 vol. in-4. *v. br.*

101. Bibliotheca sacra; or dictionary of the holy scrip-
tures. *Edinburgh*, 1806, 2 vol. in-8. *fig. cart.*

102. Biel (J. Chr.), de lignis ex Libano ad templum
hierosolymitanum ædificandum petitis. *Brunsvigæ*,
1740, in-4. *cart.*

103. Biel (Jo. Chr.), Novus thesaurus philologicus vet.
testam. ed. E. H. Mutzenbecher. *Hagæ Comitum*,
1779, 3 vol. in-8. *br.*

104. Binsfeldius, de confessionibus maleficorum et sa-
garum. *Aug. Trevir.*, 1596, in-8. *vél.*

105. Blasius (C.), de festo cordis Jesu. *Norimb.*, 1774,
in-4. *br.*

106. Blessig (J. L.) Præsidia interpretationis novi testamenti ex auctoribus græcis. *Argentorati*, 1778,
in-4. *br.*

107 Blosius (L.), Institutio spiritualis. *Venet.*, 1571. —
Ejusdem pusillanimium consolatio. *Venet.*, 1571,
pet. in-12. *mar. n.* — Bloys (L. de), La consolation des
pusillanimes imparfaits et affligez, trad. du lat. *Paris*,
1601, pet. in-12. *parch.*

108. Bocharti (Sam.) Hierozoicon sive de animalibus

S. Scripturæ, cum notis Ern. Fr. Car. Rosenmuller. *Lipsiæ*, 1793, 3 vol. in-4. *br.*

109. Bohlen (P. A.), Symbolæ ad interpretationem S. Codicis ex lingua persica. *Lipsiæ*. 1822. in-4. *br.*

110. Boissieu (le p. Ant.), Le saint évangile de J. C. expliqué en méditations. *Lyon*, 1767, 4 vol. in-12. *v.*

111. Bona (J.), de divina psalmodia. *Parisiis*, 1663, in-4. *v. br.*

112. Bona (le card.), Ferventes aspirations à Dieu , recueillies de l'écriture et des SS. Pères ; trad. par Bosc. *Paris*, 1729, in-12. *bas.* — Bona (le card.), Les principes et règles de la vie chrétienne , trad. par le pres. Cousin. *Paris*, 1693, in-12. *v. br.* — Berlin (le P. N.), Les puissantes intercessions de S. François de Paule, en la dévotion des Trezains, *Paris*, 1697, in-12, *br.*

113. Bonæ (Jo.) Opera. *Antverpiæ*, 1739, in-fol. *peau de truie.*

114. Bonæ-spei (Philippi) Opera. *Duaci*, 1621, in-fol. *v. br.*

115. Bonaventura (L.), Sub primo libro sententiarum, (*Sine loco et anno.*) in-fol. *goth. rel. en bois.*

116. Bonaventure (S.), Super quartum librum sententiarum. pet. in-8. *goth.*

(Le premier feuillet manque.)

117. Bonaventure (S.), De l'amour de Dieu et des moyens qui conduisent à la perfection de cet amour, trad. par Godeau. *Paris*, 1712, in-12. *v. br.* — Bonaventure (S.), Pseautier de la Vierge, trad. en françois, par J. de Gallifet. *Lyon*, 1779, in-12. *bas.*

118. Bonifacii de Leva viaticæ excursiones, ad J. Gozthon de nonnullis homini viciis. *Parisiis*, 1515, in-4. *v. f.*

119. Book of common prayer. *London*, 1713, in-4. *mar. n. à compart.*

120. Bossuet, Avertissements (5) aux protestans. *Paris*, 1689. — Lettre pastorale aux nouveaux catholiques de son diocèse. *Paris*, 1686, in-4. *v. br.* — Bossuet, Histoire des variations des Eglises protestantes. *Paris*, 1688, 2 vol. in-4. *v. br.*

121. Bossuet, l'Apocalypse avec une explication. *Paris*, 1691, in-8. *v.* — Bossuet , De nova quæstione, 1° Mystici in tuto. 2° Schola in tuto. 3° Quietismus redivivus.

*Parisiis*, 1698, in-8. *v. br.* — **Bossuet**, Divers écrits sur le livre intitulé : Explication des maximes des saints. *Paris*, 1698, in-8. *v.* — **Bossuet**. Instruction sur les estats d'oraison. *Paris*, 1697, in-8. *v . br.* — **Bossuet**, Relation sur le quiétisme, *Paris*, 1698. — Ducis Cameracensis epistolæ (5), Lettre sur l'injustice des accusations contre l'explication des maximes des Saints. in-8. *v. br.*

122. **Bossuet**, De nova quæstione tractatus tres. *Parisiis*, 1698, in-8. *v. br.*

(Avec envoi autographe de Bossuet à M. de Busca).

123. **Bossuet**, Dissertation sur les pseaumes, trad. en franç. par Le Roi. *Paris*, 1775, in-12. *bas.* — Défense de la tradition et des Saints-Pères. *Paris*, 1763 2 vol in 12 *bas.* — Introduction à la philosophie ou de la connaissance de Dieu et de soi-mesme. *Paris*, 1722, in-12. *v. br.* — Relation de l'origine, du progrès et de la condamnation du quiétisme. 1732, 2 part en 1 vol in-12. *v. br.* — Traité de la comuunion sous les deux espèces. *Paris*, 1682, in-12. *v. br.* — Traité de l'amour de Dieu. *Paris*, 1736, in-12. *v* — Traitez du libre arbitre et de la concupiscence. *Paris*, 1731, in-12. *v. br.*

124. **Bouhours** (le p.), Pensées ingénieuses des pères de l'église. *Paris*, 1700, in-12. *v. br.*

125. **Bourdaloue**, Sermons. *Paris, Rigaud*, 1716, 15 vol. in-12. *v.*

126. **Bourdaloue**, Sermons pour l'avent et le caresme. *Paris, Rigaud*, 1707, 4 vol, in-8. *br.*

126 *bis*. **Bralion** ( Nic. de), Pallium archiepiscopale. *Parisiis*, 1648, in-8. *parch.*

127. **Breviarium** parisiense. *Parisiis*, 1736, 4 vol. in 4. *v.*

128. **Breviarium** parisiense. *Parisiis*, 1745, 4 vol. in-8. *mar. r. d. s. t.*

*Aux armes de madame la Dauphine ( Marie Antoinette).*

129. **Breviarium** Lucionense : supplementa. *Parisiis*, 1823, in-12. *br,*

130. **Bromets** ( Chr. H ), de cellis sacris veterum Christianorum. *Longo-Salissæ*, in 4. *cart.*

131. **Brown** ( Edw.), Fasciculus rerum expetendarum et fugiendarum *Londini*, 1690, 2 vol. in-fol. *v. br.*

132. **Buddeus** (J. F.), de Atheismo et superstitione, ed. J. Lulofs. *Lugd. Bat*, 1767, in-4. *br.*

( 11 )

133. Buddæus (J. F.), Dissertationum theologicarum syntagma. *Jenæ*, 1715, in-4. *vel.*

134. Buddeus, Traité de l'athéisme et de la superstition, trad. par Philon. *Amst.*, 1740, in-8. *v.*

135. Bugenhagius, de conjugio Episcoporum et Diaconorum. *Argentorati*, 1526. — Defensio conjugii sacerdotum collecta a Ph. Melanthone. *Vesaliæ*, 1543. — Commentarius in priorem Thimothei epistolam. *Basileæ*, 1533, in-8. *v. br.*

136. Bulli ( G.). Defensio fidei Nicænæ. *Oxonii*, 1688, in-4. *v. br.*

137. Burnet ( Gilb.); Exposition of the XXXIX articles of the church of England. *London*, 1737, in-fol. *v. br.*

138. Burnetius (Th.), Telluris theoria sacra. *Amstel.*, 1699, in-4. *v. f.* — Burnetius ( Th.), De statu mortuorum et resurgentium. *Londini*, 1726, in-8. *v.*

139. Busæus (J.), Viridarium christianarum virtutum. *Lugduni*, 1611, in-8. *parch.*

140. Busti ( de) De singulis festivitatibus Beatæ Virginis. *Lugduni*, 1515, in-8. *goth. v.*

141. Buttinghausen; An sacerdotes vitio corporis laborantes comederint sanctissima? *Francof.*, 1756, in-8. *br.*

142. Buxtorfii (Joh.) Exercitationes ad historiam, 1° Arcæ fæderis: 2° Ignis sacri et cælestis, etc. *Basileæ*, 1659, in-4. *vel.*

143. Cælii secundi Curionis Pasquillus ecstaticus cui accedit Pasquillus Theologaster. *Genevæ*, 1667 pe t. in-12. *v. br.*

144. Calmet (Aug.), Dissertations qui peuvent servir de prolégomènes de l'Écriture sainte. *Paris*, 1720, 3 vol. in-4. *dem. rel.*

145. Calmet, Histoire de l'ancien et du nouveau Testament et des Juifs. *Nismes*, 1780, 3 vol. in-8. *v.*

146. Calmet, Prolegomena et dissertationes in omnes S Scripturæ libros. *Aug. Vind.*, 1732, 2 tom. en 1 vol. in-fol. *peau de truie.*

147. Calvin (J.), Institution de la religion chrestienne, trad. par Ch. Icard. *Breme*, 1713, in-fol. *v. br.*

148. Cambacérès, Sermons. *Paris*, 1787, 3 vol. in-12. *bas.* — Carême du P. Pradal. *Paris*, 1779, 3 vol. in-12. *br.*

149. Camus, év. de Belley, Les Debvoirs du bon parois-
sien. *Paris*, 1642, in-8. *v. br.* — Camus (J. P.), Eves-
qué de Belley, Usage de la penitence et de la communion. *Paris*, 1644, in 4. *v.*

150. Cangiamilla (**Fr. Emm.**), Sacra embryologia. *Monachii*, 1764, in-4. *v. br.*

151. Canisii (**P.**) Summa doctrinæ christianæ. *Aug -
Vindel.*, 1833. 4 vol. in-8. *br.*

152. Canons (les) des conciles de Tolede, de Meaux, de
Mayence, d'Oxfort et de Constance ; arrêts du Parlement de Paris, par lesquels la doctrine de déposer et
tuer les roys et princes est condamnée, 1615, in-8. *v.
br.* — Éclaircissement de plusieurs difficultés touchant les conciles généraux. *Amst.*, 1734, in-12, *v. br.*

153. Cantacuzeni (**J.**) contra saracenorum hæresim, pro
Christiana religione apologiæ ; ejusdem contra ma-
hometum orationes, græce. *Basileæ*, in-fol. *vél.*

154. Cappel (**J.**), Les livrées de Babel ou l'histoire du
siège romain. *Sedan, Jannon*, 1616, in-8. *rel.* en
2 vol. *v. f. fil.*

155. Capelli (**J.**) Commentarii et notæ criticæ in vetus
Testamentum, ed. J. Capello. *Amstel.*, 1689, in-fol. *br.*

156. Caraccioli (**Ant.**), Illustrium controversiarum biga.
*Coloniæ Agrippinæ*, 1619, in-4. *v. br.*

157. Caramuelis (Jo.), Theologia moralis fundamentalis.
*Lugduni*, 1657, in-fol. *v. br.*

168. Caranza, Summa conciliorum. *Lovanii*, 1681,
in-4. *v. br.*

159 Castro (**Alf. a.**) de justa hæretico punitione. *Lugduni*, 1556, in-8. *parch.*

160. Catalogus testium veritatis qui ante nostram æta-
tem pontifici romano ejusque erroribus reclamarunt.
*Argentinæ*, 1562, in-fol. *cart.*

161. Catechismus ex decreto Concilii Tridentini ad Pa-
rochos. *Bassani*, 1825. in-8. *br.*

162. Catena græcorum patrum in Job, collectore Niceta.
ed. P. Junio. *Londini*, 1737, in-fol. *v*

163. Cavalcanti vindiciæ romanorum Pontificum. *Romæ*, 1749, in-fol. *vél.*

164. Ceremoniale episcoporum. in-fol.

Les figures seulement.

165. Certitude des preuves du Mahométisme, par Ali-
Gier-Ber (A. Clootz). *Londres*, 2 tom. en 1 vol in-
12. *br.*

166. Chamier (Dan.), Considérations sur les advertis-
sements de A Porsan. 1600, in-8. *parch.*

167. Charron (P.), Discours chrestiens de la divinité,
creation, redemption et octaves du Saint Sacrement.
*Paris*, 1604, in-8. *parch.* — (Charon), Les trois véri-
tez contre tous athées, idolatres, juifs, mahumetans,
heretiques et schismatiques. *Paris*, 1594, in-8. *parch.*

168. Charancy (G. L. Berger de), Catéchisme de Mont-
pellier. *Avignon*, 1807, 5 vol. in-12, *bas.*

169. Cheffontaines (F. Chr.), Chrestienne confutation du
poinct d'honneur, sur lequel la noblesse fonde aujour-
d'huy ses querelles et monomachies. *Paris*, 1568,
in-8. *parch* —Cheffontaines (de), Défense de la foy
que noz ancestres ont eue de la présence reale du
corps de N. S. J.-C. au S. Sacrement de l'autel. *Paris*,
1586, in-8. *parch.* — Capite fontium (Chr.) fidei
maiorum nostrorum defensio. *Venetiis*, 1581, pet.
in-8. *v. f.*

170. Cheseaux (J. Ph. Loys de), Mémoires posthumes
sur divers sujets d'astronomie et de mathématiques.
*Lausanne*, 1754, in-4. *br.*

On y trouve un mémoire intitulé : *Remarques historiques, chronologiques et astronomiques sur Daniel.*

171. Christelijke Rijmdigten en Gezangen. *Utrecht*,
1709, in-4. *vél.*

172. Chrysogoni mundus Marianus, seu Maria speculum mundi sublunaris. *Aug. Vind.*, 1712, in-fol.
*fol. peau de truie.*

173. Chubb (Th.), Collection of tracts on various subjects. *London*, 1754, 2 vol. in-8. *v. br.*

174. Citeaux, Priviléges de l'ordre de Cisteaux. *Paris*,
1713, in-4. *v.*—Traité historique du Chapitre général
de l'ordre de Citeaux. 1736, in-4. *br.*

175. Clamengii (N.) Catalauniensis libri V, tum pii, tum
eruditi. *Parrhisiis*, 1521. — Mirabilis liber, qui pro-
phetias revelationesque nec non res mirandas, preteri-
tas, presentes et futuras aperte demonstrat. *Parrhisiis,
Eng. et Jo. de Marnef*, 1522, in-4. *parch.*

176. Clastres (de), La chymère mystérieuse révélée à un religieux : *en Provence*, 1660, in-8. *parch.*
> Avec la signature de Baluze.

177. Claude, OEuvres posthumes. *Amsterdam*, 1690, 5 vol. in-8. *v. br.*

178. Claude, Réponse au livre de M. Arnaud intitulé: la perpétuité de la foy catholique. *Quevilly*, 1671, 2 vol. in-8. *v. br.* — Claude (J.), Traité de l'Eucharistie, contenant une réponse au P. Nouet. *Genève*, 1670, in-8. *v.*

179. Clement, Entretiens de l'ame avec Dieu, en françois et en polonois. 1744, in-8. *mar. r. fil. d. s. tr.*
> Aux armes de Marie Leczinska.

180. Clementis Alexandrini opera, gr. et lat., ed Fr. Sylburgio. *Lutetiæ Paris.*, 1641, in-fol. *v. br. rel. fatiguée.*

181. Clementis ad Corinthios epistola prior, ed O. Junio. *Oxonii*, 1633, in-4. *parch.*

182. Clement d'Alexandrie (S.), OEuvres, trad. du grec. *Paris*, 1696, in-8. *v* — Clemence (l'abbé), Caractères (les) du Messie vérifiés en Jésus de Nazareth. *Rouen*, 1776, 2 tom. en 1 vol in-8. *bas.*

183. Clementis XI Constitutio *Unigenitus* theologice propugnata. *Rom e*, tom. 1 et 2 et *Dilingæ*, tom. 3 et 4. 4 vol. in-fol. *vel.*

184. V. a Cocaleo, Italus ad Febronium de statu ecclesiæ. *Francof.*, 1773, 2 vol. in-8. *bas.*

185. Codex regularum quas SS. Patres monachis et virginibus sanctimonialibus servandas præscriperunt. *Paris.*, 1663, in-4. *dem. rel.*

186. Collius (Fr.), de animabus Paganorum. *Mediolani*, 1622, 2 vol. in-4. *dem. rel. et cart.* — Collius (Fr.), de sanguine Christi. *Mediolani*, 1617, in-4. *dem. rel.*

187. Colome (le P.), Notice de l'Ecriture sainte. *Paris*, 1773, in-8. *dem. rel.* — Capellani (D.) mare Rabbinicum infidum. *Parisiis*, 1677, in-12. *parch.*

188. Colomesii (P.), Opera theologia critici et historici argumenti, ed. J. Alb. Fabricio. *Hamburgi*, 1709, in-4. *br.*

189. Combefis (Fr.), Bibliotheca patrum concionatoria. *Parisiis*, 1662, 8 vol. in-fol. *v. br.*

190. Combefis (Fr.), Bibliotheca græcorum Patrum auctuarium novissimum. *Parisiis,,* 1672, 2 part. en 1 vol. in-fol. *v. br.*

191. Commentaire littéral sur les épitres de Saint-Paul et les autres épitres canoniques. *Paris,* 1701, 2 vol. in-12. *mar. n. d. s. t.*

192. Concertatio ecclesiæ catholicæ in Anglia, adversus calvino-papistas et puritanos. *Aug. Trevirorum,* 1583, in-8. *dem. rel.*

193. Concilium florentinum, græce. *Romœ,* 1577, in-fol. *mout.*

194 Concilium Romanum anni 1725. *Romœ,* 1725, in-8, *parch.*—Concile de Trente, nouvellement trad. par Chanut. *Paris,* 1671, in-4. *v. br.*

195. Concordantiæ Bibliorum, utriusque Testamenti. *Paris.,* 1611, in-fol. *v. br.*

196. Concordia librorum Regum et paralipomenon complectens historiam regum Israel et Juda. *Lut. Paris.,* 1691, in-4. *v.*

197. Concordia rationis et fidei, sive harmonia philosophiæ moralis et religionis christianæ. *Amst.,* 1692, petit in-8. *v.*

198. Conduite scandaleuse du clergé, depuis les premiers siècles de l'Eglise jusqu'à nos jours. *Paris,* 1793, in-8. *br.*

199. Conférences ecclésiastiques du diocèse d'Agde. *Lyon,* 1701, in-12. *v. br.* — Conférences ecclésiastiques du diocèse de Condom. *Paris,* 1701, 2 vol. in-12. *v. br.*—Conférences ecclésiastiques de la Rochelle. *La Rochelle,* 1676, in-12. *v. br.*—Conférences ecclésiastiques de Sens. *Sens,* 1686, in-12. *v. br.*

200. Confessio fidei catholicæ autoritate synodi provincialis Petricoviæ, 1551, præsid. archiepiscopo Gnesnensi. *Dilingæ,* 1557, in-4. *rel. en bois et peau de truie.*

200 *bis.* Confessio fidei ecclesiarum Polonicarum. *Gedam,* 1735, in 4. *br.*

201. Confession (la) de Dumoulin contre la doctrine des ministres prétendus reformez. *Paris,* 1618, in-8. *cart.*—Conformité de la conduite de l'église de France pour ramener les protestans, avec celle de l'Eglise

d'Afrique pour ramener les donatistes. *Paris*, 1685, in-12. *v. br.*

202. Connor (B.) , Evangelium medici , seu medecina mystica. *Jenæ*, 1724 , in-8. *dem. rel.*

283. Consultation sur la diminution du nombre des festes. *La Rochelle*, 1670, in-4. *parch.* — Examen et résolutions des principales difficultés qui regardent l'office divin. *Paris.* 1756, in-12. *bas.*

204. Corderii (Balth.) Expositio patrum græcorum in psalmos. *Antverpiæ*, 1643, 3 vol. in-fol. *v.*

205. Courbon : les colloques du Calvaire. *Paris*, 1720, in-12, *v. br.* —Carcado (M^me de) , l'âme unie à Jésus-Christ dans le très saint Sacrement de l'autel. *Paris*, 1781, 2 vol. in-12. *v.*

206. Courvoisier (J. J.), le throsne royal de Jésus Naza-réen, roy des affligez. in-4. *fig. v.*

207. Crasset ( le p. J. ) : Le chrétien en solitude. *Paris.* 1682, in-12. *v. br.* — Considérations sur les principa'es actions du chrétien. *Paris*, 1732. in-12. *bas.* — La douce et sainte mort. *Paris*, 1435, in-12. *bas.*—Entretiens de dévotion sur le saint Sacrement de l'autel. *Paris* , 1653, in-12. *v. br.* — La Foy victorieuse de l'infidélité et du libertinage. *Paris*, 1693, 2 tom. en 1 vol. in-12. *v. br.*—De l'instruc-tion de la jeunesse. *Paris*, 1682, in-12. *v. br.* — Instructions spiri-tuelles pour la guérison et la consolation des malades. *Paris*, 1680, 2 vol. in-12. *v. br.* —La Manne du désert pour les personnes qui sont en retraite. *Paris*, 1729, in-12. *bas.* — Méthode d'oraison. *Paris*, 1683 , in-12. *v. br.* — Nouvelle forme de Méditations pour tous les jours de l'année. *Paris*, 1673 , 2 vol. in-12. *mar. cit. d. s. t.*—Pré-paration à la mort. *Paris*, 1708, pet. in-12. *v. br.*

208. Crespetii ( P. ) Summa catholicæ fidei, apostolicæ doctrinæ et ecclesiasticæ disciplinæ. *Lugd.*, 1593, in-fol. *vél.*

209. Critique de la critique de la recherche de la vérité. *Paris*, 1675, in-12, *v. br.*

210. Cupif (Fr.), Déclaration où il deduict les raisons qui l'ont meu à se séparer de l'église romaine pour embrasser la reformée. *Charenton*, 1637.—Response à la déclaration de F. Cupif. in-8. *cart.* — Dominis ( M. Ant. de) sui reditus ex anglia consilium exponit. *Pari-siis*, 1623, in-8. *cart.*

211. Cyrilli Hierosolymitani, ed. J. Prevotio. *Lut. Pa-ris.*, 1631. — Synesii opera , ed. D. Petavio. *Parisiis*, 1631, in-fol. *v. br.*

212. Cyrilli (S.) Hierosolymitani opera, ed. A. A. Tout-
tée. *Parisiis*, 1720, in-fol. *dem. rel.*
213. Cyprien (S.), OEuvres, trad. par Lombert. *Paris*,
1672, in-4. *v. br.*
214. Dallæus (J.), de cultibus religiosis latinorum.
*Genevæ*, 1671, in-4. *vél.*
215. Dallæus (J.), de imaginibus. *Ludg. Bat., Elzev.*,
1642. — *Idem*, de Pseudepigraphis apostolicis. *Har-
dervici*, 1653, in-8. *vél.*
216. Dallæus (J.), de usu Patrum libri, latine e gallico
a J. Metteyro redditi. *Genevæ*, 1686, in-4. *cart.*
217. Damiani (P.) Opera, ed. C. S. Caietano. *Parisiis*,
1642, 4 tom. en 1 vol. in-fol. *v. br.*
218. David, Psalmorum liber, gr. et lat. *Antverp.* 1594,
in-18. *v.*

>   Titre doublé.

219. Psalmi Davidis, proverbia salomonis, ecclesiastes
et canticum canticorum, hebraice, cum interlineari
versione Pagnini. *Parisiis*, 1632, in-8. *parch.*
220. Davidis metaphrasis libri psalmorum, græcis versibus contexta, per J. Duportum. *Cantabrigiæ*, 1666,
in-4. *v. br.*
221. David. Les CL pseaumes mis en vers françois, par
Phil. Des Portes. *Paris*, 1603, in-12, *mar. r. à comp.
d. s. t.*
222. David, Psaumes en latin et en françois avec des réflexions sur chaque verset (par le p. Loriot). *Paris*,
1700, 3 vol. in-12. *mar. r. d. s. t.*
223. David, Los psalmos, metrificados en lengua castel-
lana, por J. Le Quesne. 1606, in-8. *parch.*
224. Dédicace (de la) ou consécration d'une église, trad.
du pontifical romain. in-8. *mar. fil. d. s. tr.*

>   Aux armes.

225. Delacroix, Hortulus marianus. *Viennæ A.*, 1743
in-12. *v. br.*
226. De la Place, Traité de l'invocation des saints. *Saumur*, 1656, in-8. *v. f. fil.*
227. Delectus actorum ecclesiæ universalis seu nova
summa conciliorum, etc. *Lugd.*, 1706, 2 vol.
in-fol. *v.*

228. De Muis (Sim.) Opera. *Parisiis*, 1750, 2 tom. en 1 vol. in-fol. *non rel.*

229. Derodon (Dav.), L'atheisme convaincu. *Orange*, 1659, in-8. *parch.* — Derodon (Dav.), Dispute de l'eucharistie. *Genève*, 1655, in-8. *parch.* — Derodon (Dav.), Le tombeau de la messe. *Genève*, 1660, in-8. *br.*

230. Derham (G.), Théologie astronomique, trad. de l'angl. *La Haye*, 1729, in-8. *br.* — Derham (G.), Théologie physique, trad. de l'angl. par J. Lufneu. *Rotterd.*, 1730, 2 vol. in-8. *v. br.* — Fabricius, Théologie de l'eau, trad. de l'allem. *La Haye*, 1741, in-8. *br.*

231. Desirant (Bern.), Consilium pietatis, de non sequendis errantibus sed corrigentibus. *Romœ*, 1720, 4 vol. in-4. *br.*

232. Deslyons (J.), Traitez contre le paganisme du Roy-boit. *Paris*, 1670, in-12. *v. br.*

233. Dialogues rustiques d'un prestre de village, d'un berger, le censier et sa femme, par J. D. M. *Genève*, 1649, in-8. *parch.* — Deux instructions et deux épistres, faictes et enuoyées au clergé et peuple de Valence et de Dye, par leur évesque. *Paris*, 1557, in-8. *parch.*

　　Titre déchiré.

234. Dictionnaire ecclésiastique et canonique portatif. *Paris*, 1777. 2 vol. in-8. *br.*

235. Dictionnaire portatif des cas de conscience. *Lyon*, 1770, 3 vol. pet. in-8. *bas.*

236. Dictionnaire portatif historique, etc. de la bible. *Paris*, 1759, 2 vol. in-8. *br.*

237. Dinouart, Manuel des pasteurs. *Lyon*, 1768, 3 vol. in-12. *bas.* — Joliot (J. J.), Le sacrementaire des pasteurs. *Paris*, 1709, in-4. *v.*

238. Dionysii Areopogitæ (S.) Opera, ed Balt. Corderio. *Lut. Paris.*, 1644. 2 vol. in-fol. *ch. mag. v. br.*

239. Dionysii (D.) Carthusiani commentaria in psalmos. *Colon*, 1558, in-fol. *peau de truie.*

240. Discours de piété sur les plus importans objets de la religion (par Pacaud). *Paris*, 1745, 3 vol. in-12. *mar. r. fil. d. s. t.*

241. Discours sur la liberté de penser et de raisonner sur les matières les plus importantes (par Collins). *Londres,* 1717, pet. in-8. *v. br.*

242. Disputationes theologicæ : de atheismo, aut. de Bruyn. — De Gentilismo et vocatione gentilium, aut. R. Heïsio. 1638. — De necessitate et utilitate de S. Trinitate, aut. P. Johanno. 1639, etc. *Ultrajecti,* in-4. *vél.*

243. Dispute de la messe ou discours sur ces paroles : ceci est mon corps. *Genève,* 1662. — Derodon, Le tombeau de la messe. *Genève,* 1662, in-8. *parch.*

244. Dissertationes de præcipuis religionis fundamentis (aut. Dugard). *Parisiis,* 1750, in-4. *v.*

245. Dissertation théologique sur l'usure du prêt de commerce et sur les trois contrats. *Rouen,* 1767. — Remarques sur le traité de l'usure et des intérêts. 1775, in-12. *v.* — Dissertation théologique sur les loteries. 1742, in-12. *dem. rel.*

247. Ditton (H.), La religion chrétienne démontrée par la résurrection de N. S. J. C., trad. de l'angl. *Paris,* 1729, in-4. *v. br.*

248. Diurnal du Bréviaire romain. *Paris,* 1682, in-8. *fig. mar. n.*

249. Divers ouvrages de piété tirez de S. Cyprien, S. Basile, S. Hierôme, S. Chrysostome, etc. *Paris,* 1664, in-8. *v. br.*

250. Divers ouvrages de piete tirez de S. Cyprien, S. Basile, S. Hierome, S. Chrysostome, S. Augustin, etc., trad. en franç. *Paris,* 1673, in-12. *v. br.* — Dionysii (D.) Cartusiani scalæ religiosorum pentateuchus. *Antverpiæ,* 1556, in-18. *v.*

251. Divorce (le) céleste, causé par les dissolutions de l'espouse romaine. *Villefranche,* 1649, in-12. *v. br.*

252. Dorscheus (J. G.), Specimen sceletomaniæ pontificiæ circa reliquias SS. Marci et Lucæ. *Argentorati,* 1643. — Relatio anonymi, S. Marci corpus in insula Augia Divite (Reichenaw) quiescere, ed. J. G. Dorscheo. *Argentorati,* 1645, in-12. *parch.*

253. Drelincourt, Consolations de l'ame fidèle contre les frayeurs de la mort. *Berlin,* 1760, 2 vol. in-12. *v.* — Drelincourt (Ch.), Dialogues familiers sur les prin-

cipales objections des missionnaires de ce temps. *Quevilly*, 1655, pet. in-8. *cart.* — Drelincourt (Ch.), Sermon fait à la naissance de M^gr. le Dauphin. *Charenton*, 1662. — Sermon sur S. Luc, chap. 13, vers. 1, 2, 3, 4 et 5. *Charenton*, 1654, in-8. *cart.*

254. Drusii (J.) ad loca difficiliora Pentateuchi commentarius. *Franekeræ*, 1617, in-4. *dem. rel.*

255. Duguet, Explication du livre de la Genèse. *Paris*, 1732, 6 vol. in-12. *mar. bl. fil. d. s. t.*

256. Duguet, Explication du livre de Job. *Paris*, 1732, 3 tom. en 4 vol. in-12. *mar. bl. fil. d. s. t.*

257. Duguet, Explication du livre de Job. *Paris*, 1732, 3 tom. en 4 vol. in-12. *mar. bl. d. s. t.*

258. Duguet, Explication de la prophetie d'Isaie. *Paris*, 1734, 5 tom. en 6 vol. in-12. *mar. bl. fil. d. s. t.*

259. Duguet, Explication de la prophetie d'Isaie. *Paris*, 1734, 5 vol. in-12. *mar. bl. d. s. t.*

260. Duguet, Explication de l'épitre de S. Paul aux romains, *Paris*, 1756, in-12. *mar. bl. d. s. t.*

261. Duguet, Explication du Deuteronome, des propheties d'Habacuc et de Jonas. *Paris*, 1734, in-12. *mar. bl. d. s. t.*

262. Duguet, Traité de la croix de N. S. J. C. ou explication du mystère de la passion de N. S. J. C. selon la concorde. *Paris*, 1733, 9 tom. en 14 vol. in-12. *mar. r. fil. d. s. t.*

263. Duguet, Explication du mystère de la passion de N. S. J. C. — Jésus crucifié. *Amst.*, 1731, in-12. *v. br.* — Duguet, Traité des scrupules. 1718, pet. in-12. *bas.* — Duguet, Traités sur la prière publique. *Paris*, 1733, in-12. *v. br.*

264. Duguet, Traité des principes de la foy chrétienne. *Paris*, 1736, 3 vol. in-12. *v.*

265. Dumoulin (P.), Anatomie de la messe. *Genève*, 1638, in-8. *parch.* — Dumoulin, Le capucin. *Sedan*, 1641. — Cacherat, Le capucin défendu contre les calomnies de Dumoulin. *Paris*, 1642, in-8. *dem. rel.*

266. Du Nesme (J.), La rédemption du monde avec instructions spirituelles et morales pour en faire fruit au salut des ames. *Paris*, 1606, in-12. *dem. rel.*

267. Dupont (L.), Le guide spirituelle, trad. de l'espagn.

( 21 )

par le p. Brignon. *Paris*, 1689, 2 vol. in-8. *v. br.* —
Dupont (le p. L.), Méditations sur les mystères de
la foy, trad. en franç. *Paris*, 1697, 6 tom. en 4 vol.
in-12. *v. br.*

268. Dupont (L.), Nouvel abrégé des méditations, par
le p. d'Orléans. *Paris*, 1691, 2 tom. en 1 vol. in-12.
*mar. r. fil. d. s. t.*

269. Dupuy, Instruction d'un père à sa fille, tirée de l'é-
criture sainte. *Paris*, 1765, in-12. *bas.* — Marin (le p.),
Parfaite religieuse. *Avignon*, 1773, in-12. *v.*

270. Durelli (J.) S. ecclesiæ anglicanæ adversus schis-
maticorum criminationes, vindiciæ. *Londini*, 1669,
in-4. *v. br.*

271. Ellys (Ant.), Tracts on the liberty spiritual and
temporal of protestants in England. *London*, 1767,
2 vol. in-4. *br.*

272. Eloquentia cælestis seu officiosa pietatis exercitia
cultui divino magno matris mariæ sanctorumque pa-
tronorum debita. *Posnaniæ, e typis coll. Soc. Jesu*,
1726, in-12. *mar. n.*

273. Elssii (Ph.) Encomiasticon augustinianum. *Bruxellis*, 1654, in-fol. *vél.*

274. Engelgrave, Cæleste Pantheon. *Antverpiæ*, 1658,
2 tom. en 1 vol. in-4. *parch.* — Engelgrave (H.), Lux
evangelica in omnes anni dominicas. *Coloniæ Agrippinæ*, 1677, 2 part. en 1 vol. in-4. *v.*

275. Entretiens des voyageurs sur la mer. *Cologne*,
1715, 4 vol. in-12. *v. br.*

276. Entretien entre Mgr l'archevêque de Reims et le p.
Recteur des jésuites. *Aix*, 1690, in-12. *parch.*

277. Entretiens philosophiques sur la religion. *Paris*,
1772, 2 vol. in-12. *v. br.* — Examen des défauts théologiques où l'on indique les moyens de les réformer.
*Amst.*, 1744, 2 vol. in-12. *v.*

278. Eximenis (Fr.), Pastorale. *Parrhisiis, (sine anno)*,
in-12. *gothique, (reliure en mauvais état).*

279. Epistolæ SS. patrum Clementis, Ignatii et Poly-
carpi atque duorum posteriorum martyria, gr. et lat.,
ed. J. L. Frey. *Basileæ*, 1742, in-8. *cart.*

280. Epitome antiphonarii romani seu vesperale. *Pic-
tavii*, in-12. *mar. r. fil. d. s. t.*

281. Epitome Antiphonarii romani seu vesperale. *Gra-
tianopoli*, 1753, in-12. *mar. r. dent. d. s. t.*



282. Erasmus (D.), Enchiridion militis christiani. *Lugd.
Bat.*, 1641, pet. in-12. *v. f. fil.* — Erasmus (D.), Ex-
plicatio in symbolum Apostolorum et decalogum.
*Lugd. Bat.*, 1641, pet. in-12. *v. f. fil.* — Erasmus (D ),
Modus orandi Deum. *Ludg. Bat.*, 1641. — Ejusdem
Precationes. *Lugd. Bat.*, 1641, pet. in-12. *v. f. fil.* —
Erasmus (D.), Enarratio in psalmum I. *Lugd. Bat.*,
1644. — Ejusdem enarratio triplex in Psalmum XXII.
*Lugd. Bat.*, 1645, pet. in-12. *v. f. fil.* — Erasmus (D.),
De immensa Dei misericordia. *Lugd. Bat.*, 1641. —
*Idem*, de contemptu mundi *Lugd. Batav.*, 1641, pet.
in-12. *v. f. fil.*

283. Erasmus (D.), de immensa dei misericordia. *Lugd.
Bat.*, 1641. — De virtute amplectenda, etc. *Lugd.
Bat.*, 1641. — De contemptu mundi. *Lugd. Bat.*,
1641. — De sarcienda ecclesiæ concordia. *Lugd. Bat.*,
1642, pet. in-12. *vél.* — Erasmus (D.), Modus orandi
deum. *Lugd. Bat.*, 1641. — Precationes. *Lugd. Bat.*,
1641. — Explicatio in symbolum apostolorum et decalogum. *Lugd. Bat.*, 1641, pet. in-12. *vél.*

284. Escobar (Ant. de), Liber theologiæ moralis, XXIV
societatis Jesu doctoribus reseratus. *Lugduni*, in-8.
*parch.*

285. Escuela de discursos formada de sermones varios
escritos por diferentes autores maestros grandes de la
predicacion. *Alcala*, 1646, in-4. *parch.*

286. Essai de dissertation ou recherches sur le mariage
en sa qualité de contrat et de sacrement. *Paris*, 1760,
in-12. *v.*

287. Eunuchum conjugium, hoc est, scripta varia de
conjugio inter eunuchum et virginem juvenculam,
collecta ab H. Delphino. *Halæ*, 1685, in 4. *non rel.*

288. Eustathii in hexameron commentarius et de engastrimytho dissert. adversus Origenem, item Origenis de
eadem engastrimytho, gr. et lat. *Lugduni*, 1629,
in-4. *v.*

289. Evangelia J. C. secundum evangelistas, per Jac Dauzoles à Lapeyre. *Parisiis*, 1610, in-fol. *v. br.*

290. Evangelium secundum Matthæum in lingua hebraica cum versione latina ac annotationibus Seb. Munsteri. *Basileæ*, 1537 in-fol. *dem. rel.*

291. Fable (la) de Christ dévoilée. *Paris*, an II, in-8. *br.*

292. Factum pour les religieuses de Ste.-Catherine-les-Provins, contre les pères Cordeliers. *Doregnal*, 1679, in-12. *v. br.*

293. (Faydit), Altération du Dogme théologique par la philosophie d'Aristote. 1596, in-12. *v. f. fil.* — Extrait d'un sermon prêché le jour de St.-Polycarpe à St.-Jean en Greve (par l'abbé Faydit). *Liège*, 1689, in-8. *v. br.*

294. Fénélon, Explication des maximes des saints sur la vie intérieure. *Paris*, 1697, in-12. *v. br.* — Fénélon, Instruction pastorale sur le jansénisme. *Cambray*, 1714, 3 vol. in-12. *br.* — Fénélon, Lettre à M. l'évêque de Meaux, sur la charité. in-12. — Fénélon, Recueil de divers ouvrages de polémique. 6 vol. in-12. *v. br.*

295. Feuillet, Histoire de la conversion de M. Chanteau. *Paris*, 1706, in-12. *v. br.*

296. Fischeri (Jo. Fr.) Prolusiones de vitiis lexicorum novi testamenti. *Lipsiæ*, 1791, in-8. *br.*

297. Fleury, Devoirs des maîtres et des domestiques. *Paris*, 1688, in-12. *v. br.* — Fleury, Mœurs des israelites et des chrétiens. *Paris*, 1739, in-12. *bas.*

298. Florentii Courii hiberni peregrinus Jerichuntinus hoc est de natura humana. *Parisiis*, 1641. — Censura facultatum Lovaniensis et Duacensis, de gratiâ et prædestinatione. *Parisiis*, 1641, in-4. *dem. rel.*

299. Flores bibliorum, sive loci communes ex veteri ac novo testamento decerpti, alphabetico ordine digesti. *Vindob*, 1752, in-8. *br.*

300. Florius (F.) de Martyribus Lugdunensibus. *Bononiæ*, 1779, in-4. *bas.*

301. Fontaine (L.) Relation du pays de Jansenie. *Paris*, 1664, in-8. *v. f.*

302. Forestier, les justes raisons que les protestans de France ont eues de se réunir à l'Église romaine sous le

règne de Louis-le-Grand. *Paris*, 1687, in-12. *mar. r.
à comp. d. s. t.*

Aux amies de la maison de Saint-Cir.

303. Fossani (Rob.) Conciones catechisticæ. *Leodii*, 1618, in-4. *parch.*
304. Francolinus, de disciplina pœnitentiæ. *Romæ*, 1708, 3 tom. en 2 vol. in-8. *v. f.*
305. Fromondi (L.) Commentarii in Pauli et aliorum apostolorum epistolas, *Lovanii*, 1663, in-fol. *v. br.*
306. Fureliere, les paraboles de l'Évangile, trad. en vers. *Paris*, 1672, in-12. *v. br.*
307. Fusi (Ant.), le Franc-Archer de la vraye Église contre les abus et les énormités de la fausse. 1519, in-8. *parch.*
308. Galani Conciliatio Ecclesiæ armenæ cum Romana, arm. et lat. *Romæ*, 1690, 3 vol. in-fol. *v. br.*
309. Gallia christiana. *Parisiis*, 1716, 1770, in-fol. tom. 1 et 12. *v.*
310. Gallifet (Jos. de), de Cultu SS. Cordi Dei ac D. N. Jesu-Christi. *Romæ*, 1726, in-4. *parch.*
311. Gallifet (Jos. de), de Cultu SS. Cordi Dei ac D. N. Jesu-Christi. *Augustæ*, 1753, in-8. *v. br.*
312. Gallonius de SS. martyrum cruciatibus. *Antverp.*, 1668, in-12, fig. *dem. rel. dos de vel.*
313. J. Gaultier, deffence des droits de l'Église universelle contre les prétentions des confréries. *Saumur*, 1642, in-8. *v. f. fil.*
314. Geminiano (J. a S.) Summa de exemplis et rerum similitudinibus locupletissimas. *Antverpiæ*, 1609, in-8. *parch.*
315. J. Gerhardi adnotationes ad priora capita Epistolæ Pauli ad romanos. *Jenæ*, 1644, in-4. *br.*
316. Gerson (Jo.) de Imitatione Christi et de contemptu omnium vanitatum mundi. pet. in-8. *goth. vel.*

(Le titre manque).

317. S. Gertrudis insinuationes divinæ pietatis seu revelationes et vita. *Parisiis*, 1662, in-8. *parch.*
318. Gesenius (G.) de inscriptione phoenico-græca in Cyrenaica nuper reperta ad carpocrationarum hæresin pertinente. *Halæ*, 1825, in-4. *br. fig.*

319. Gesselii simplicitas fidei christianæ. *Trajecti ad Rhenum*, 1666, in-4. *v. br.*

320. Giroust, Sermons. *Paris*, 1704, 5 vol. in-12. *v. br.*
*non unif.*

321. Gobinet, Instruction sur la pénitence et sur la
sainte communion. *Paris*, 1678, in-12. *m. r. à*
*compart. d. s. t.*

322. Godeau, Discours sur les ordres sacrés. *Paris*, 1680,
in-12. *v. br.* — Traité des séminaires. *Paris*, 1660,
in-12. *vél.*

323. Gomari Opera theologica omnia. *Amstel.*, 1664,
in-fol. *vél.*

324. Gotschalci Preceptorium divinæ legis. *Nurenberg*,
1497, in-8. *goth. dem. rel.*

325. Gourlin, Tractatus theologicus de gratiâ christi ac
de prædestinatione sanctorum. 1781, 3 vol. in-4.

326. Gracian de la Madre de Dios (H), Compendio de la
perfection religiosa. *Napoli*, 1593, in-8. *parch.*

327. Grancolas (J.), Antiquités des cérémonies dans l'administration des sacrements. *Paris*, 1692, in-12. *v.*
*br.* — Grenade (L. de), Traité du devoir et de la
vie des évesques. *Paris*, 1670, in-12. *v. br.*

328. Graveson, Historia ecclesiastica veteris et novi Testamenti. *Aug. Vind.*, 1728, 4 vol. in-fol. *br.*

329. Grégoire (S.), Quarante homélies sur les évangiles
de l'année. *Paris*, 1665, in-4. *v. br.*

330. Grégoire (S.), Morales sur le livre de Job. *Paris*,
1666, 3 vol. in-4. *v.*

331. Gregorii Nisseni de euntibus Jerosolyma, gr. et
lat. *Hanoviæ*, 1607. — Ad Eustathiam, Ambrosiam et
Basilissam epistola, Casaubonus primum publicavit
latine, vertit et notis illustravit. *Hanoviæ*, 1607, in-8.
*non rel.* — Gregentii disputatio cum Herbano Judæo,
cum interpretatione Gulonii, gr. et lat. *Lutetiæ*, 1586,
in-8. *parch.*

332. Grenade (L. de), Le Cathéchisme ou introduction
au symbole de la foi, trad. par Girard. *Paris*, 1688,
in fol. *v. br.*

333. Grenade (L. de), OEuvres spirituelles, trad. par
Girard. *Paris*, 1690, in-fol. *v. br.*

334. Granate (Louis de), Paradis des prières, trad. par

F. Bourdon, 3ᵉ édit. *Paris, fig.* — Les sept pseaumes penitentiaux. — Dévotes méditations sur la mort et passion de N. S. J.-C. *Paris,* 1604. — Vespres de la semaine.—Litanies de Jésus-Christ, de la Vierge, etc. in-12. *m. v. à compart. d. s. t.*

335. Grenoble (Caulet, évêque de), Instruction pastorale sur la pénitence et la communion. *Grenoble,* 1749, 2 vol. in-4. *v.*

336. Grew, (N.) Cosmologia sacra or a discourse of the universe. *London,* 1701, in-fol. *v.*

537. Griffet (le p.), L'insuffisance de la religion naturelle prouvée par les vérités contenues dans les livres de l'écriture sainte. *Liège,* 1770, 2 vol. in-12, *bas.* — Griffet (le p.), Exercice de piété pour la communion. *Paris,* 1766, in-12. *bas.*

338. Gronovius (J.), de pernicie et casu Judæ τοῦπροδοτου. *Lugd. Bat.,* 1683, in-4. *parch.*

339. Grotius, de veritate religionis christianæ. *Amst.,* 1684, in-8. *rel.*

340. Grou, Maximes spirituelles, avec des explications. *Paris,* 1789, in-12. *d. r.*—Grou (l'abbé.), Morale tirée des confessions de S. Augustin. *Paris,* 1786, 2 vol in-12. *bas.*

341. Guerre (la) séraphique, ou histoire des périls qu'a courus la barbe des capucins par les violentes attaques des cordeliers. *La Haye,* 1740, in-12. *br.*

342. Guiberti opera, ed. L D'Achery. *Parisiis,* 1651, in-fol. *v. br.*

343. Guillielmi Alverni opera. *Parisiis,* 1674, 2 vol. in-fol. *ch. mag. v. br.*

544. Guillielmi de S. Amore opera omnia. *Constantiæ,* 1632, in-4. *parch.*

345. Guyon (Mᵐᵉ de Lamothe), Œuvres. — Sainte Bible avec des explications. 20 vol. in-8. — Discours chrétiens et spirituels. 2 vol. in-8. — Opuscules spirituels. 2 vol. in-8.—Justification de la doctrine de Mᵐᵉ Guyon, par Fénélon. 3 vol.—Poésies et cantiques spirituels, 4 vol. in-8. — L'ame, amante de son dieu. in-8. — Lettres chrétiennes et spirituelles, 5 vol. in-12.—Vie. 3 vol. in-8. formant ensemble 40 vol. in-8. et in-12. *br.*

346. Halwax, navigatio Mariana, sive synoptica relatio

s. b. Mariæ virginis per Istrum fluvium translatæ ecclesiæ in Sossau. *Straubingæ*, 1680. in-8. *cart.*

347. Harduini (J.) Commentarius in novum Testamentum. *Amst.*, 1741, in-fol. *v.*

348. Hasæus ( Th. ), de Liviathan Jobi et ceto Jonæ. *Bremæ*, 1723, in-8. *dem. rel.*

349. Heideggeri ( J. H.) Concilii Tridentini anatome historico-theologica. *Tiguri*, 1672, 2 vol. in-8. *v. br.*

350. Heinii (J. Ph.) Dissertationes sacræ. *Amstel.*, 1734, in-4. *v.*

351. Henke, Lineamenta institutionum fidei christianæ. *Amst.* 1795, in-8. *cart.*

352. Herbert de Cherbury, de Veritate. 1656, in-12. *vél.* — Grotius, Traité de la vérité de la religion chrétienne (par Gouget.) *Paris*, 1724, in-12. *v. br. mouillé.*

354. Herrgott (Marquard), Vetus disciplina monastica. *Parisiis*, 1726, in-4. *v. br.*

355. Hervet (G.), oratio ad concilium. *Parisiis*, 1556. — Le même : confutation d'un livre pestilent et plein d'erreurs, nommé par son auteur les signes sacrés, etc. *Rheims*, 1565. — Le même, L'anti-Hugues. *Rheims*, 1568, in-4. *pa. ch.*

356. Hesselii (J.) Catechismus. *Lovanii*, 1654, 2 vol. in-4. *v. br.*

357. Hessels (J.), probatio corporalis presentiæ corporis et sanguinis dominici in eucharistiâ. — Explicatio symboli apostolici. — Confutatio novitiæ fidei. *Lovanii*, 1562. — Pro invocatione Sanctorum. *Lovanii*, 1563 in-8. *parch.*

358. Hesseri (G.) theriaca tuendæ castati confecta in SS. Patrum pharmacopolio. *Monachi*, 1676, in-12, *mout. d. s. t.*

359. Hespelle, Theotrescie, ou la seule véritable religion démontrée contre les athées, les déistes et les sectaires. *Paris*, 1780, 3 vol. in-12. *bas.* — Henin de Cuvillers, la Morale chrétienne vengée. *Paris*, 1821, in-8. *br.*

360. Heures de la sainte Vierge en meilleur ordre qu'auparavant, enrichies de planches, vignettes, fleurons et lettres grises gravées. *Paris*, 1657, in-8. *mar. n. à comp. d. s. t.*

360 *bis.* Hieronymi (S.) Opera, ed. J. Martianay et Ant.

Pouget. *Parisiis*, 1693-1704, in-fol. tom. 1, *v. br.* tom. 3, 4 et 5 *br.*

361. Hilarii a S. Anastasio, Archimedes chritianus. *Viennæ*, 1656, in-fol. *vél.*

362. Hilperti (J) disquisitio de præadamitis. *Helmestadii*, 1656, in-4. *parch.*

363. Historya Starego y nowego Testamentu ( en vers polonais, par Stanislas, roi de Pologne). *Nancy*, 1761, in-fol. *v.*

364. Histoire de la rebellion excitée en France par les rebelles de la religion prétendue reformée de 1620 à 1622. *Paris*, 1623, 2 vol. in-8. *parch. et cart.*

365. Histoire de la vie et passion de Jésus-Christ, avec les figures et quelques réflexions sur les principaux mystères. *Paris*, 1677, in-fol. *v. br.*

366. Histoire de la vie et de la passion de N. S. Jésus-Christ, avec les figures et quelques réflexions sur les principaux mystères. *Paris*, 1693, in-fol. *fig. v. br.*

367. Histoire des jours du fils de l'homme, selon les quatre Évangélistes. *Lausanne*, 1819, in-8. *br.* — Homme (l') de désir, par le philosophe inconnu (St.-Martin). *Metz*, 1802, 2 vol. pet. in-8. *br.*

368. Histoire du Quillotisme, ou de ce qui s'est passé à Dijon au sujet du quietisme. *Zell*, 1703, in-4. *v. br.*

369. Histoire du vieux et du nouveau Testament, représentée par des figures, avec des explications, latin, françois, espagnol et allemand. *Anvers*, 1722, in-8, *mout. d. s. t.*

370. Hoffmann (J. Ad.), Traité de la paix de l'âme et du contentement de l'esprit, trad. de l'allem. par G. Auseran de Benistant. *Francfort*, 1752, in-8. *br.*

371. Hopil (C), douces extases de l'ame spirituelle. *Paris*, 1627, in-12. *parch.*

372. Holden, divinæ fidei analysis. *Parisiis, Barbou*, 1777, in-12. *br.*

373. Homiliæ sacræ Basilii, Gregorii Nysseni, Nazianzeni et aliorum, stud. Hæschelii, græce. *Augustæ*, 1587, in-12, *parch.*

374. Horn (J.), Narratio conversionum quas theologia moralis seculo XVIII experta est apud Lutheranos, catholicos, etc. *Gott.*, 1802, in-4. *br.*

375. Horstius , Paradisus animæ christanæ. *Coloniœ ,* 1675, in-12. *mar. n. d. s. t.* — Horstius, Heures chrestiennes, tirées de l'Ecriture sainte et des Saints Pères. *Paris ,* 1685, in-12. *v. br.*

376. Horstius , Paradisus animæ christianæ. *Coloniœ ,* 1716 , in-12, *mar. bl. dent. doublé de tabis. d. s.3.*

377. Hospianinus , de origine, progessu, usu et abusu templorum. *Tiguri ,* 1587 , in-fol. *peau de truie.*

378. Houbigant , Notæ criticæ in vetus Testamentum. *Francof.,* 1777, 2 vol. in-4. *dem. rel.*

379. Houtteville , la religion chrétienne prouvée par les faits. *Paris,* 1722, in-4, *v.*

380. Houtteville , la religion chrétienne prouvée par les faits. *Paris ,* 1749, 4 vol. in-12. *cart.*

381. Hubner (J.), Histoires de la Bible, tirées du vieux et du nouveau Testament. *Neuchatel ,* 1778 , in-8. *cart.*

382. Huet (T.) , Sermons sur le catéchisme de Calvin. *Amsterd.* 1762, 4 vol. in-8. *br.*

383. Huet , Traité de la situation du Paradis terrestre. *Paris,* 1691 , in-12 , *vel.*

384. Hugo (H.) , Pieux desirs, imités par P. J. Jurisc, publiés par Boece a Bolswert. *Paris ,* 1626 , petit in-8, *fig. v. br.*

385. Idiota, Homme de saincte vie, contemplations. *Paris,* 1586, in-18. *parch.* — Contemplaciones, trad. en castellano : soliloquio, razoniamento secreto conel anima, por J. B. D. de Luco. *Anvers,* in-12. *parch.*

386. Ignatii (S.) Epistolæ, cum notis Is. Vossii. *Londini,* 1680, in-4. *v. br.*

387. Ikenii (C.) Dissertationes in diversa sacris codicis utriusque instrumenti loca. *Lugd. Bat.,* 1749, in-4. *br.*

388. Imitation de Jésus-Christ, traduction nouvelle. *Paris,* 1702, in-12. *fig. v. br. d. s. t.*
( Aux armes de S. Cir. ), avec la fig. du livre II.

388. *bis.* Imitatione, (de) Christi et contemptu mundi , codex de-advocatis sæculi XIII , curante G. de Gregory. *Parisiis,* 1833, in-8. *br.*

389. Incrédulité (l') combattue par le simple bon sens. Essay philosophique par un roy ( Stanislas ). in-8. *mar. r. fil. d. s. tr. doublé de soie.*
Aux armes de France et de Marie Leckzinsca.

3go. Inguimbert (Mal. d'), Specimen catholicæ veritatis. *Pistorii*, 1722, in-4. *cart.*

3g1. Iuitium evangelii S. Joannis ex antiquitate ecclesiastica restitutum, per L. M. Artemonium. 1726, 2 vol. in-8. *v. br.*

3g2. Isidori Pelusiotæ (S.) Epistolæ, ed. Jac. Billio. *Parisiis*, 1585, in-fol. *parch.*

Ex. de Baluze et avec sa signature.

3g3. James (T.), Bellum papale circa Hyeronimam editionem. *Lond.*, 1678, in-12. *v. br.*—Judde, Réflexions chrétiennes sur les grandes vérités de la foi et sur les principaux mystères de la passion de N. S. *Paris*, 1756, in-12. bas.—Joly (Cl. Rom.), Histoire de la prédication. *Paris*, 1770, in-12. *v.*

3g4. Jansenii (Corn.) Augustinus seu doctrina S. Augustini de humanæ naturæ sanitate adversus Pelagianos et Massilienses. *Rothomagi*, 1643, 3 tom. en 1 vol. in-fol. *v.*

3g5. Jansenii (Corn. Ep. Iprensis) Pentateuchus. *Lovanii*, 1641, in-4. *v. f.*

3g6. Jansenius (Corn.), Tetrateuchus sive commentarius in sancta J. C. evangelia. *Lovanii*, 1685, in-4. *v.*

3g7. Jansenii (C. episcopus Gandavensis) Commentarii in ecclesiasticum. *Lovanii*, 1569, in-4.

3g8. Jansenius, epis. Gandavensis, paraphrasis in psalmos proverbia, ecclesiasticum, etc. *Antver.*, 1614, in-fol. *v. br.*

3gg. Jean Climaque (S.), L'échelle sainte ou les degrez pour monter au ciel, trad. par Arnauld d'Andilly. *Paris*, 1670, in-12. *v. br.*— Jean de Jésus Maria, Art d'aimer Dieu, de bien vivre et de bien mourir. *Paris*, 1612, in-12. *parch.*

4oo. Jean de S. Samson, contemplations et divins soliloques. *Paris*, 1654, in-4. *v br.* — Joannis a S. Samsone vita, theoremata et opuscula per Mathurinum a S. Anna. *Lugduni*, 1654, in-4. *parch.*

4o1. Jésuites :

Cabinet jésuitique. *Cologne*, 1682. in-12. — Catéchisme des jésuites ou le mystère d'iniquité révélé. *Villefranche*, 1677, 2vol. in-12. *v.* — Catéchisme des jésuites, par Etienne Pasquier. *Delft*, 1717, 2 vol. in-12. *v.* — Chasse du renard Pasquin découvert et pris dans sa tannière du libelle diffamatoire faux marqué, le catéchisme des jésuites, par De la Grace. 1603. — Satyre ménippée. 1599. pet. 12. — Factum du procès entre J. de Biencourt, et P. Biart, Ev. Massé et consorts soy disans jésuites. 1613, in-4. br. — Mercure jésuitique ou receuil de pièces concernant le progrès des jésuites, etc. depuis 1620, jusqu'en 1626. *Genève*, 1626, in-12. cart. titre manuscr. — Témoins à entendre dans la cause des jésuites. in-12 br. — Histoire du collège de Douay à laquelle on a joint la politique des jésuites anglois. 1762, in-12. br.

402. Jésus Christ pénitent ou exercice de piété pour le tems du carême et pour une retraite de dix jours, par un prêtre de l'Oratoire. *Paris*, 1680, in-12. mar. r. fil. d. s. t.

403. Job (le livre de), trad. du latin de Schultens, par E. de Joncourt, J. Sacrelaire et J. Allamand. *Leide*, 1748, in-4. vél.

404. Joch (G.), Clementens romanum atque Irenæum non favere missæ pontificiæ. 1705, in-4. br.

405. Johannis (S.) Chrysostomi explanationes in novum testamentum (homiliæ in Matthæum, Joannem, acta apostolorum). *Parisiis*, 1636, 2 vol. in-fol. v. br.

406. Jean Chrysostome (S.), Apologie de la vie religieuse et monastique, trad. par Leduc. *Beauvais*, 1698, in-12. v. br. — Jean Chrysostome (S.), Traité du sacerdoce, trad. en franç. *Paris*, 1699, in-12. v. br.

407. Joannis Hierosolymitani opera ; ed. P. Wastelio. *Bruxellæ*, 1643, 2 tom. en 1 vol. in-fol. v. br.

408. Joly (Cl.), Avis chrétiens et moraux pour l'institution des enfans. *Paris*, 1675, in-12. v. br. — OEuvres melées. *Paris*, 1702, in-12. v. br. — Doctrine des indulgences et du jubilé. *Paris*, 1667, in-12. v. br. — Les devoirs du chrestien. *Paris*, 1699, in-12. v. br. — Prones pour tous les dimanches. *Paris*, 1712, 3 vol. in-12. v. br. — Prones sur différens sujets de morale. *Paris*, 1701, 3 vol. in-12. v. br.

409. Jonghen (H.), Nuptiæ agni. *Antverpiæ*, 1667, in-4. peau de truie.

410. Juenin (G.), Commentarius de sacramentis in genere et in specie. *Lugduni*, 1711, in-fol. v. br.

411. Julii II Dialogus et oratio ad christum. 1525, pet. in-8. parch.

412. Jurieu, Histoire critique des dogmes et des cultes. *Amsterdam*, 1704, in-4. v.

413. Jurieu, Justification de la morale des reformez. *La Haye*, 1685, 2 vol. in-8. br. — (Jurieu), Traité contenant le jugement sur la théologie mystique, le quié-

tisme et les démêlez de l'év. de Meaux avec l'archev.
de Cambray. 1699, pet. in-8. *v. br.*—Jurieu, Traité de
l'unité de l'église et des points fondamentaux contre
Nicole. *Rotterdam*, 1688, in-8. *br.*

414. Justini (Sti.) Martyris opera, græce. *Lutetiæ, Rob.,
Stephanus,* 1551, in-fol. *vél.*

415. Justini (Sti.) cum Tryphone dialogus, ed. S. Jebb.
*Londini,* 1719, in-8. *v. à comp.*

416. Kabbala denudata seu doctrina hebræorum trans-
cendentalis et metaphysica atque theologica. *Suezbaci,*
1677, in-4. *v. br.*

417. Kempis (Th. a) Opera, ed. H. Sommalio. *Antverpiæ,*
1607, in-4. *dem. rel.*

418. Kempis (Th. a) Opera omnia, ed. H. Sommalio.
*Coloniæ Agrippinæ,* 1660, in-8. *v. br.*

    Titre raccomodé.

419. Kenckelii (St.) Dissertatio de heresi novatiana.
*Argentorati,* 1651.— J. H. Horbii historia origeniana.
*Francof.,* 1670.— Ch. Kortholt, De origine, progressu et antiquitate philosophiæ barbaricæ. *Jenæ,*
1660, in-4. *parch.*

420. Kimhhi (D.) Commentarii in psalmos Davidis, ex
hebræo lat. redditi a Ambr. Janvier. *Parisiis,* 1666,
in-4.

421. Kiorningius (O.) de consecrationibus episcoporum
anglorum. *Helmstadii,* 1739, in-4.

422. Lactantius (L. C.), Divinæ institutiones de ira Dei :
de opificio Dei : epitome in libros suos acephalos :
phænix : carmen de dominica resurrectione. *Venetiis,
Aldus,* 1515, in-8. *v. br.*

423. Lactantii opera. *Venetiis,* 1521, in-fol. *v. f.*

425. Lactantii opera, cum notis variorum. *Lugd. Bat.,*
1660, in-8. *v. br.*

426. Lactantii opera omnia, ed. Walchio. *Lips.,* 1735,
in-8. *vél.*

427. Ladvocat (J. B.) Tractatus de conciliis. *Cadomi,*
1769, in-12. *v.* — Jugement et observations sur les
traductions des psaumes, de Pluche, de Gratien,
des RR. PP. Capucins et de Laugeois. *Paris,* 1763.—
Réflexions critiques sur la méthode, publiée par de

Villefroy pour l'explication de l'écriture sainte. *Cologne (Paris)*, 1755, in-12. *dem. rel.*

428. Lallemand, Réflexions morales sur le nouveau testament. *Paris*, 1713, 12 vol. in-12. *mar. vert, fers à froid.*

> Aux armes de Mad. Victoire (le premier volume de reliure moderne, sans armes).

429. La Luzerne (de), Explication des évangiles des dimanches. *Lyon*, 1807, 5 vol. in-12. *bas.*

430. Lamberg (P.) Harmonia evangelica cum præfat. J. H. Maii. *Giessæ*, 1719, in-4. — Le Roux, Concorde des quatre evangelistes. *Paris*, 1712, in-8. *v. br.*

431. Lambert (Jos.), L'année evangelique. *Paris*, 1740, 7 vol. in-12. *v. br.*

432. Lamet (de) et Fromageau, Dictionnaire des cas de conscience. *Paris*, 1733, 2 vol. in-fol. *v.*

433. Lamy (B.), de tabernaculo fœderis, de Sta Civitate Jerusalem et de templo ejus. *Parisiis*, 1720, in-fol.

435. Lanfranci opera, ed. Dachery. *Parisiis*, 1648, in-fol.

> Ex. provenant de l'abbaye de S. Germain des Prés, avec des notes manuscrites pour une seconde édition.

436. Lansperge (F. J. de), Manuel du chevalier chrétien, trad. par J. de Billy. *Paris*, 1571, in-8. *v. f.*

437. Lanspergius (J.), in ortum, vitam, passionem et glorificationem S. N. J. C. *Coloniæ*, 1545, pet. in-8. *fig. en bois, broc.*

438. Lapide (Corn. a), Commentaria in Pentateuchum. *Antverpiæ*, 1648, in-fol. *v. br.* — Lapide (Corn. a) Commentarii in Jeremiam, Threnos et Baruch: Ezechielem : Danielem. *Antv.*, 1625, in fol. *v.* — Lapide (Corn. a), Commentaria in XII prophetas minores. *Antv.*, 1627, in-fol. *v. br.*

439. La Placette (J.), La mort des justes ou la manière de bien mourir. *Amst.*, 1696, in-12. *v. br.* — Liturgie de l'église de Genève. *Genève*, 1807, in-4. *br.*

440. La Roche (de), Sermons. *Paris*, 1735, 8 vol. in-12. *v. br.*

441. Larroque, Conformité de la discipline ecclesiastique des protestans de France avec celle des anciens chrétiens. *Rouen*, 1678, in-4. — (Laroque), Réponse au

livre de M. l'archevêque de Meaux, de la communion
sous les deux espèces. 1683. — Du Ferrier, Trésor des
prières et oraisons. in-12. *v. br.*

442. Laroque (M.), Histoire de l'eucharistie. *Amst.,
Elzév.*, 1671, *rel.* en 3 vol. in-12. *v. f. fil.*

( Les titres de la seconde et de la troisième partie sont faits à la plume. )

443. Larue (le p.), Sermons. *Paris, Rigaud,* 1719, 4 vol.
in-8. *mar. bl. d. s. t.*

( Aux armes de Mme la dauphine, depuis Marie Antoinette, reine de
France. )

444. Lasausse, Doctrine spirituelle du p. Berthier, du
p. Surin, du p. Saint Jure, de M. d'Orléans de la Mothe
et de Ste Thérèse. *Paris*, 1803, in-12. *bas.*—Traité de
la confiance en la miséricorde de Dieu, par l'évêque de
Soissons (Languet). *Paris*, 1725, in-12. *v. br.*

445. Laubrussel (de), Traité des abus de la critique en
matière de religion. *Paris*, 1710, 2 vol. in-12. *v. br.*

446. Laurens de Zamore, Monarchie mysticque de l'é-
glise faite de hiéroglyficques tirés des sainctesécritures,
trad. en franç. *Paris*, 1611, in-8. *parch.*

447. La Volpiliere, Vie reglée dans le monde. *Paris,*
1687, in-12. *v. br.* — Louis (E.), Conférences mysti-
ques sur le recueillement de l'ame. *Paris,* 1684,
in-12. *v. br.*

448. Lebeuf, Traité historique et pratique sur le chant
ecclésiastique. *Paris*, 1741, in-8. *br.*

449. Le Brun (P.), Explication des prières et cérémonies de la messe. *Liège*, 1781, in-8. tom. 1, 2, 4,
5, 6, *fig. br.*

450. Le Chapelain, jésuite, Sermons. *Paris*, 1768, 6 vol.
in-12. *v.*

451. Lecontat (J.), Exercices spirituels pour les supé-
rieurs des familles religieuses. *Rouen*, 1678, in-8. *v. br.*
— Leprevot (P. R.), Oraisons funèbres. *Paris*, 1765,
in-12. *v.*

452. Lecture ( de la ) des Pères de l'Eglise ( par B.
D'argone). *Paris*, 1697, in-12. *v. br.*—Lectiones theologicæ de matrimonio, auct. T. Mezin. *Nanceii*, 1785,
in-12. *br.*—Lectures de piété, à l'usage des maisons
et communautés religieuses. *Paris*, 1763, in-12. *br.*

453. Le Courayer ( le p. ), Dissertation sur la succession des evêques anglois et sur la validité de leurs ordinations. *Paris*, 1724, 2 vol. in-12, *v. br.* — Le Courayer, Lettres touchant la validité des ordinations angloises (par Gervaise.), 1724. —Lettre à Le Courayer (par Leblanc). 1726. — Observations sur l'ouvrage de Le Courayer. 1726. —Dénonciation aux evêques de France, de la défense de sa dissertation, etc., par Le Pelletier. 1727.—Le Courayer, Lettre à mylord Percival. 1727. —Recueil de pièces concernant son livre ou ses sentimens, in-12. — Le Courayer (le p.), Relation apologétique et historique de ses sentimens et de sa conduite. *Amst.*, 1729, 2 vol. in-12. *v.*

454. Leenheer (J. de). Virgo Maria mystica sub solis imagine emblematice expressa. 1681, in-4. *fig. v.*

455. Lefranc de Pompignan, Instruction pastorale sur la prétendue philosophie des incrédules modernes. *Au Puy*, 1763, in-4. *v.* — Lettres au R. P. Alexandre, où se fait le parallele de la doctrine des Thomistes avec celle des Jésuites, sur la probabilité et sur la grace. 1698, in-8. *v. br.*

456. Leonis papæ opera (*circa* 1470), in-fol. *v. f.*

    Avec une note bibliographique manuscrite.

457. Leonis magni (S.) opera, curantibus P. et H. fratribus Balleriniis. *Venetiis*, 1753, 3 vol. in-fol. *dem. rel.*

458. Le Tourneux, l'Année chrétienne. *Paris*, 1746, 6 vol. in-12. *v.* — Le Tourneux, Explication de l'épitre de S. Paul aux Romains. *Paris*, 1696, in-12. *v. br.*

459. Leutebreuver (le p.), la Confession coupée. *Paris*, 1702, in-12. *v. br.*—Lenglet-Dufresnoy, Traité historique et dogmatique du secret inviolable de la Confession. *Paris*, 1708, in-12. *v.*

460. L'herminier (N.), Tractatus de sacramentis. *Paris*, 3 vol. in-12. *v.*

461. Liber psalmorum cum argumentis, paraphrasi et annotationibus L. Ferrandi. *Lutetiæ Paris.*, 1701, in-4. *v. br.*

462. Liberté de conscience resserrée dans des bornes légitimes. *Londres ( Hollande )*, 1754, in-8. *v.*—Locke, Le chritianisme raisonnable, tel qu'il nous est représenté dans l'écriture sainte, trad. de l'angl. *Amst.*, 1740, 2 vol. pet. in-8. *bas.*

463. Limborch (Ph. a), de veritate religionis christianæ.

*Londini*, 1691, in-4. *v. br.*—Levassor, de la véritable
religion. *Paris*, 1688, in-4.

464. Limborch (Ph. a), Theologia christiana. *Amste-
lœdami*, 1715, in-fol. *v. br.*

465. Lipsii (J.) Diva virgo hallensis *Parisiis*, 1604, in-
8. *parch.*

466. Livre d'office noté. in-12. *Manuscrit sur vélin.*

467. Livres à l'usage de Chartres : Antiphonaire et supplément. *Paris*, 1784, 2 vol. in-fol. — Graduel et
supplément. *Paris*, 1784, 2 vol. in-fol. *v. coins et
clous en cuivre, courroies.*

468. Lobkowitz (C.), in Benedicti regulam commentarius. *Brugis*, 1640, in-fol. *rel. en bois.*

469. Lombardi (P.) Sententiæ. *Rothomagi*, 1631, in-
4. *d. r.*

470. Longevillle (de), L'homme Dieu souffrant, poème.
*Paris*, 1679, in-8. *mar. r. fil. d. s. tr. aux armes.* —
Leblanc (P.), Catéchisme royal en vers. *Paris*, 1646.
*parch.*

471. Ludolphi. Vita Christi descripta juxta seriem quatuor Evangeliorum. *Impressum anno domini* 1474,
in-fol. *Editio princeps.*

472. Ludolphi de Saxonia, Vita N. Jesu-Christi. *Aug.
Vind.*, 1729, in-fol. *peau de trnie.*

473. Lumnius (J. F.), de extremo dei judicio et indo-
rum vocatione. *Amst.*, 1567, in-12, *parch.*

474. Mabillon (J.), de liturgia gallicana. *Lut. Par.*, 1685,
in-4. *v.*

475. Mabillon (J.), præfationes in acta sanctorum. *Roto-
magi*, 1732, in-4.

476. Macarii homiliæ, græce. in-fol. *v. br.*

476 *bis.* Macé, abrégé historique de l'ancien et du Nouveau Testament. *Paris.* 2 vol. in-4.

477. Maffei ((Sc.), historia theologica de divina gratia,
libero arbitrio et prædestinatione. *Francof.*, 1756,
in-fol. *cart.*

478. Mahomet, Alcoran, trad. par Du Ryer. *Paris,
(Elzev.)*, 1649. in-12. *v. f. d. s. tr.*

478 *bis.* Maimbourg (L.), Traité historique de l'établissement et des prérogatives de l'église de Rome et de
ses evesques. *Paris*, in-4. *v. br.*

479. Maimonides (R. Moses), de idolatriâ, hebraice et lat.
cum notis Vossii. — Vossius, de theologia gentili et
physiologia christianâ. *Amst.*, 1641, in-4. *d r.*

480. Maius (J. H.), Examen historiæ criticæ textus N.
Testamenti Rich. Simonii. *Giessæ*, 1694, in-4. *v. br.*

481. Maldonatus (J.) commentarii in præcipuos s. scripturæ libros veteris testamenti. *Parisiis*, 1643, in-fol.
*v. br.*

482. Maldonatus (J), commentarii in prophetas. *Parisiis*,
1610, in-4. *v. br.*

483. Maldonatus (J.), commentarii in quatuor evangelistas. *Mussiponti*, 1596, in-fol. *v. br.*

484. Malebranche, Réponse à la troisième lettre de
M. Arnauld, touchant les idées et les plaisirs. *Amst.*
1704, in-12.—Lamy, Lettres pour répondre à la critique du P. Mallebranche sur les trois derniers éclair-
cissemens de *la Connaissance de soi-mesme, touchant
l'amour désintéressé.* in-12.

484 *bis.* Mandemens (Recueil des), et Instructions pastorales des archevêques et évêques de France pour
l'acceptation de la constitution du Pape, du 3 septembre 1713, contre le N. T. du p. Quesnel. *Paris*, 1715,
in-4. *v.*

485. Mansi (J.), Bibliotheca moralis prædicabilis. *Venetiis*, 1722, 4 vol. in-fol. *v. br.*

486. Manuale bipartitum cathedræ sacræ inserviens,
sive conceptus concionatorii de festis et mysteriis vitæ
Jesu Christi ac virginis Mariæ. *Aug. Vindel.*, 1751,
2 tomes en 1 vol. in-4. *v. br.*

487. Manuel de doctrine des églises des frères moraves.
1743, in-12. *v. br.*

488. Maria de Agreda, Mystica ciudad de Dios. *Madrid*,
1701, 3 vol. in-fol. *v. br.*

489. Maria d'Agreda, mystica civitas Dei, latine. *Aug.
Vindel.*, 1719, 3 tom. en 1 vol. in-fol.

489 *bis.* Marie d'Agreda, Cité mystique de Dieu, trad.
de l'espagnol, par Th. Croset. *Brusselle*, 1715, 3 vol.
in-4. *br.*

490. Maria de S. Bonaventura, auri, gemmarumque mystica fodina, sive charitatis congregatio à D. N Jesu
Christo fundata. *Genuæ*, 1677, in-fol. *vel.*

491. Marquot, Directoire spirituel des exercices de piété, emplois et actions marquées dans les constitutions de la communauté des filles de Sainte-Genevieve. *Paris*, 1696, in-12. *mar. r. d. s. tr.*

Aux armes de la Maison de Saint-Cyr.

492. Marshami (J.) Canon chronicus ægyptiacus, ebraicus, græcus. *Franequeræ*, 1696, in-4. *v. f.*

493. Martianay, défense du texte hébreu et de la chronologie de la Vulgate contre l'antiquité des temps rétablie. *Paris*, 1689, in-12. *v. br.* — Martianay, Traité méthodique, ou manière d'expliquer l'écriture. *Paris*, 1704, in-12. *v. br.*—Martianay, Vulgata antiqua et itala versio evangelii sec. Matthæum. *Parisiis*, 1695, in-12. *v br.*

494. Martin, Explication de plusieurs textes difficiles de l'Ecriture. *Paris*, 1730, 2 vol. in-4. *v.*

495. Martin ( Dav.), La vérité du texte de la 1$^{re}$ épitre de S. Jean, ch. 5, vers. 7. *Utrecht*, 1721, in-8. *br.*

496. Martyrologio romano dato alla luce per ordine di Gregorio XIII, e di Benedetto XIV, trad. in italiano. *Roma*, 1750, in-4. *parch.*

497. Martyrologium romanum cum tabulis et notis historicis, authore A. Lubin. *Lutet. Paris.*, 1660, in-4. *parch.*

498. Martyris (P.) defensio de cœlibatu sacerdotum et votis monasticis. *Basileæ*, 1559, in-8. *rel.*

499. Massoulié (A), Méditations de S. Thomas sur les trois vies purgative, illuminative et unitive. *Toulouse*, 1685.—Pratique des méditations de S. Thomas. *Toulouse*, 1683, in 12, *v. br.*

500. Massillon, Sermons. *Paris.*, 1745-1753, 15 vol. in-12, *non uniformes.*

501. Massillon, Petit carême. *Paris, P. Didot l'ainé,* 1822, in-12, *pap. vél. cart. à la Bradel.*

502. Matraja (J.), Historia della miracolosa imagine della Vergine Maria detta S. Maria in Portico. *Roma*, 1627, in-4. *v. f. fil.*

503. (Mauduit), Analyse de l'évangile selon l'ordre historique de la concorde. *Paris*, 1697, 4. vol. — Analyse des épitres de St.-Paul et des épitres canoniques, *Paris*, 1698, 2 vol. — Analyse des actes des apôtres.

*Paris*, 1697, 2 vol. — Analyse de l'Apocalypse. 1714,
1 vol. — 9 vol. in-12. *m. r. fil. d. s. t.*

504. Mauguin ( G. ), Veterum auctorum qui IX sæculo
de prædestinatione et gratia scripserunt opera et
fragmenta. *Lutetiæ Paris,*, 1650., 2 vol. in-4. *non.
rel.* — Magnum speculum exemplorum ex autoribus
pietate doctrina et antiquitate venerandis excerptum.
*Duaci*, 1605. in-4.

505. Maur de l'enfant Jésus : entrée à la divine sagesse.
*Paris*, 1655, in-8. *parch.* — Martial de Brives ( le p. ).
Le Parnasse séraphique. *Lyon*. 1670, in-8. *v. br.*

506. Maximes tirées de l'écriture sainte, pour l'instruction de la jeunesse. *Paris*, 1697, in-12. *m. r. fil. d. s. t.*

507. Méditations sur les principaux devoirs de la vie
religieuse, marquez dans les paroles de la profession
des religieux. *Paris*, 1696, in-8. *v. br.* — Méditations
sur les plus importantes vérités chrétiennes et les
devoirs de la vie religieuse. *Paris*, in-12. *v. br.
d. s. t.*

508. Melanchthonis (Ph.) Epistolæ. *Lugd. Bat.*, *Elzevir*,
1647, in-8. *vél.*

509. Mercatoris (Marii) acta cum notis Rigberii. *Bruxellis*,
1673, in-12. *v. br.* — Marsollier, Apologie ou justification d'Erasme. *Paris*, 1713, in-12. *v. br.*

510. J. Merceri, commentarii in Jobum et Salomonis
proverbia, Ecclesiasten, canticum canticorum. *Lugd.
Bat.*, 1651, in-fol.

511. Michaelis (J D ), Syntagma commentationum. *Goettingæ*, 1759, 2 tom. en 1 vol. in-4. *dem. rel.*

512. Midammannus (Al.), De causis deserendæ emper-
que fugiendæ synagogæ protestanticæ. *Moguntiæ*,
1618, pet. in-8. *mar. r. fil. d. s. t.*

513. Militaire en solitude, ou le philosophe chrétien.
1736. 2 vol. in-8. *br.*

514. Millii (D ) Dissertationes selectæ in varia S. litterarum et antiquitatis orientalis capita. *Lugd. Bat.*, 1743,
in-4. *v.*

515. Minucii Felicis Octavius cum notis variorum, ed.
G. Gronovio. *Lugd. Bat.*, 1709, in-8. *vél.*

516. Missale cluniacense. *Parisiis*, 1733, in-fol. *mar.
r. d. s. t.*

517. Missale parisiense. *Parisiis*, 1738, in-fol. *m. r. dent. d. s. t.*

    Aux armes. Ne contient que quelques parties du Missel.

518. Missale Parisiense, cum supplemento. *Parisiis*, 1774, in-fol. *bas.*

519. Missale Romanum. *Lutetiæ Paris.* 1692, in-8. *fig. mar. n. d. s. t. fermoirs en cuivre.*

520. Missale romanum, ad usum ordinum S. Francisci. *Parisiis*, 1699, in-fol. *v. br.*

521. Molina (L.), Liberi arbitrii cum gratiæ donis, etc. concordia. *Juxta exemplar. Antverp.*, 1595, in-4. *d. r.*

522. Moneta adversus Catharos et Valdenses, ed. Th. A. Ricchinio. *Romæ*, 1743, in-fol. *v.*

523. Morale du nouveau testament partagée en réflexions (par Laneuville). *Paris*, 1758, 4 vol. in-12. *bas.* — Neuville (le p. A. J. de la) Livre de Tobie avec des réflexions morales sur tous les versets. *Vienne*, 1773, in-8. *br.*

524. Morinus, Commentarius de disciplina in administratione sacramenti pœnitentiæ. *Antverpiæ*, 1682, in-fol. *v. br.*

525. Morinus Commentarius de sacris ecclesiæ ordinationibus. *Antverpiæ*, 1695, in-fol. *v. br.*

526. Morinus (J.), Commentarius de sacris ecclesiæ ordinationibus. *Parisiis*, 1655, in-fol. *v. br.*

527. Morinus (J.), Exercitationes biblicæ de hebræi græcique textus sinceritate. *Parisiis*, 1660, in-fol. *v. br.*

528. Morinus (J.), Exercitationes ecclesiasticæ et biblicæ. *Parisiis*, 1669, in-fol. *v. br.*

529. Morini Opera postuma. *Parisiis*, 1703, in-4. *v. br.*

530. Mosheim, dissertationum ad sanctiores disciplinas pertinentium syntagma. *Lipsiæ*, 1733, in-4. *dem. rel.*

531. Mosheim (J. L.), Elementa theologiæ dogmaticæ in tabulas synopticas redacta a Chr. Chr. Sturm. *Norimbergæ*, 1766, in-8. *cart.*

532. Mosheim, Vindiciæ antiquæ christianorum disciplinæ. *Kilonii*, 1720, in-4. *vel.*

533 Musart, Lilium marianum decerptum ex Lilieto. *Viennæ*, 1731, in-18. *v. fil.*

534. Nadasi (J.), Pretiosæ occupationes morientium in

societate Jesu. *Tyrnaviæ*, 1753, in-12. *v. br.* — Nadasi (J.), Vita prædestinorum signum magnum S.
Maria mater boni concilii. 1698, pet. in-8. *v. d. s. t.*

536. Natalis (H.), Adnotationes et meditationes in Evangelia. *Antverpiæ*, 1595, in-fol. *v. br.*

536. Natalis (H.), Adnotationes et meditationes in Evangelia. *Antverpiæ*, 1607, in-fol. *fig. dem. rel.*

537. Nepveu ( le p.) , de l'amour de Jésus-Christ et des
moyens de l'acquérir. *Paris*, 1756 , in-12. *br* —
Orléans ( le p. d') , Instruction chrétienne sur la dévotion à la sainte Vierge. *Paris*, 1696, in-12. *v. br.*

538. Nerreter (Ch.), de fragmento Clementis Romani
quod sub nomine epistolæ II ad Corinthios habetur.
*Altorfii*, 1749, in-4. *br.*

539. Neumanni (J. G. ), Synopis errorum fanaticorum
quos tremuli moderni fovent. *Vitembergæ*, 1721 ,
in-4. *br.*

540. Neusinger (J. A.), Papatus numquam errans in
proponendis fidei articulis. *Augustæ*, 1709, in-12. *br.*
—Neumayr ( F.) , triduum sacrum exercitis spiritus
accomodatum. *Ingolstadii*, 1752, in-8. *v.*

541. Nicolai (J.), de luctu christianorum, ed. Sig. Haver-
campo. *Lugd.-Bat.* , 1739 , in-8. *vél.* — Nicolai (J.),
Annotationes. *Lugd. Bat.*, 1740 , 2 vol. in-8. *br.*

542. Nicole, Lettres. *Lille*, 1718, 2 vol. in-12. *v. br.*—
Nicole, Préjugez légitimes contre les calvinistes. *Paris*,
1699, in-12, *v.* — Nicole , Science du salut ou principes solides sur les devoirs les plus importants de la
religion, tirés des Essais de morale. *Paris*, 1746
in-12. *v.*

543 Nicole , Œuvres. *Paris*, 1755-1759, 25 vol. in-12.
*mar r. fil. d. s. tr.* (Les tom. 7, 8, 2e partie des Essais,
Esprit, Vie, manquent.)
   Aux armes de Madame la comtesse d'Artois.

544. Nieuwentyt , l'existence démontrée par les mer-
veilles de la nature. *Amsterdam*, 1760, in-4. *v.*

545. Nouet, Retraite pour se préparer à la mort. *Paris*,
1688, in-12. *v. br.* — Nouvelles observations sur les
différentes méthodes de prêcher. *Lyon*, in-12. *v.*

546. Ochini (B ), Sermones. 1543. — Prediche. 1643.
in-12.

547. Occhino (Bern.), Dialogo del purgatorio. 1556, pet. in-8. *v.*

548. Ode , Commentarius de angelis *Traj. ad Rhen.*, 1739, in-4. *v.*

549. OEcumenii commentaria in acta Apostolorum, Pauli epistolas, epistolas catholicas et Aretheæ explanationes in Apocalypsin, gr. et lat. *Parisiis*, 1630, 2 vol. in-fol. *v. br.*

550. Office de la quinzaine de Pasque, lat.-fr., pour la maison de monseigneur le duc d'Orléans. *Paris*, 1741, in-12. *v. br. d. s. t.*

  Aux armes du duc d'Orléans.

551. Office de la Sainte Vierge avec des instructions *Paris*, 1697, in-8. *m. bl. dent. d. s. t.*

552. Office de la Semaine sainte, à l'usage de la maison du roi, avec des instructions par de Bellegarde. *Paris*, 1741, in-8. *mar. r. dent. d. s. t.*

  Aux Armes.

553. Office de l'Eglise, noté. *Paris*, 1788, 6 vol. in-8. *br.*

554. Office de Saint Louis, pour le jour et l'octave de sa fête et pour la translation de son chef, suivant l'usage de Paris, lat. et fr. *Paris*, 1697, in-8. *mar. r. fil. d. s. t. (Aux Armes.)*

554 *bis*. Office du matin pour le jeudi saint, à l'usage de la chapelle du Roi. in 8. *fig. mar. v. fil. d. s. tr.*

555. Officium B. Mariæ virginis, latine, græce, hebraice. *Vetero-Pragæ*, 1769, in-12.—Officium B. Mariæ virginis, latino-græcum. *Aug.-Vindel.*, 1615, pet. in-12. *non rel.*

556. Olivarius (P. J.) de prophetia et spiritu prophetico. *Basileæ*, 1543, in-4. *cart.*

557. Onus ecclesiæ (auctore Joanne, episc. Chelmensi). *Coloniæ*, 1531, in-fol. *parch.*

558. Optati (Sancti) opera et Facundi in concilium calcheld., cum G. Albaspinæi observationes. *Parisiis*, 1676, in-fol. *v. br.*

559. Ordonnance de l'archevêque de Paris, portant condamnation de la bibliothèque des auteurs ecclésiastiques de Dupin. 1693. — Eclaircissemens des pretendues difficultés proposées à l'archevêque sur plusieurs points de la morale de J.-Ch. 1696.—Venin des écrits contre les œuvres

du p. Flatel et du p. Raverne , découvert. — Dénonciation de plusieurs
livres qui appuient les cinq propositions condamnées par l'Eglise, dans
le sens de Jansenius.—Vigue, justification du culte de l'Eglise catholique.
1689.— Lettre à un nouveau converti, sur le dessein qu'il a de se retirer
en pays etranger.—Lettre pastorale à l'evêque de Chalons , touchant les
conférences de son diocèse. 1697 — Manifeste en forme de lettres pour
S. A. R. E. de Cologne. 1602, etc. in-8.

560. Origenes contra Celsum et ejusdem Philocalia, ed.
D. Hoeschelio et J. Tarino. *Cantabrigiæ*, 1677 , in-4,
*v. br.*

561. Pacard (G.), Traicté contre la transsubstantiation
par lequel on peut cognoistre quel est le fondement de
la messe. *Niort.* 1603, in-8. *parch.* — Polyander (J.),
Dispute contre l'adoration des reliques des saincts tres-
passés. *Dordrecht*, 1611, pet. in-8. *vél.*

562. Paetz (L. A.), Commentatio de vi , quam religio
christiana per tria prima secula ad hominum animos ,
mores ac vitam habuit. *Gottingæ*, in-4. *br.* — Proco-
pii in libros regum et paralipomenon scholia, ed. J.
Meursio. *Lugd. Bat., Elzev.*, 1620, in-4. *parch.*

563. Palafox y Mendoza (G. di), Dell'eccellenza di S.
Pietro principe degli apostoli, vicario universale di
Gesu Christo. *Roma*, 1788, 3 vol. in-4. *br.*

565. Pallu, Solide et vraie dévotion envers la Ste.
Vierge. *Paris*, 1736, in-12. *v. br.* — Palu, Usage des
sacremens de pénitence et d'eucharistie. *Paris*,
1770, in-12. *v.* — Pensées et réflexions sur les égaremens des hommes dans la voie du salut. *Paris*, 1732,
3 vol. in-12. *v.*

565. Papatus romanus, de origine progressu atque ex-
tinctione ipsius. *Francof.*, 1618. in-12 *vél.*

566. Parallèle de la doctrine des payens avec celle des
jésuites. *Amst.*, 1726, in-12. *dem. rel. dos de vél.* —
Paraleipomena ad amphitheatrum honoris jesuitarum,
ex recensione P. de Wangen. *Lugduni*, 1611, pet.
in-8. *br.*

567. Pascal, Eloges et pensées, nouv. édit. commentée ,
corrigée et augmentée (par Voltaire). 1778, in-8. *br.*

568. Pauli epistola ad romanos , arabice, ed. J. H. Callenbergio. *Halæ*, 1741, in-12. *cart.* (*Interfolié de
papier blanc*). — Pauli epistolæ ad hebræos, arabice,
ed. J. H. Callenbergio. *Halæ*, 1642, in-12. *br.* — Pauli

epistolæ ad corinthios, syriace, ed. Jo. H. Callenbergio. *Halæ*, 1747, in-12. *br.*

569. Paulini (S.) Opera. *Parisiis*, 1685, 2 tom. en 1 vol. in-4. *v. d. s. tr.*

570. Payva (D.), Orthodoxarum explicationum libri decem. *Venetiis*, 1564, in-4. *parch.*

571. Pearsonii (J.) Expositio symboli apostolici. *Francofurti*, 1691, in-4. *v. br.*—J. Pearson, Vindiciæ epistolarum Sti. Ignatii. *Cantabrigiæ*, 1672, in-4. *v. br.*

572. Pelbarti pomerium sermonum de Beata Virgine vel stellarium coronæ beatæ Virginis. *Hagenaw*, 1504, in-4. *goth. v. f.*

573. Perazzi (J. B.), Ecclesiastes thomisticus seu bibliotheca concionatoria ex operibus S. Thomæ aquinatis collecta. *Aug. Vind.*, 1740, 2 vol. in-fol. *v. br.*

574. Pererii (B.), Commentarii et disputationes in genesim. *Moguntiæ*, 1612, in-fol. *v. br.*

575. Petau (D.), De la pénitence publique et de la préparation à la communion. *Paris*, 1644, in-4. *v. br.*— Rubus Moysis seu tractatus de sacramento pœnitentiæ, auctoribus J. A. Dickhari, J. A. Dyrnhard, F. A. Fornbacher. *Salisburgi*, 1714.— Character sacramentalis christi et satanicus anti-christi. *Salisburgi*, 1713, in-8. *vél.*

576. Petri Blesensis opera. *Paris*, 1667, in-fol.

577. Petri Cellensis opera. *Parisiis*, 1671, in-4. *v. br.*

578. Petrucci (Mat.), Lettere e trattati spirituali e mistici. *Venetia*, 1685, 2 vol. in-4. *v. br.*

579. Pexenfelder, florus biblicus seu narrationes ex veteri testamento selectæ. *Landishuti*, 1711, in-8. *v. br.*— Pasoris (G.) Lexicon manuale novi testamenti, ed. J. Fr. Fischero. *Lipsiæ*, 1755, in-12. *vél.*

580. Philastri de hæresibus, ed. Fabricio. *Hamb.*, 1721.— Frikius, de cura veterum circa hæreses. *Ulmæ*, 1736, in-8. *vél.*

581. Philoponus (Jo.), in Cap. I. Geneseos de mundi creatione, interprete Balt. Corderio. *Viennæ Austriæ*, 1630, in-4. *v. br.*

582. Philon, De la vie contemplative. *Paris*, 1709, in-12. *v.* — Paradis intérieur du cœur de l'homme chrestien, contenant trois estats, 1° la vie purgative,

2° l'illuminative, 3° l'unitive. *Caen*, 1674, in-12.
parch.

583. Pichler, Theologia polemica. *Viennœ*, 1733, 2 vol.
in-8. *v. br.*

584. Piconio (B. a), Epistolarum B. Pauli triplex expositio. *Parisiis*, 1703, in-fol. *v. br.*

585. Piconio (B. à), Triplex expositio in evangelia. *Parisiis*, 1726, in-fol. *v. br.*

586. Pictet (Ben.), Lettre sur ceux qui se croyent ins-
pirez. *Genève*, 1721, in-12. *v.* — Pratique des vertus
chrétiennes, trad. de l'angl. par J. A. Dubourdieu.
*Londres*, 1719, in-8. *br.*

587 Piété (de la) des chrestiens envers les morts. *Paris*,
1679, in-12 *v. br.* — Poiré, Manière de payer à Dieu
le disme et le tribut de la vie dont il nous donne l'u-
sage. *Lyon*, 1638, in-12. *vél.*

588. Pinamonti religiosus in solutidine. *Ratisb.*, 1723,
in-12. *dem. rel.* — Probst (U.), Sacerdotum zelus pie
solideque animatus per sacras meditationes. *Aug. V.*,
1755, in-8. *v. br.* — Vivier (du), Conférences sur la
vie, les mœurs et la science des ecclésiastiques. *Paris*,
1698, in-12. *v. br.*

589. Pineda (J. de), Commentarii in Job. *Col. Agrip.*,
1733, 2 tom. en 1 vol. in-fol. *peau de truie.*

590. Poiret (P.), Economie divine. *Amst.*, 1687, 7 vol.
in-12. *v.* — Poiret (P.), de eruditione solida, super-
ficiaria et falsa. *Amstel.*, 1672, in-12. *v.*

591. Pontas, Dictionnaire des cas de conscience. *Paris*,
1734, 3 vol. in-fol. *v.*

592. Ponte (L. de), de christiani hominis perfectione, a
M. Trevuinio latine conversa. *Francofurti*, 1737,
4 tom. en 2 vol. in-4. *peau de truie.*

593. Pontificale romanum. *Parisiis*, 1615, in-fol. *v. br.*

594. Pontificale romanum. *Antverpiœ*, 1627, in-fol.
*vél. v.*

595. Pontificale romanum. *Parisiis*, 1683, in-12. *v. br.
d. s. tr.*

596. Preuves de la religion de J. C. contre les spino-
sistes et les deistes, par L. F. (François). *Paris*, 1752,
4 vol. in-12. *v.*

597. Prières et cérémonies de la consécration d'un évêque. 1751, in-8. *mar. r. fil. d. s. t.*

Aux armes de S. Cir.

598. Prières du chrétien où sont les hymnes et proses nouvelles sur les mystères de la vie de J. C. et de la Ste. Vierge, etc. trad. par Chassain. *Paris,* 1707, in-12. *m. r. d. s. t.*

599. Procli (S.), Analecta a Vinc. Riccardo edita. *Romæ,* 1630, in-4. *v. br.*

600. Quaranta (St.), Summa Bullarii. *Venetiis,* 1616, in-4. *peau de truie.*

601. Quesnel. Abrégé de la morale de l'évangile. *Paris,* 1687, 3 vol. in-12. *v. br.*

602. (Quesnel), Le nouveau testament en françois, avec des réflexions morales sur chaque verset. *Amsterdam,* 1727, 8 vol. in-12. *v. d. s. t.*

603. Quincuplex psalterium gallicum, romanum, hebraicum, vetus, conciliatum. *Parisiis,* 1508, in-fol. *v. br. d. s. tr.*

604. Rabanus Maurus, de clericorum institutione et ceremoniis ecclesiæ. *Coloniæ,* 1532. — Pascasius Robertus in lamentationes Jeremiæ. *Coloniæ,* 1532, in-8. *parch. (piq. de v.)*

605. Radberti (Pasch.) Opera. *Lut. Par.,* 1618, in-fol. *bas.*

606. **Rancé :** Apologie de l'abbé de la Trappe. in-12. *v.* — Eclaircissemens de quelques difficultés formées sur le livre de la sainteté et des devoirs de la vie monastique. *Purit,* 1686. in-12. — Lettres à l'abbé de la Trappe, où l'on examine sa réponse au traité des études monastiques. *Amst.,* 1692, in-12. *vél.* — Lettres de piété. *Paris,* 1701-1702, 2 vol. in-12. — Réflexions morales sur les quatre évangiles. *Paris,* 1699, 4 vol. in-12. *v. non unif.* — Règle de S. Benoit, nouvellement trad. et expliquée selon son véritable esprit, *Paris,* 1703, 2 vol. in-12. *v. br.* — Traité abrégé des obligations des chrétiens. *Paris,* 1699, in-12. *v. br.* — Véritable préparation à la mort. in-12.

607. Raymundi (Sti.) de Pennafort Summa, opera et studio H. V. Laget. *Lugduni,* 1718, in-fol. *v. br.*

608. Recueil de pièces concernant la relique du S. nombril de N. S. J. C. conservée pendant longtemps à

l'église de Notre Dame en Vaux, à Chaalons. in-12.
*v. br.*

609. Raynaudi (Th.), Erotemata de malis ac bonis libris. *Lugduni,* 1653, in-4. *parch.*

610. Réflexions d'un militaire sur l'utilité de la religion pour la conduite des armées et le gouvernement des peuples. *Londres,* 1759, in-12. *v.* — Recueil de pièces sur la religion. *Paris,* 1755, in-12. *bas.*

611. Reginaldus (A.), de mente concilii Tridentini circa gratiam, cum animadv. in propositiones Molinæ, aut. Lebossa. *Bruxellis,* 1706, in-fol. *v. br.*

612. Refutation des critiques de Bayle sur St. Augustin, (par le p. Merlin, Jes.). *Paris,* 1732, in-4. *v. br.*

613. Règles et constitutions :

Statuta in sacra synodo carnoten. promulgata 1587. *Parisiis,* 1587, in-8. *parch.* — Statuta diæcesis carnotensis. *Carnuti,* 1742, in-12. *br.* — Ceremonial des religieuses réformées, de l'ordre de Ste. Claire à Verdun. *Verdun,* in-8. *parch.* — Statuta et consuetudines sacri ordinis Cluniacensis. in-12. *v.* — Extrait du directoire spirituel dressé par S. François de Sales pour les sœurs de la visitation. in-12. *v. br.* — Règle et testament de S. François, instituteur de l'ordre des frères mineurs. *Paris,* 1699, in-12. *v. br.* — Troisième règle de S. François de Paule, expliquée par Cl. Le Juge. *Paris,* 1643, in-12. *parch.* — Règles et constitutions des religieuses hospitalières de l'ordre de St. Jean de Jérusalem de Tolose. *Tolose,* 1644, in-12. *parch.* — Regulæ seu constitutiones congregationis missionis. *Parisiis,* 1658, pet. in-12. *v. br.* — Exercices journaliers du noviciat de l'abbaye royale de Montmartre. *Paris,* 1688, pet. in-12. *v. br.* — Règle et constitutions des frères hermites du mont Valérien, près Paris. *Paris,* 1776, in-12. *v.* — Statuta generalia barchinonencia regularis observantiæ. *Parisiis,* 1628, in-8. *parch.(mouillé.)*— Regulæ congregationis de pastoribus animarum et beneficiatis. *Parisiis,* 1662, in-8. *parch.* — Règle du tiers ordre de la pénitence, trad. par Frassen. *Paris,* 1667, in-12. *v. br.* — Regula et statuta fratrum ordinis Smæ Trinitatis et redemptionis captivorum. *Duaci,* 1719, in-12. *mar. r. fil. d. s. t.* — Constitutions de la maison de S. Louis établie à S. Cir. — Règlemens de la maison de St. Louis établie à St. Cir. *Paris,* 1699, in-12. *mar. n.*

614. Regula S. p. Stephani Maretensis primi ordinis Grandimontensis institutoris. in-12. *mar. r. à comp. d. s. t.*

Manuscrit sur vélin.

615. S'ensuit la règle des seurs religieuses et filles de la Vierge Marie. (*Sans indication de ville, ni date*) in-8. *goth. v. br.*

6.6. Reiffenstuel (A.), Theologia moralis, stud. Kresslinger. *Mutinæ*, 1739, 2 tom. en un vol. in-fol. *v. br.*

617. Reiss (P. Ud.), Synopsis doctrinæ christianæ de veris falsisque miraculis. *Aug. Vind.*, 1780, 2 vol. in-8. *cart.*

618. Reland, Religion des mahometans exposée par leurs propres docteurs. *La Haye*, 1721, in-12. *v.*

619. Religion des hollandois. *Paris*, 1673, in-12. *v. br.*

620. Religion vengée, ou réfutation des auteurs impies. *Paris*, 1757, 18 vol. in-12. *v.* — Religion chrétienne éclairée des lumières de l'intelligence par le dogme et la prophétie (par le prés. Joly). *Paris*, 1744, 2 vol. in-12. *v.*

621. Retraites :

Méditations pour les retraites sur différents sujets. *Nancy*, 1722, in-12. *v. br.* — Retraite de huit jours sur les principales vertus chrétiennes et religieuses. *Paris*, 1738, in-12. *v.* —Retraites (deux) de dix jours, contenant chacune trente méditations et un sermon sur les principaux devoirs de la vie religieuse. *Lyon*, 1697, in-12. *v.*—Retraite de dix jours sur les principales obligations des religieuses. *Paris*, 1705, in-12. *v. br.* — Retraite ecclésiastique, dédiée au card. de Noailles. *Paris*, 1737, 2 vol. in-12. *v.*— Retraites et méditations à l'usage des religieuses et des personnes séculières qui vivent en communauté, par Tiberge. *Paris*, 1745, in-12. *v. br.* — Retraite selon l'esprit et la méthode de St. Ignace, par le p. Nepveu. *Paris*, 1691, in-12. *v. br.* — Retraite spirituelle à l'usage des communautés religieuses, par le père Pallu. *Paris*, 1741, in-12. *v.* — Retraite spirituelle du p. Lacolombiere. *Lyon*, 1693, in-12. *v. br.* — Retraite du p. Salazar, trad. par Margat. *Paris*, 1732, in-12. *v. br.* — Retraite spirituelle pour les personnes religieuses, par le p. Cl. Judde. *Paris*, 1746, in-12. *bas.* — Retraite spirituelle pour un jour chaque mois, par un p. de la C. de J. *Paris*, 1799, in-12. *v. br.*—Retraites spirituelles propres aux communautés religieuses par le p. Sanadon. *Paris*, 1728, in-12. *v. br.*

622. Rhegii (R.) responsio ad libros de missa Joannis Eccii, 1639, in-8. *c.*

623. Ribera (F.), de templo et de iis quæ ad templum pertinent. *Lugduni*, 1692, in-4. *v. br.*

624. Ribera (Fr.), in epistolam B. Pauli ad Hebræos, *Coloniæ Agrippinæ*, 1600, in-8. *vél.*—Ribera (Fr.), in librum XII prophetarum commentarii. *Col. Agrip.* 1599, in-fol. *non rel.*

625. Ricaut, Histoire de l'état présent de l'église grecque et de l'armenienne. *Middelb.*, 1692, in-12, *vél.*

626. Richardi S. Victoris opera. *Rothomagi*, 1650, in-fol. *v. br.*

627. Ricardus de sancto Victore, in Joannis Apocalypsim. *Lovanii*, 1513. — Phisiologus Theobaldi de naturis duodecim animalium. in-4. *v. br.*

628. Richelieu (Card. de), Instruction du chrestien. *Paris*, 1642, in-fol. *v. br.*

629. Richelieu (Card. de), La perfection du chrestien. *Paris*, 1646, in-4. *v. br.*

630. Richeome (L.), Saincte Messe déclarée et défendue contre les erreurs sacramentaires de nostre temps. *Arras*, 1601, 2 vol. in-8. *v.* —Riboudealdi sacrum Dei oraculum Urim et Thummim. *Genevæ*, 1685. — Historia transubstantiationis papalis. *Bremæ*, 1678, in-12. *vel.*

631. Richerius (Edm.), Vindiciæ doctrinæ majorum scholæ Parisiensis. *Coloniæ*, 1683, in-4. *v. br.* — Apologia pro J. Gersonio, pro suprema ecclesiæ et concilii generalis auctoritate. etc. *Lugd. Bat.*, 1676, in-4. *v. br.*

632. Rituale Argentinense. *Argentinæ*, in-4. *bas.* — Rituel du diocèse de Blois. *Blois*, 1730, in-4. *v.*

633. Rituale Parisiense. *Paris.*, 1697, in-4.

634. Rivet (A.), Le catholique orthodoxe opposé au catholique papiste. *Saumur*, 1616, in-4. *v.*

635. Rivius (Joa.) de stultitia mortalia et de consolandis ægrotantibus iisdemque ad mortem animandis. *Basileæ*, 1557, pet. in-8. *v. f.*

636. Romæ ruina finalis, anno domini 1666. *Londini*, 1655.—James Bellum papale, sive concordia discors Sixti V et Clementis VIII, circa Hieronymianam editionem. *Londini*, 1600, in-4. *v. br.*

  Aux armes de Colbert.

639. Royaumont, Histoire du vieux et du nouveau Testament, représentée avec des figures. *Paris*, 1712. in-fol. *dem. rel.*

640. Sacremens (des) de pénitence et de l'Eucharistie, *Paris*, 1747, in-12, *mar. r. fil. d. s. t.*—Sanctarellus (Ant.), de hæresi, schismate, apostasia, sollicitatione in sacramento poenitentiæ et de potestate romani pontificis in his delictis puniendis. *Romæ*, 1625, in-4. *v. br.*

641. Saint Jure, de la connoissance et de l'amour du

fils de Dieu N. S. J.-C. *Paris*, 1666, in-fol. *dem. rel.*

642. Saint Jure, de la connoissance et de l'amour de Jésus-Christ. *Paris*, 1772, in-12. *bas.* — Saint Jure, Le livre des élus. *Paris*, 1769, in-12. *v.*

643. Saint-Martin, l'aurore naissante, trad. de Jac. Behme. *Paris*, 1800, 2 vol. in-8. *dem. rel.*

644. Saint-Martin, de l'esprit des choses. *Paris*, an VIII. 2 tom. en 1 vol. in-8. *dem. rel.*

645. Sainte Marie (H. de), Réflexions sur les règles de la critique, touchant l'histoire de l'Eglise, etc. *Paris*, 1713, in-4. *v. f. d. s. t.*

646. Sales (S. François de), Epitres spirituelles. *Lyon*, 1629, in-4. *v. br.* — François de Sales (S.) Sermons. *Paris*, 1643, in-4. *v. br.*

647. Sales (S. François de), Introduction à la vie dévote. *Paris*, I. R., 1641, in-fol. *v.*

648. Sales (S. François de), Introduction à la vie dévote. *Paris*, 1735, in-12—Opuscules. *Paris*, 1767, 4 vol. in-12. *bas.*—Traité de l'amour de Dieu. *Paris*, 1763, 2 vol. in-12. *bas.*—La vraie et solide piété, recueillie de ses Épitres. *Paris*, 1736, in-8. *v.*—Sacrees (les) reliques du B. François de Sales. *Rouen*, 1626, pet. in-12. *parch.*—Rouillard, Trésor évangélique du B. François de Sales. *Paris*, 1634, in-12. *vél.*

649. Salmon (de), Traité de l'étude des Conciles et de leurs collections. *Paris*, 1724, in-4. *v. br.*

650. Salvini (A. M.), Prose sacre. *Firenze*, 1716, in-4. *parch.*

651. Sanchez (Th.), de matrimonii sacramento disputationes. *Lugduni*, 1654, 3 tom. en 1 vol. in-fol. *vél.*

652. Sanctacruz (E. F. de), Conciliatio genesis et exodi locorum qui apparentem continent antinomiam simulque expositio moralis. *Lugduni*, 1681, in-fol. *v. br.*

653. Sancta Maria (Paulus de), Scrutinum scripturarum cum additionibus Nicolai de Lyra. *Maguncia, Petrus Schoffer*, 1478, in-4. *v. br.*

    Taché et plusieurs feuillets raccomodés.

654. Sanctorum Patrum de gratia Christi et libero arbitrio dimicantium trias, ed. Erynacho. 1648, in-4. *dem. rel.*

655. Sartorii (J.) de hypocrisi gentilium circa cultum deorum schediasma. *Lipsiæ*, 1713, in-4. *cart.*

656. Saussay (A. du), Panoplia clericalis seu de clericorum tonsura et habitu. *Parisiis*, 1649, in-fol. *v. br.*

657. Saurin, Principes de la religion et de la morale. *Paris*, 1768, 2 vol. in-12. *v.* — Suffren, Année chrétienne, abrégée par le p. N. Frizon. *Paris*, 1728, 2 vol. in-12.

658. Scheuchzeri (J. J.) Physica sacra. *Augsb.*, 1731-1735, 4 vol. in-fol. *fig. dem. rel. (texte allemand).*

Belles épreuves.

659. Schmidii prolusiones marianæ, ed. Moshem. *Helmstadii*, 1733, in-4. *br.*

660. Schram analysis operum SS patrum et scriptorum ecclesiasticorum. *Aug. Vind.*, 1780, 3 vol. in-8. *v. br.*

Mouillé.

661. Schubert (Fr. G. de), de infantiæ Jesu Christi historiæ a Mattheo et Luca exhibitæ authentia atque indole. *Gripeswaldiæ*, 1815, in 8. *br.*

661. Schultens (Alb.), Liber Jobi cum nova versione et cum commentario perpetuo, hebr. et lat. *Lugd. Bat.*, 1737, 2 vol. in-4. *vél.*

663. Schultens (Alb.), Opera minora. *Lugd. Bat.*, 1769, in-4. *dem. rel.*

664. Schultens (Alb.), Proverbia Salomonis cum versione integra et commentario. *Lugd. Bat.*, 1748, in-4. *vél.*

665. Scriptorum veterum de fide catholica quinque opuscula, ed. F. Chiffletio. *Divione*, 1656, in-4. *parch.* — Sporenus, de Gloria protectorum et interitu persecutorum ecclesiæ. *Græcii*, 1726. in-12. *cart. (mouillé).*

666. Sedlmayr (V.), Theologia Mariana in quâ quæstiones de gloriosissima deiparente agitari solitæ. *Monachii*, 1758, in-4. *bas.*

667. Segueri (P.), l'incredulo senza scusa. *Bologna*, 1690, in-4. *v. br.* — Senault, L'homme chrestien. *Paris*, 1655, in-4. *gr. pap. v. br.*

68. Sermons choisis de Fénélon. *Paris*, 1803, in-12. *v.* — Sermons de Pacaud, discours de piété sur les plus importants objets de la religion. *Paris*, 1745, 3 vol. in-12. *v. br.* — Sermons sur les mystères de la reli-

gion chrétienne, par le p. Fr. Chauchemer. *Paris*, 1709, in-12. *v. br. d. s. t.*

669. Sigorgne, Le philosophe chrétien ou lettres sur la nécessité et la vérité de la religion. *Lyon*, 1776, in-8. *m. r. d. s. t.* — Stinstra, Lettre pastorale contre le fanatisme, trad. du holl. *Leide*, 1752, in-8. *dem. rel.*

670. Simon (Rich.), Histoire critique du vieux testament. *Rotterdam*, 1685, in-4. *v. br.* — Simon (Rich.), Histoire critique du texte du nouveau testament. *Rotterdam*, 1689, in-4. *v. br.* — Réponse de P. Ambrun à l'hist. critique du v. testament. *Rotterdam*, 1685, in-4. *v. br.*

671. Sirmondi (Jac.) Opera varia. *Parisiis*, 1696, 5 vol. in-fol. *v. br.*

672. Soissons, Rituel. 1753, 4 vol. — Mandement et instruction pastorale, etc. *Paris*, 1760, 2 vol. en tout 6 vol. in-4. *v.*

673. Spagnius, de bono, malo et pulchro. *Romæ*, 1766, in-4. *cart.*

674. Spencer (J.), de legibus hebræorum ritualibus et earum rationibus. *Hagæ comitum*, 1686, 2 vol. in-4. *v. br.*

675. Spinosa, Traité des cérémonies superstitieuses des juifs tant anciens que modernes. *Amsterd.*, 1678, in-12. *v. br.* — Refutation des erreurs de Spinosa, par Fénélon, le p. Lami et de Boulainvilliers. *Bruxelles*, 1731, in-12. *br.* — Sabatier de Castres, Apologie de Spinosa et du spinosisme. *Paris*, 1810. — Dissertation sur les mœurs, les usages, etc. des Indous. *Paris*, 1769, in-12. *fig. v.*

676. Squanin, anatomia probabilismi. *Romæ*, 1765, in-4. *br.*

677. Statuta curiæ sedis episcopalis Eduensis. *Lugd.*, 1534, in-4. *gothique.*

678. Stengelii ova Paschalia sacro emblemate inscrip'a descriptaque. *Ingoldst.*, 1672, in-8. *fig. v. br.*

679. Stolbergius, de solœcismis et barbarismis græcæ novi fœderis dictioni falsô tributis et de cilicismis aliisque nov. a D. Paulo usurpatis. *Vittenb.*, 1685, in-4. *cart.*

( 53 )

680. Suarez (J.), de Gratia. *Lugd.*, 1628, in-fol. tom. 1 et 3, en 1 vol. *v. br.*

681. Surin, Catéchisme spirituel. *Paris*, 1663, 2 vol. in-12.—Surin, Dialogues spirituels. *Paris*, 1704, 3 vol. in-12.—Surin, fondemens de la vie spirituelle. *Paris*, 1703, in-12. *v. br.*

682. Swedemborg (Emm.), Summaria expositio doctrinæ novæ ecclesiæ quæ per novam hierosolymam in Apocalypsi intelligitur. *Amstel.*, 1769, in-4. *br.*

683. Sylvii (Fr.) Commentarii in S. Thomam Aquinatem. *Antverp.*, 1698, 6 vol. in-fol. *v. br.*

684. Tableau de la Croix représenté dans les cérémonies de la messe, ensemble le trésor de la dévotion aux souffrances de N. S. J. C., le tout enrichi de figures. *Paris*, 1651, in-4. *v. br. d. s. tr.*

685. Tatiani oratio ad Græcos. Hermiæ irrisio gentilium philosophorum, ed. W. Worth. *Oxoniæ*, 1700, in-8. *vél.*

686. Tertullianus, de præscriptionibus contra hæreticos, ed. Fr. Ch. Lupo. *Bruxellis*, 1675, in-4. *v. br.*

687 Tertulliani omniloquium alphabeticum tripartitum, opera Car. Moreau. *Parisiis*, 1657, 3 vol in-fol. *v. br.*

688. Testamentum vetus, ex versione LXX, ed. Lamb. Bos., græce. *Franequeræ*, 1709, in-4. *v.*

689. Testamentum (Vetus), ex versione LXX, a Grabe, ed. Breitingero, gr. lat. *Tiguri Helv.*, 1730, 4 vol. in-4. *dem. rel. vél.*

690. Testamentum (Nov.), gr. et lat., cum duobus versionibus, una vetus, altera Th. Bezæ et ejusdem annotationibus. 1598, in-fol. *v. br.*

691. Testamentum (Nov.) græcè, cum vers. interl. Ariæ Montani. *Ex offic. Plantiniana*, 1613, in-8. *vél.*

692. Testamentum (Nov.) J. C., gr., cum interpretationes duæ, una vetus; altera Th. Bezæ, cum annotationibus suis, ed. J. Camerario. *Cantabrigiæ*, 1642, in-fol. *v. br.*

393. Testam. tum (Novum), græce. *Parisiis, I. R.*, 1642, in-fol. *v.*

694. Testamentum (Nov.) græce, ed. J. Leusden. *Amst.*, 1701, petin-12. *dem. rel. n rog.*

695. Testamentum (Nov.) græce. *Oxon.*, 1763, in-8. *br.*

696. Testamentum (Novum) græce. *Oxon.*, 1775, 2 vol. in-12. *v. br.*

697. Testamentum (Novum) Jesu Christi, hebr., gr. et lat. *Parisiis*, 1584, in-4. *parch.*

698. Testamentum (Novum) D. N. J. C., syriace. *Antverp. Plantin.*, 1575, in-12. *v. d. s. t.*

699. Testamentum (Novum), lat., cum adnotationibus Hammondi et J. Clerici. *Amst.*, 1699. 2 t. en 1 vol. in-fol. *v. br.*

700. Testament (Nouv.) de N. S. Jésus-Christ, trad. en françois selon l'édition vulgate. *Mons*, 1672, in-12. *mar. v. d. s. t. doublé de mar.*

701. Testament (le Nouveau) de N. S. Jésus-Christ, tr. en françois selon la vulgate. *Mons, G. Migeot*, 1677, 2 vol. in-12. *mar. r. à comp. d. s. t.*

702. Testament (Nouveau), trad. par Amelotte. *Paris*, 1788, in-4. *v. br.*

702 *bis*. Testament (Nouv.), en latin et en français, tr. par de Sacy. *Paris*, 1793, 4 vol. in-8, *fig. de Moreau, mar. r. fil. d. s. tr.*

703. Testament (the new) greek with select notes in english by E. Harwood. *London*, 1776, 2 vol. in-12. *br.*

704. Thaulere, Exercices sur la vie et sur la passion de N. S. Jésus-Christ, traduit par Talon. *Paris*, 1721, in-12 *v.* — Sainte Thérèse (Marie de); Lettres spirituelles, données par de Brion. *Paris*, 1720, 2 vol. in-12. *v.*

705. Theodoreti Dialogi contra quasdam hæreses, contra Hæreticos, græce. *Romæ*, 1547, in-4. *vel.*

706. Theodoreti Opera, cura J. Sirmondi, gr. et lat. *Lutetiæ*, 1642, 5 vol. in-fol. *ch m.*

707. Theophanis Homiliæ in Evangelia dominicalia et festa totius anni, gr. et lat. *Lutetiæ*, 1644, in-fol. *v. br.*

708. Theophylactus in quatuor evangelia, gr. *Romæ*, 1542, in-fol. *v. br.*

709. Theophylacti Commentarii in quatuor evangelia, gr. et lat. *Lutetiæ*, 1631, in-fol. *v. br.*

710. Theophylacti Opera, gr. et lat. *Venetiis*, 1754, in-fol. *dem. rel.*

711. Thérèse (Sainte), Œuvres, tr. par le p. Cyprien de la nativité. *Paris*, 1667, 2 part. en 1 vol. in-4.

*v. br.* —Thérèse (Sainte), Lettres avec remarques de Jean de Palafox et Mendoze, et trad. de l'espagnol par F. Pelicot. *Paris*, 1660, in-4. *dem. rel.*

712. Thérèse (Sainte), OEuvres, trad. par Arnauld d'Andilly. *Paris*, 1676, 2 part. en 1 vol. in-4. *v. br.*

713. Theses sacræ (29) a diversis autoribus. *Lovanii*, in-4. *v. br.* — Thomasii (Jenkini) dissertationes varii argumenti. *Altdorfii*, 1712, in-12. *v. br.*

714. Thomæ Aquinatis (S.) Commentaria in IV libros sententiarum. *Parisiis*, 1659, 4 tom. en 2 vol. in-fol. *non rel.*

715. Thomæ Aquinatis (S.) Expositio aurea in sacram scripturam. *Parisis*, 1640, in-fol.

716. Thomæ Aquinatis (S.) Expositio et Catena aurea in Evangelistas. *Paris.*, 1 57, in-fol. *v. br.*

717. Thomæ Aquinatis (S.) Opera, ed. Ant. Mallet. *Parisiis*, 1660, 23 vol. in-fol. *non uniformes.*

Le tome 13 manque!

718. Thomæ Aquinatis (S.) Quæstiones disputatæ de potentia Dei, de malo, etc. *Lugd.*, 1586, in-fol. *v. br.*

719. Tabula aurea P. de Bergomo in omnia opera Thomæ Aquinatis. *Romæ*, 1571, in fol. *v. f.*

720. Tirini (J.) in S. Scripturam commentarius. *Antverpiæ*, 1688, 2 vol. in-fol. *v. br.*

721. Tractatus de libertatibus ecclesiæ gallicanæ. *Leodii*, 1684, in-4. *v. br.*

722. Traité de la prière continuelle avec divers moyens de la pratiquer ( par Hamon ). *Paris*, 1759, 2 vol. in-12. *v.*

723. Traité du sacrifice de Jésus-Christ ( par Plowden ). *Paris*, 1778, 2 vol. in-12, *v.*

724. Traité historique des excommunications ( par L. Ellies Dupin. *Paris*, 1715, 2 vol. in-12.

725. Traité sur le petit nombre des Élus ( par l'abbé Lequeux ). *Paris*, 1760, in-12. *v. d. s. t.*

726. Trois voyages de l'ame dévote à la Crèche de Jésus incarné, à la Croix de Jésus crucifié, à l'autel de Jésus immolé, in-12. *fig.*

Sans date ni lieu d'impression.

727. Trommii (Abr.) Concordantiæ græcæ versionis vulgo dictæ LXX interpretum , ed. Bern. de Montfaucon. *Amst.*, 1718 , 2 vol. in-fol. *ch. m. dem. rel.*

728. Turrettini ( J. A.) cogitationes et dissertationes theologicæ. *Genevæ*, 1737 , 2 vol. in-4. *cart.*

729. Turrettini ( F.) , Institutio theologiæ elencticæ. *Genevæ*, 1688, 3 vol. in-4. *dem. rel.*

730. Ursini (Joh. H.) Arboretum biblicum in quo arbores et frutices in s. literis occurentes exponuntur et illustrantur. *Norimbergæ*, 1699, 2 vol. in-8. *fig. vél.*

731. Usserii (J.) Gotteschalci et prædestinatinæ controversiæ ab eo motæ historia. *Dublinii*, 1631, in-4. *vél.*

733. Valdesso ( G. ), le cento e dieci divine considerationi. *Basilea.* 1550. in-8. *m. r. fil d. s. t.*

734. Van Til (Sal.), malachias illustratus, cùm dissertat. de situ paradisi terrestri. *Lugd. Bat.*, 1701, in-4. *v. f.*

735. Van de Wall (H.) de pileis, sive Tiaris sacerdotum hebræorum. *Sine loco et anno*, in-4. *br.*

735 *bis.* Varia opera critica in novum Testamentum :

Michaelis (J. D. ) curæ in versionem syriacam actuum apostolicorum. *Gott.*, 1755.—Koerner, de auctoritate canonica apocalypseos Johannis. *Lips.* 1751.—Rogau., de auctoritate et antiquitate interpunctionis in N. T. *Regiomonu*, 1734. — Ernesti , de vestigiis linguæ hebraicæ in lingua græca. 1753. — Gloeckner , Examen interpretationis Wetstenii in N. T. *Lips.* — Semler vindiciæ plurium lectionum codicis græti N. T. adversus G. Whiston. *Halæ.* 1750. — Hallbauer, animadversiones in licentiam novarum sacri codicis lectionum. *Jenæ.* 1741. — Bauer, decas disputationum pro veritate allegationum Christi. *Vitenbergæ.* 1742.—Oporinus , de firmitate ac inspiratione divina. *Goett.* 1740.—Wurffel, Epistola ex laodicea in encyclica ad Ephesios. *Erlangæ.* 1751. in-4. *dem rel. dos de vél.*

736. Verbe (le) incarné, ou instructions pratiques et prières , avec une explication des O de l'avent. *Paris*, 1759, in-12. *mar. bl. fil. d s. t.*

737. Veron, ou le hibou des Jésuites opposé à la corneille de Charenton. *Villefranche*, pet. in-12. *parch.* — Veron, Epitome controversiarum , seu epistomium ministrorum. *Paris.* 1644, 3 vol. in-18.

738. Vie du législateur des Chrétiens, sans lacunes et sans miracles, par J. M. (Monneron.) *Paris*, 1803, in-8. *br.*

739. Vieyra (Ant.), Sermones varios traducidos en cas-

tellano de su original portugues. *Madrid*, 1711-1715,
21 vol. pet. in-8. *v. b.*

740. Vieira (L.), Sermones selectissimi. *Coloniæ Agri-
pinæ*, 1727, 8 tom. en 3 vol. in-4.

741. Vigorii (S), Apologia de suprema ecclesiæ auctoritate adversus And. Duval. *Augustæ Tricass.*, 1615,
in-8. *v. f.*

    Aux armes de De Thou.

742. Vigorii (Sim.) Opera. *Paris.* 1683, in-4. *v. br.*

743. Villethiery, Vie des gens mariés. *Paris*, 1727,
in-12. *v. br* — Villethierry, Vie des religieux et des
religieuses. *Paris*, 1730, in-12, *v. br.* — Villethierry.
Véritable pénitent. *Paris*, 1709, 2 vol. in-12. *v. br.*

744. Vincentius Lirinensis, pro catholicæ fidei antiquitate et veritate adversus prophanas omnium hæreseôn
novationes. *Lovanii*, 1552, in-4. *v. br.*

    Titre coupé par le bas.

745. Vitringa (C.), Anacrysis apocalypsios Joannis. *Amst.*,
1719, in-4. *vél.* — Vitringa (C.), Commentarii ad
librum prophetiarum Zachariæ. *Leovardiæ*, 1734,
in-4.

746. Vitringa (C.), archisyragogus observationibus novis
illustratus. *Franeq.*, 1685. — Rhenferdius, de decem
otiosis synagogæ. *Franeq.*, 1686; in-4. *vél.*

747. Vitringa (C.) de decem viris otiosis ad sacra veteris Synagoga. *Franeq.*, 1687, in-4. *vél.*

748. Vitringa, de Synagoga vetere. *Franeq.*, 1696, 2
vol. in-4. *v. br.*

749. Viva (D.), Cursus theologico-moralis. *Patavii*, 1723,
4 vol. in-4. *vél.* (Piqué de vers.)

750. Vivien (M.), Tertullianus prædicans. *Aug. Vind.*,
1715, 6 tom. en 3 vol. in-fol. *dem. rel.*

751. Vivis (J. L.), de officio Mariti. *Basileæ*, 1538. —
Ejusdem, de institutione fæminæ christianæ. *Basil.*,
1538, pet. in-8. *vél.*

752. Voet (G.), Selectæ disputationes theologicæ. *Ultrajecti*, 1648, 5 vol. in-4. *vél.* — G. Voet, Theologia
naturalis reformata. *Traj. ad Rhen.*, 1656, in-4. *v. br.*

753. Voit (Edm.), Theologia moralis. *Wirceburgi*, 1769,
2 vol. in-8. *v. br.*

754. Voss (G. J.) Harmoniæ evangelicæ de passione, morte, resurrectione ac adscensione J. C. *Amst.*, *Elzev.*, 1556, in-4.—G. Vossii, de tribus symbolis, Apostolico, Athanasio et Constantinopolitano. *Amst.*, 1662, in-4. *v. br.* (Exemplaire de Baluze.)

754 *bis.* Vuitasse (C.), Tractatus de sacramento pœnitentiæ. *Parisiis*, 1717, in 4.

755. Wagenseilii (J. Chr.) Sota, hoc est: liber mischnicus, de uxore adulterii suspecta. *Altdorfii*, 1674, 2 vol. in-4. *vel.*

756. Wagenseilii (J. G.) tela ignea Satanæ. *Altdorfii*, 1681, in-4. *vel.* (*piq. de vers*)

757. Warburton, Dissertations sur l'union de la religion, de la morale et de la politique (trad. de l'anglois par de Silhouette). 1742, 2 vol. in-12 *v.*—Fr. Vivant, vraie manière de contribuer à la réunion de l'église anglicane à l'église catholique. *Paris*, 1728, in-4. *v. br.*

758. Weissenbach, de arte critica quæ doctrinam, traditionem disciplinam, histor. ecclesiæ retractat. *Aug. Vind.*, 1794, in-8. *dem. rel.*—Weissenbach (Jos. Ant.), de Eloquentia scripturæ. *Aug. Vindel.*, 1789, tom. 2 en 1 vol. in-8. *dem. r.*—Weissenbach (J. A.), nova forma theologiæ biblicæ his temporibus accomodatæ. *Aug.* 1785, 3 tom. en 1 vol. in-8. *d. rel.*

759. Weitenauer (J.), Auxilia sacri tribunalis. *Aug. Vindel.*, 1775, in-8. *br.*

759 *bis.* Wersdorfii (G.), Commentatio de fide historica librorum Maccabaicorum. *Wratislaviæ*, 1747, in-4. *br.*

760. Witsii (H.) de œconomia fæderum Dei cum hominibus. *Traj. ad Rhen.*, 1694, in-4. *vel.*—H. Witsii Exercitationes sacræ in symbolum Apostolorum. *Franeq.*, 1689, in-4.—H. Witsii, meletemata Leidensia. *Ludg. Bat.*, 1703, in-4. *vel.*

761. Wolfii (Chr.) Theologia naturalis. *Francof.*, 1736, 2 vol. in-4. *cart.*

762. Wücherer (J. F.), historia creationis. *Jenæ*, 1729, in-4. *v.*—Yvon, Histoire de la religion. *Paris*, 1785, 2 vol. in-12, *v.*

762 *bis.* Zacagnius (L. A.), Collectanea monumentorum

veterum ecclesiæ græcæ ac latinæ biblioth. Vaticanæ.
*Romæ*, 1698, tom. 1, in 4. *v.*

763. Zamora (G. de), sacrorum bibliorum concordantiæ.
*Romæ*, 1627, in-fol. *v. br.*

764. Zuinglii complanatio Isaiæ, cum apologia. *Tiguri*,
1529.—Ejusdem, complanatio Jeremiæ, cum apologia.
*Tiguri*, 1531, in-fol. *cart.*

765. Zuinglii in Evangelicam hist. de J. C. per Matthæum, Marcum, Lucam et Joannem conscriptam
epistolasque aliquot Pauli annotationes. *Tiguri*,
1539, in-fol. *cart.*

# JURISPRUDENCE.

*Droit de la nature et des gens. — Droit civil et*
*criminel.*

766. Albeyteria, Obras corregidas y anadidas por
M. Arredondo. *Zaragoza*, 1704, in-fol. *v.*

767. Albohali de judiciis nativatum. *Norimbergæ*, 1549,
in-4. *non rel.*

768. Bachii (J. A.) Historia jurisprudentiæ romanæ, ed.
Stockmann. *Lipsiæ*, 1807. in-8. *cart.*

769. Bachii (J. A.) Trajanus sive de legibus Trajani.
*Lipsiæ*, 1747, in-8. *br.*

770. Bartholomæi (Jo. Dan.) Commentatio de furto qa-
lificato. *Ulmæ*, 1751, in-4. *br.*

771. Baussen, Institutiones juris metallici germaniæ.
*Leipzig*, 1740, 3 tom. en 1 vol. in-4. *dem. rel.* ( En
Allemand.)

772. Bocris (J. H.), de indole ac natura judiciorum germaniæ ad statum juris publici moderni succincte explicata. *Bambergæ*, 1752, in-4. *br.*

773. Boecler (J. H.), de acquisito et amisso imperii ro-
mano-germanici in Livoniam jure. *Argentorati*, 1711,
in-4. *br.*

( 60 )

774. Boehmeri (G. L.) principia juris feudalis. *Goettingæ*,
1782, in-8. *br.*

775. Boehmeri (G. L.) principia juris feudalis, ed. C. W.
Hoppenstedt. *Gottingæ*, 1805, in-8. *br.*

776. Brissonius (B.), De verborum quæ ad jus pertinent
significatione, ed. Jo. Chr. Ittero. *Lipsiæ*, 1721,
in-fol. *vél. doré.*

777. Bruni (J. A.) Dissertationes in jus civile. *Augustæ
Taurinorum*, 1759, in-4. *cart.*

778. Bugnyon, Loix abrogées et inusitées en toutes les
cours de France. *Lyon*, 1572, in-12. *parch.* — (Jousse),
Nouv. commentaire sur les ordonnances de 1669, et
1673. *Paris*, 1761, in-12. *v.* — Gasquet (H. de), L'u-
sure démasquée. *Avignon*, 1766, in-12. *v.*

779. Cases (the) of polygamy, concubinage, adultery,
divorce, etc., seriously and learnedly discussed. *London*, 1732, in-12. *br.*

779. *bis.* Castillo de Bovadilla, Politica para corregido-
res y senores de vassallos en tiempo de paz y de
guerra. *Amberes*, 1750, 2 vol. in-fol. *bas.*

780. Causes amusantes et connues. *Berlin*, 1769, 2 vol.
in-12. *br.* — De la Ville, Continuation des causes célèbres et intéressantes. *Paris*, 1766, 4 vol. in-12.

781. Chasles (Fr. J.), Dictionnaire de justice, police et
finances. *Paris*, 1725, 3 vol. in-fol. *v. br.*

782. Cocceii (H. Leb. de) Grotius illustratus. *Wratislaviæ*, 1752, in-fol. tom. 4. *br.*

783. Code de la police. *Paris*, 1757, in-12. *v.* — Code
des commensaux. *Paris*, 1720, in-12. *v.* — Code mu-
nicipal ou analyse des reglemens concernant les officiers municipaux. *Paris*, 1761, in-12. *v.* — Code
rural. *Paris*, 1762, in-12. *bas.*

783. *bis.* Codex juris gentium diplomaticus, ed. G. G. L.
(Leibnitz). *Hanoveræ*. 1693. — Ejusdem Leibnitii
mantissa codicis juris diplomatici. *Guelferbyti*, 1747,
in-fol. *vél.*

784. Corpus juris germanici publici ac privati ex ævo
medio, ed. G. G. Koenig de Kœnigsthal. *Francof.*,
1760, 2 vol. in-fol. *v.*

785. Couchot, Praticien universel, revu et augm. par de
la Combe. *Paris*, 1747, 6 vol. in-12. *v.*

786. Coutumes de Normandie, par Frigot. *Coutances*,
1779, 2 vol. in-4. *br.*

787. Coutumes de Troyes avec un commentaire, par
Marcilly. *Paris*, 1768, in-12. — Commentaires sur la
coustume de Troye, par J. Rochette. *Troyes*, 1596,
in-8. *v. br.* — Exposition des loix avec des observations sur les usages des provinces de Bresse et autres
régies par le droit écrit. *Paris*, 1751, in-8. — Esprit
des coutumes de Senlis avec notes par Piban de la
Forest. *Paris*, 1771, in-12. *bas.* — Boullay (René),
Commentaires sur la coustume du duché et bailliage
de Touraine. *Tours*, 1619, in-12. *v. br.*

788. Cramer (J. Ulr. de), Primæ lineæ logicæ juridicæ
ad normam logicæ Wolfianæ adornatæ. *Ulmæ*, 1767,
in-4. *dem. rel.* — Cramer (J. Ulr.), Usus philosophiæ
Wolfianæ in jure. *Marburgi*, 1740, in-4. *cart.*

789. Cumberland, Traité des loix naturelles, trad. par
Barbeyrac. *Amst.*, 1744. in-4. *dem. rel.*

790. Dard, Instruction sur les contrats de mariage selon
les principes des codes Napoléon, de procédure et de
commerce. *Paris*, 1810, in-8. *dem. rel.* — Mémoire
sur les stipulations de propres et consultations sur cette
matière. *Paris*, 1766, in-4. *br.*

791. Davot (G.), Traités sur diverses matières du droit
françois. à l'usage du duché de Bourgogne, avec notes
de J. Bannelier. *Dijon*, 1751, 3 vol. in-12. *v. f.* —
Tournerie (de la), Traité des fiefs en Normandie.
*Rouen*, 1772, in-12. *bas.*

792. Deciani (Tib.) tractatus criminalis, ed. Corn. Bre-
derodio. *Francof.*, 1591, 2 tom. en 1 vol. in-fol. *vél.*.

793. Desmazures, Observations sur les coutumes géné-
rales du pays d'Artois, 3 vol. in-fol. *v. br.*

Manuscrit.

794. Dissertations sur des parties intéressantes du droit
public en Angleterre et en France. *Paris*, 1778, in-8. *v.*
— Ghewiet (G. de), Institutions du droit belgique.
*Bruxelles*, 2 vol. in-8. *v. f.*

795. Dissertations sur la noblesse d'extraction et sur l'o-
rigine des fiefs, par le comte d'Estaing. *Paris*, 1690,
in-8. — Lalouette (le prés. de), Des affaires d'estat,

des finances , du prince et de sa noblesse. *Metz*, 1597, in-8. *v. f. fil.*

796. Drusus (Fr.), Biga commentationum juris publici pruthenici. *Dantisci*, 1746, in-4. *br.*

797. Elémens de la procédure criminelle suivant les ordonnances de France, les constitutions de Savoye et les édits de Genève. *Amst.*, 1773, 2 vol. in-8.—Recueil des articles passés en loix dans la principauté de Neuchatel et Valangin. *Neuchatel*, 1775. in-8.

798. Escornay (J. de l'), OEuvres. *Paris*, 1647, in-8.

799. Essais sur l'esprit de la législation favorable à l'agriculture, à la population , au commerce, aux arts , aux métiers , etc. 1766, 2 tom. en 1 vol. in-8. *dem. rel.*—De l'esprit de la législation pour encourager l'agriculture. *Berne*, 1766, in-8. *dem. rel.*

800. Essai sur les garanties et en général sur les diverses méthodes des anciens et des nations modernes de l'Europe, d'assurer les traités, publics par Neyron. *Goettingue*, 1777, in-8. *br.*

801. Exercice des commerçants. *Paris*, 1776, in-4. *bas.*

802. Explanatio elementorum ad instituta juris civilis secundum ordinem J. G. Heineccii. *Græcii*, 1786, 4 tom. en 3 vol. in-8. *br.*

803. Exposé des motifs du Code Napoléon. *Paris*, 1813, in-4. *br.*—Code des prises. *Paris*, 1784, in-4. tome 1 et 2. *br.*

804. Factum pour Marie Marg. d'Aubray, marquise de Brinvilliers. *Paris*, 1676, in-12. *v. br.*—Charges du procès de M. Lescalopier. 1756, in-12. *v.*—Recueil de toutes les pièces du procès d'entre M. et madame de la Bedoyere; leur fils, Agathe Sticotti, etc. *Lahaye*, 1749, 2 tom. en 1 vol in-12. *v.* (*Titre double*).

805. Ferrières (C. de), Commentaire sur la coutume de Paris. *Paris*, 1788, 2 vol. in-12. *bas.*—Ferrière (Cl. J. de) Nova et methodica paratilta in digestum. *Parisiis*, 1769, 2 vol. in-12. *bas.*

806. Franckii (J. Chr.), Institutiones juris cambialis, ed. H. Brokes. *Francof.*, 1751, 2 vol. in-8. *br.*

806 *bis.* Fritschi Ab.) de regali salinarum jure. *Jenæ*, 1670.—Hornii (C. H.) de regali metallifodinarum jure. *Vitembergæ*, 1746.—Happel (J.), de fodinis ac earum

( 63 )

jure. *Lipsiæ*, 1747.—Fromman (F. Chr. L ), de influxu
fodinæ Bulacensis Wirtembergicæ in acidulas proxi-
mas deinacenses. *Tubingæ*, 1758, in-4. *dem. rel.*

807. Fuchs (Car. Dan.). Matrimonium modo inconsueto
celebratum validum. *Dantisci*, 1744, in-4. *br.*

808. Gadendam, Historia juris cimbrici. 1770, in-8. *br.*

809. Gaudentius, de Justinianæi seculi moribus ponnullis,
cum dissert. de successione.. *Argentorati*, 1654, in-8.
*vel.*

810. Gmelin ( Chr. G.), Commentatio de jure pignoris,
vel hypothecæ. *Ulmæ*, 1778, in-8. *dem. rel.*

810 *bis.* Grotius (H.), de jure belli ac pacis, ed. Ulr.
Obrecht. *Francof.*, 1696, in-fol. *v. br.*

811. Grotius (H ), de jure belli ac pacis, cum notis variorum , ed. Barbeyracio. *Amst.*, 1735, 2 tom. en 1 vol.
in-8. *dem. rel.*

812. Grotius enucleatus a Scheffero, cum notis J. G.
Wichers. *Groningæ*, 1770. in-8. *br.*

813. Gruttner (Sam. Fr.), de Prussia numquam et nulli
tributaria. *Dantisci*, 1741 , in-4. *br.*

814. Haas ( Car. H.), de mendacio non necessario.
*Lipsiæ*, 1804 , in-4. *broc.*

815. Haubold ( Chr. G.), Institutionum juris romani
privati historico-dogmaticarum denuo recognitarum.
*Lipsiæ*, 1821 , in-8. *cart.*

816. Hauck (Jo. H.), de jure primogenituræ consuetu-
dine introducto. *Marburgi Cattorum*, 1735, in-4.—
Scopp (J. G.), Compulatio graduum in consanguini-
tate et adfinitate. *Aug. Vindel.*, 1750, in-4. *br.*

817. Hébert (G Fr.), Commentaire sur la coutume générale d'Artois. 2 vol. in-fol. *v.*

Manuscrit.

818. Heimbach (C. G. E.), de Basilicorum origine fontibus
hodierna conditione atque nova editione adornanda.
*Lipsiæ*, 1825, in-8. *broc. d. s. t.*

819. Heineccii (J. G.) fundamenta stili cultioris , ed. J.
M. Gessnero. *Genevæ*, 1744, in-4. *br.*

820. Heineccii (J. G.) Jurisprudentia romana et attica,
cum animadv. Dukeri, Wesselingii et variorum. *Lugd.*
*Bat.*, 1738-1741, 3 vol. in-fol. *br.*

821. Hertling ( J. F. ), Commentatio de re legibusque
numariis juxta veterem præsentemque imperii statum. *Heidelbergæ*, 1748, in-4. *br.*

822. Houard, Dictionnaire analytique de la coutume de
Normandie. *Rouen*, 1782, 4 vol. in-4. *br.*

823. Hubner, de la saisie des bâtimens neutres. *La
Haye*, 1759, 2 tom. en 1 vol in-12. *bas.*

824. Justiniani (D. ) Institutiones, curâ Arn. Vinnii.
*Lugd. Bat.*, 1646, in-12. *vél.*

825. Justiniani institutiones, curâ Arn. Vinnii. *Lugd.
Bat.*, 1753, in-12. *dem. rel. dos de mout.*

826. Justiniani institutiones, cum notis Arn. Vinnii.
*Lut. Paris.*, 1808, 2 vol. in-12. *br.*

827. Justinien, les Institutes, trad. par C. J. de Ferrière.
*Paris*, 1775, 7 vol. in-12. *bas.*

823. Lauterbach ( W. A.), Dissertationes academicæ.
*Tubingæ*, 1728, 5 vol. in-4. *bas.*

829. Leyser, Opuscula quibus jurisprudentia, historia
et ars diplomatica illustratur. *Norimbergæ*, 1806,
in-4. *cart.*

830. Lex Dei, sive mosaicarum et romanarum legum
collatio, ed Frid. Blume. *Bonnæ*, 1833, in-8. *br.*

831. Locorum ex jure romano ante Justinianeo fragmenta quæ dicuntur Vaticana, ed. Aug. Maio, recogno-
vit A. Bethmann-Hollweg. *Bonnæ*, 1833, in-8. *br.*

832. Lucius (J.) Placitorum summæ apud gallos curiæ,
lib. i XII. *Lutetiæ*, 1559, in fol. *parch.*

833. Ludovici (J. Fr.), doctrina Pandectarum. *Halæ*,
1769, in-8. *cart.*

334. Marani ( G.) Opera, seu paratitla digestorum et
varii tractatus juris civilis, ed Ch. H. Trotz. *Trajecti
ad Rhenum*, 1741, 2 vol. in-fol. *br.*

835. Manzii (C.) Patrocinium debitorum calamitate belli
depauperatorum. *Noribergæ*, 1640, 4 vol. pet. in 8.
*dem. rel.*

836. Maillardiere (De la), Précis du droit des gens, de
la guerre, de la paix et des ambassades. *Paris*, 1775.
—Abrégé des principaux traités de paix conclus depuis
le commencement du XIV<sup>e</sup> siècle jusqu'à présent *Paris*,
1778, 2 vol. in-12. *v. non uniformes.*

83<sub>7</sub>. Mannory, Plaidoyers et Mémoires. *Paris*, 1759, 18 vol. in-12. *v.*

838. Mémoire pour de la Bourdonnais et observations. *Paris*, 1750-1751, in-4. *v.*

83<sub>9</sub>. Merez ( Mel. Pel. a), Tractatus majoratuum et meliorationum Hispaniæ. *Lugduni*, 1735, 2 vol. in-fol. *br.*

840. Meyer (El.), de historia legum maritimarum medii ævi celeberrimarum. *Gottingœ*, 1824, in-4, *br.*

841. Montvallon (de), Epitome juris et legum romanarum. *Bruxellis*, 1809, in-12. *dem. rel.*

842. Mornacii (Ant.), Observationes in digesta et codicem. *Parisiis*, 1647, in-fol. *v. br.*

843. Moyens d'adoucir la rigueur des lois pénales en France, sans nuire à la sûreté publique. *Châlons-sur-Marne*, 1781, in-8. *v.*

844. Muyart de Vouglans, Loix criminelles de France dans leur ordre naturel. *Paris*, 1783, in-fol. *v.*

845. Négociations secrètes, touchant la paix de Munster et d'Osnabrug. *La Haye*, 1725, tom. 1, 2, 3 en 2 vol. in-fol. *v. br.*

846. Nicolas (Aug.). Si la torture est un moyen sûr à vérifier les crimes secrets. *Amsterd.*, 1682, pet. in-8. *v. br.*

847. Oelrichs (G.), Thesaurus novus dissertationum juridicarum in acad. Belgiis habitarum. *Bremœ*, 1771, tom. 1. 3 *part.* in-4. *br.*

848. Opuscula varia de latinitate jurisconsultorum veterum. ed. C. A. Dukero. *Lugd. Bat.* 1711, in-8. *v. br.*
— Idsinga, variorum juris civilis liber. *Harlingœ*, 1738, in-8. *br.*

849. Pastoret (de), Des loix pénales. *Paris*, 1790, 2 vol. in-8. *br.*

850. Pauli (J.), Sententiarum receptarum libri V, ed. G. Hugo. *Berolini*, 1795, in-12. *br.*

851. Paulli (Jul.) Receptæ sententiæ ad filium cum interpretatione visigotthorum, ed. G. Haenelio. *Bonnœ*, 1833, in-8. *cart.* — Varietas scripturæ ex Pauli a visigotthis epitomati codicibus, collegit G. Haenel. *Bonnœ*, 1834, in-8. *br.*

9

852. Peregrinus, de juribus et privilegiis fisci. *Col. Agrip.* 1588, in-8. *vél.*

853. Pilati de Tassulo, Traité des loix politiques des Romains du tems de la république. *La Haye*, 1780, 2 vol. in-8. *cart.*

854. Plitt (J. F.), Analecta juris criminalis *Hanoviæ.* 1786, in-8. *br.* — Alberti (M.) Commentatio in constitutionem criminalem carolinam medica. *Halæ*, 1739, in-4.

855. Polleti (Fr.), Historia fori romani. *Duaci*, 1573, in-8. *v. br.*

856. Pothier, Coutumes d'Orléans. *Orléans*, 1760, 3 tom en 2 vol, in-12 *v.* — Donations entre vifs. *Orléans*, 1778, in-12. *v.* — Traité de la Communauté. 2 vol. in-12. ( Les titres manquent).— Traité de la possession. in-12. *v.* (Le titre manque). — Traité des contrats de bienfaisance et des contrats aléatoires. *Paris*, 1766, 3 vol. in-12. *v.* — Traité des propres et des donations testamentaires. *Orléans*, 1777, in-12. — Traité des successions. *Orléans*, 1777, in-12. *v.* — Traité des contrats de mariage. *Paris*, 1771, 2 vol. in-12. *v.* — Traité du contrat de vente. 2 vol. in-12. *bas.* ( Les titres manquent).

857. Principes sur la nullité du mariage pour cause d'impuissance (par Boucher d'Argis), avec le traité du prés. Bouhier sur les procédures en usage en France pour la preuve de l'impuissance de l'homme. *Londres*, 1756, in-8. *rel.*

857. *bis.* Puffendorf, droit de la nature et des gens, trad. par Barbeyrac. *Basle*, 1732, 2 vol. in-4. *bas.*

858. Pufendorfius (S.), de officio hominis et civis, cum notis variorum. *Lugd. Bat.*, 1769, 2 vol. in-8. *br.*

859. Questions de coutumes. in-fol. *v. f.*

Manuscrit de 662 pages d'une bonne écriture.

860. Rittershusius (G.), De jure asylorum tractatus. *Argentorati*, 1624, in-12. *mar. r.*

Ex. de Et. Baluze.

861. Riccii exercitationes de jure cambiale. *Goettingæ*, 1778, 3 vol. in-4. *d. r.*

862. Roberti (Ann.) rerum judicatarum libri IV. *Augustæ Taurinorum*, 1719, 2 vol. in-8. *br.*

863. Roland, Mémoire en dénonciation d'abus, d'autorité et de mépris des loix. *Londres*, 1789, in-8. *br.* —

Murena, Traité des violences publiques et particu-
lières, trad. de l'ital. par Pingeron, ital. et fr. *Paris,*
1769, in-12. *bas.*

864. Rousseau de Bazoches (Cl.), Edicts et ordonnances,
arrêts et règlemens des eaux et forêts, avec annotations. *Paris,* 1633, in-8. *parch.*

865. Rymer (Th.), Foedera et conventiones inter reges
Angliæ et alios imperatores, reges habitæ. *Londini,*
1727, in-fol. tom. 1 à 17. *v. fil. d. s. tr.*

    Aux armes du comte d'Hoym.

866. Schomberg (C.), Précis hist. et chronol. sur le droit
romain, trad. de l'angl. par Boulard. *Paris,* 1808,
in-12. *br.* — Loix puisées chez les Grecs, développées
par les romains, aujoud'hui la base du droit public.
*Paris,* 1765, 2 vol. in-12. *br.* — Theophili, Institutiones, latine, ed. Doujatio *Paris.*, 1681, 2 vol. in-12.
*v. br.*

867. Septalii (L.) opera de ratione familiæ et de ratione
status. *Ulmæ,* 1755, in-4. *br.*

868. Scheidemantel (H. G.), Legum ægyptiorum cum
atticis spartianisque secundum regulas prudentiæ civilis comparatio. *Ienæ,* 1766, in-8. *br.*

869. Schultz (G. P.), Historia interregni novissimi et co-
mitiorum in Prussia Polonica anno 1733 celebratorum.
*Gedani,* 1738, in-4. *br.*

870. Schultz, De jure succedendi fœminarum apud romanos ejusque mutati caussis. *Traj. ad R.,* 1826,
in-8. *cart.*

871. Speidelii bibliotheca juridica universalis. *Norimb.,*
1728, 2 vol. in-fol. *vél.*

872. Struvii (G. A.) syntagma jurisprudentiæ. *Francof.,*
1738, 3 vol. in-4. *vél.*

873. Stryckii leges forenses mosaicæ cum jure romano col-
latæ, ed. Haym et Van Hasselt. *Neom.,* 1780, in-8.
*dem. rel.*

874. Stryckius (Sam.) et W. A. Schoepffius, concilia juridica selectissima. *Ulmæ,* 1755, in-fol. *vél.*

875. Sulpicii (J. G.) de studio juris publici recte insti-
tuendo et de scriptoribus eo pertinentibus dissertatio.
1688, in-8. *cart.* — Hotmani antitribonianus sive dissertatio de studio legum. *Lipsiæ,* in-8. *v. br.*

876. Surland (J. J.), De jure commerciorum in bello. *Gottingœ*, 1748, in-4. *br.* — Imperio (de) maris variorum dissertationes, ed. J. Hagemeiero. *Francof.*, 1663, pet. in-12. *parch.*— Palatius de dominio maris. *Venetiis*, 1663, in-12. *vél.*

877. Szegedi, Tripartitum juris ungarici tyrocinium. *Tyrnaviœ*, 1734, 3 part. en 1 vol. in-12. *non rel.*

878. Tancrede (P.), De obligationibus et actionibus. *Traj. ad Rhen.*, 1756, in-8. *br.*

879. Terrasson (Ant.), Histoire de la jurisprudence romaine. *Paris*, 1750, in-fol. *br.*

880. Tetens (J. Mi.), Considérations sur les droits réciproques des puissances belligérantes et des puissances neutres sur mer. *Copenhague*, 1805, in-8. *br.* — Liberté de la navigation et du commerce des nations neutres pendant la guerre. *Londres*, 1780, in-8. *br.*

881. Traités entre la France et différentes puissances de 1615 à 1801, 15 vol. et broc. in-4.

882. Unger (Fr. G.), De duorum præcipuorum jurisprudentiæ apud veteres systematum. *Hannoverœ*, 1834, broc. in-4.

883. Vattel, Le droit des gens. *Amsterd.*, 1775, 2 vol. in-4. *br.*

884. Vinnii (Arn.) in institutiones commentarius. *Lugd. Bat.*, 1709, in-4. *v. br.*

885. Warnkoenig (L. A.), Institutiones juris romani privati. *Bonnœ*, 1834, in-8. *br.*

886. Westenbergius de causis obligationum. *Harderovici*, 1704, in-8. *vél.* — Westenbergii legum et consuetudinum austriacarum cum romano jure collatio. *Viennœ*, 1774, in-8. *cart.*

887. Westenbergii principia juris secundum ordinem digestorum seu pandectarum. *Lipsiœ*, 1754, 2 vol. in-8. *cart.*

888. Westenbergii (Jo. Ort.) principia juris secundum ordinem Institutionum. *Hanoverœ*, 1746, in-4. *br.*

889. Wincklercy (Car. God.) et Jo. A. Bachius, de supplicio plumbatarum media ætate usitato. *Lipsiœ*, 1744, in-4. *broc.*

890. Wolff (Chr. de), Jus naturæ. *Halœ Magdeburgicœ*, 1748, 7 vol. in-4. *br.*

891. Zilesius, De mulcta et mulctandi jure. *Francof.*, 1713, in-8.
892. Zornii (P.) historia fisci judaici. *Altonœ*, 1734, in-8. *vél.*

## Droit ecclésiastique.

893. Berger (H. Alb. de), De origine et ratione decimarum in germania dissertatio. *Gottingœ*, 1749, in-4. *br.*
894. Beverland, De fornicatione cavenda sive adhortatio ad pudicitiam et castitatem. 1698, pet. in-8. *cart.*
895. Bezæ (Th.), Tractatio de polygamia et divortiis. *Genevœ*, 1751. — Ejusdem tractatio de repudiis et divortiis. *Genevœ*, 1569, in-8. *parch.*
896. Cartier (G.), Auctoritas et infallibilitas summorum pontificum in fidei et morum questionibus stabilita. *Aug. Vind.*, 1738, in-4.
897. Cartier, Institutiones jurisprudentiæ canonico-civilis. *Augustœ, Vindel.*, 1758, in-4. *br.*
898. Choppini monasticon seu de jure coenobitarum. 1709, in-fol. *cart.*
899. Collectio brevium atque instructionum SS. D. N. Pii Papæ VI. *Aug. Vindel.*, 1796, 2 part. en 1 vol. in-8. *br.*
900. Corona (Mat. a), Potestas infaillibis S. Petri et successorum romanorum pontificum. *Leodici Eburonum*, 1668, in-fol. *dem. rel. dos de vél.*
901. Doujat (J.), Prænotiones canonicæ, ed. A. Fr. Schott. *Mitaviœ*, 1776, 2 vol. in-8. *br.*
902. Essais sur l'autorité et les richesses que le clergé séculier et régulier ont acquises depuis leur établissement. 1776, in-8. *dem. rel.* — Dissertation sur l'établissement de l'abbaye de S. Claude. 1772.—Collection des mémoires présentés au conseil par les habitans du mont Jura et le chapitre de S. Claude, avec l'arrêt rendu. 1772, in-8. *dem. rel.*
903. Fevret (Ch.), Traité de l'abus. *Lyon*, 1736, 2 vol. in-fol. *v.*

904. (Jousse), Commentaire sur l'édit. de 1695, concernant la juridiction ecclésiastique. *Paris*, 1764, 2 vol. in-12. *v.* — (Jousse), Traité du gouvernement spirituel et temporel des paroisses. *Paris* , 1769, in-12. *v.*

905. Mamachii epistolæ ad Febronium de ratione regendæ christianæ reipublicæ deque legitima romani pontificis potestate. *Romæ*, 1776, 2 vol. in-8. *bas.*

906. Pichler (V.), Candidatus abbreviatus jurisprudentiæ sacræ. *Aug. Vindel.*, 1736, in-8. *vél.*

907. Potestate (de) ecclesiastica et temporali sive declaratio cleri gallicani A° 1682. *Venetiis*, 1768, in-4. *bas.* — Maximes et libertez gallicanes. — Mémoires sur les libertez de l'église gallicane. — Discours de Fleury sur les libertés gallicanes, (par l'abbé Sepher et autres). *La Haye (Paris)*, 1755, in-12. *br.*

908. Primatu (de) et infallibilitate romani pontificis, ed. Laur. Veith. *Aug. Vind.*, 1781, in-8. *d. r.*

909. Principes et doctrines de Rome sur le sujet de l'excommunication et la déposition des roys., trad. de l'angl. *Londres*, 1679, in-8. *v. br.*

910. Puissance ( de la ) roialle sur la police de l'église ( par Jac. Boutreux, Sʳ d'Estiau). *Paris*, 1625 , in-8. *parch.* — Traité de la puissance du pape sur les princes séculiers. *Cologne*, 1687, in-12. *v. br.*

911. Rantzow , Discussion si la polygamie est contre la loi naturelle ou divine tant de l'ancien que du nouveau testament. *St. Petersbourg*, 1774, in-8. *br.* — Traité des empèchemens de mariage. *Cologne*, 1691, in-8. *v. br.*

912. Recueil , contenant des plaidoyers et des consultations dans l'affaire d'Elie Levy, ci-devant Borach Levy avec l'évêque de Soissons. in-4. *parch.* — Recueil sur la question , si un juif marié dans sa religion peut se remarier après son baptême, lorsque sa femme juive refuse de le suivre et d'habiter avec lui. *Paris*, 1759, in-12. *v.*

913. Riegger, Institutiones jurisprudentiæ ecclesiasticæ. *Vindob.*, 1774, 4 vol. in-8. *bas.*

914. Roussel, L'anti-Mariana ou refutation des propositions de Mariana. *Paris*, 1610, in-8. *v.*

915. Sarpi (Fra Paolo), Traité des bénéfices, trad. de

l'ital. par Amelot de la Houssaye. *Amst.*, 1687, in-12.
*v. br.* — Traité des droits du roy sur les bénéfices et
les états. 1752, 2 vol. in-4. *v.*

916. Schiara (Ant. Th.), Theologia bellica. *Aug. Vindel.*,
1707, 2 tom. en 1 vol. in-fol. *vél.*

917. Vaira, De prærogativa œcumenicæ nomenclationis
et potestatis romani pontificis a Constantinopolitanis
præsulibus usurpata. *Patavii.*, 1704, in-fol. *cart.*

918. Walenburch (A. et P.), De controversiis tractatus
generales contracti. *Parisiis*, 1768, in-12. *br.* —
Theologi ac jurisconsulti belgici, de disciplina ecclesiastica. *Trajecti ad Rhenum*, 1774, in-8. *br.*

# SCIENCES ET ARTS.

*Philosophie. — Métaphysique. — Morale. —*
*Philosophie occulte.*

919. Agnani ( J. D.) Philosophia neo-palæa. *Romæ*,
1734, in-4.

920. Agrippa (Corn.), de incertitudine et vanitate scientiarum. (*S. A. et L.*)—Ejusdem, orationes, historiola
et Epigrammata. *Coloniæ*, 1535, in-8. *parch.*

921. Arborei (J.). in Librum περι Ερμηνειας Aristotelis
commentarii. *Parisiis*, 1532, pet. in-8. *cart.*

921. *bis.* Aristonis Paradoxon stoicum apud Diogenem
Laertium observationibus illustratum à J. B. Carpzov.
*Lipsiæ*, 1742, in-8. *dem. rel.*

922. Aristotelis problematum sectiones duæ, Theod.
Gaza interprete. Problematum Alexandri Aphrodisiei
libri duo eodem interprete. (*Sive loco et anno*), in-8.
*v. à compart.*

923. Arpe (P. Fr.), de prodigiosis naturæ et artis operi-

bus Talismanes et amuleta dictis. *Hamburgi,* 1717, in-8. *br.*

924. Artis Cabalisticæ, hoc est, reconditæ theologiæ et philosophiæ scriptores, tom. I. *Basileæ,* 1577, in-fol. *mout.*

925. Batteux, Morale d'Épicure, tirée de ses propres écrits. *Paris,* 1758, in-8. *br.* — Principes de la philosophie morale. 1772, 2 vol in-12. *br.*

926. Baconis (Fr.) de Dignitate et augmentis scientiarum, libri IX, ed. Ph. Mayer. *Norimbergæ,* 1829, 2 tom. en 1 vol. in-8. *cart.*

927. Barenger (And. Th.), Guide fidèle de la vraie gloire. *Paris,* 1688, in-12. *fig. v. br.*

Texte gravé.

928. Bergsma (Th. P.), de Zoroastris quibusdam placitis, cum doctrina chritiana comparatis. *Traj. ad Rh.* 1825, in-8. *br.*

929. Biedermann (F. C.), de genetica philosophandi ratione et methodo, præsertim Fichtii, Schellingii Hegelii. *Lipsiæ,* 1835, in-8. *br.*

930. Boece de consolation, escript es mois d'octobre, novembre, l'an mil CCCC dix-neuf, in-4 *non rel.*

Manuscrit sur vélin.

931. Boetii (Sev.) Consolationes philosophicæ. *Glasguæ,* 1751, pet. in-8. *v.*

932. Camerarii (Phil.) Operæ horarum subcisivarum. *Francof.,* 1615. 3 tom. en 1 vol. in-4. *vél.*

933. Cartier (G), Philosophia eclectica ad logicam metaphysicam et ethicam distributa. *Aug. Vindel.,* 1756, in-4. *br.*

934. Castalionis Neocori analecta historiæ philosophicæ. *Francof.,* 1711, in-4., *non rel.*

935. Catéchisme et décisions de cas de conscience, à l'usage des cacouacs. 1758, pet. in-8, *pap. fort. br.* — Aubert de la Chenaye, Lettres critiques avec des songes moraux, sur les songes philosophiques de l'auteur des Lettres juives. *Amst.,* in-8. *br.*

936. Cicero (M. T.), de officiis, ed. Z. Pearce. *Cantabrigiæ.* 1777, in-8. *br.*

937. Ciceronis (M. T.) Historia philosophiæ antiquæ, ed. D. Fr. Gedike. *Berolini,* 1801, in-8. *cart.*

938. Commentarius collegii Conimbricensis in duos libros de generatione et corruptione Aristotelis. *Lugd.* 1600.—Aristotelis mechanica, latina facta et comment. illustrata ab. B. Monantholio. *Paris.,* 1599.—Monantholius, de puncto primo geometriæ principio. *Lugd.* 1600.—Monantholii problematis omnium que a mille ducentis annis inventa sunt demonstratio. *Parisiis.* 1600.—Ejusdem, de angulo contactus. *Lutetiæ,* 1581, in-4. *v.*

939. Condorcet, Esquisse d'un tableau historique des progrès de l'esprit humain. *Paris*, an III, in-8. *bas.* —Stuart ( Gilb.), Tableau des progrès de la société en Europe, trad. de l'angl. *Paris*, 1789, 2 part.—Servan, Adresse aux amis de la paix. 1790, in-8. *bas.*

940. Crellii (J.) Ethica Aristotelis ad sacrarum literarum normam emendata. *Cosmopoli*, 1681, in-4. *br.*

941. Daehne ( A. Fr. ) de gnosei Clementis Alexandrini et de vestigiis neoplatonicæ philosophiæ in ea obviis. *Halæ,* 1831, in-8. *br.*

942. Delacroix, Dictionnaire poétique d'éducation. *Paris*, 1775, 2 vol. in-8. *br.*—Du Puy, Instruction d'un père à son fils sur la manière de se conduire dans le monde. *Basle*, 1759, in-12. *bas.*—Pannolini (G. G. V. ) il filosofo di quindici anni. *Milano*, 1800, in-8, tom. 1. *cart.*

943. Descartes (Réné), les passions de l'ame, le monde et la géométrie. *Paris*, 1726, in-12, *fig. br.*—Descartes, Principes de la philosophie, trad. en françois. *Paris*, 1724, in-12. *br.*

944. Deycks (Ferd.), de megaricorum doctrina ejusque apud Platonem et Aristotelem vestigiis. *Bonnæ,* 1827, in-8. *br.*

945. Dictionnaire des notions primitives. *Paris*, 1773, 4 vol. in-8. *br.*

946. Donati à transfig. D. Introductio in philosophiam universam. *Lindaviæ,* 1766, 4 vol. in-8. *br.*

947. Eclogæ physicæ ex scriptoribus præcipue græcis excerptæ a F. G. Schneider, gr. et allem. *Jenæ,* 1801, 2 vol. in-8. *cart.*

948. Ehlers (Mart.),Fasciculus dissertationum argumenti philosophici. *Flensburgi*, 1775, in-8 *br.*

949. Equicola ( Mario. ) Les six livres de la nature d'amour tant humain que divin et de toutes les différences d'iceluy, mis en françois par G. Chappuis. *Lyon*, 1598, in-12. *parch.*

950. Essai philosophique sur l'âme des bêtes. *Amst.*, 1737, 2 vol. in-12. *br.*

951. Essai sur l'éducation de la noblesse. *Paris*, 1748, 2 vol. in-12, tirés in-4. *v. d. s. t. (pap. de Hollande.)* —Catherine II, Plans et Statuts des établissements pour l'éducation, trad. par Clerc. *Amst.*, 1775, 2 vol. in-12. *cart.*

952. Esprit des magistrats philosophes. 1765, in-8. *br.*

953. Eyringius ( E. M.), Veterum instituta Druidum. *Vitembergæ*, 1697, in-4. *non rel.*

954. Fischer (C. Ph.), de hellenicæ philosophiæ principiis atque decursu a Thalete usque ad Platonem. *Tubingæ*, 1836, in-4. *br.*

955. Flud (Rob.), Philosophia mosayca. *Goudæ*, 1638, in-fol. *v. br.*

956. Foppius (J. H.) et W. Vogt, de atheismo philosophorum gentilium celebriorum. *Bremæ*, 1714, in-4, *non rel.* — R. W. Boclo, de gentilium philosophis atheismi falso suspectis. *Bremœ*, 1716, in-4. *non rel.* —Butemeister (J. J. ), de mysteriis veterum Judæorum philosophicis. *Helmstadii*, 1708, in-4. *non rel.* — G. J. Schwindel, de mose philosopho. 1707, in-4. *non rel.*

957. Garzoni (Th.), La Piazza universale di tutte le professioni del mondo. *Venetia*, in-4. *v. f.*

958. Godelmann ( J. H. ), Tratactus de magis veneficiis et lamiis, deque his recte cognoscendis et puniendis. *Francof.*, 1601. *non rel.*

959. Grillandus (P.), de sortilegiis : Ponzinibius, de lamiis et excellentia, juris utriusque. *Francof.*, 1692.— A. Pererius, adversus fallaces et superstitiosas artes, id est, de magia, de observatione somniorum et de divinatione astrologica. *Lugduni*, in-8. *v. br.*

960. Guerike (H. Corn. Ferd.), de schola quæ Alexandriæ floruit. *Halis Saxonum*, 1824, 2 vol. in-8. *br.*

961. Hassel (J. B.), unum theologiæ Pythagoricæ compendium. *Helmstadii*, 1710, in-4. *non rel.*— Jokisch
(J.). de examine conscientiæ Pythagorico vespertino.
*Lipsiæ*, 1708, in-4. *non rel.* — Wagner (J. T.), de
anodo seu adscensu hominis in deum Pythagorico.
*Halæ*, 1710, in-4. *non rel.* — Weidler (J. F.), de
legibus cibariis et vestiariis Pythagoræ earumque
causis. *Jenæ*, 1711, in-4. *non rel.* — Widemannus
(S) ipse dixit Pythagoræorum collatum cum ipse dixit
christianorum. *Helmstadii*, 1712, in-4. *non rel.*
962. Hassen (Mat.), Scientia de prudentia morali universa. *Vitembergæ*, 1743, in-8. *br.* —Chladeni (Jo. M.),
Nova philosophia definitiva. *Lipsiæ*, 1750, in-8. *br.*
963. Helvétius, Œuvres complettes. *Londres*, 1781,
2 vol. in-4. *v. fil. d. s. tr.*
964. Helvétius, de l'homme, de ses facultés intellec-
tuelles et de son éducation. *Amst.*, 1774, 3 vol. in-8. *br.*
965. Recueil contenant diverses pièces au sujet du livre
*de l'Esprit* et de sa condamnation. in-4. *v. fil.*

Il s'y trouve 7 lettres autographes d'HELVETIUS.

966. Herbert of Chirbury (Ed.), Dialogue between a tutor
and his pupil. *London*, 1768, in-4. *br.*
966 *bis.* Histoire des imaginations extravagantes de
M. Oufle. *Paris*, 1710, 2 vol. in-12. *fig. v. br.*
967. Histoire des tromperies des prestres et des moines.
*Rotterdam*, 1721, 2 vol. pet. in-12. *dem. rel.*
968. Histoire générale des dogmes et opinions philosophiques (par Diderot). *Londres*, 1769, 3 vol. in-8. *v.*
969. Historia philosophica doctrinæ de ideis. *Aug.
Vindel.*, 1723, pet. in-8. *vél,*
970. Historia septem sapientium Romæ. (*Sine loco et
anno.*) in-4. *goth. non rel.*
971. Hobbes (Th.), Opera philosophica omnia. *Amst.*,
1668, in-4. *vél.*
972. Hofer, de Kantiana interpretationis lege. *Salisb.*,
1800, in-8. *br*
973. Hofer (Jo. B.), Promptuarium philosophicum.
*Ingolstadii*, 1740, in-4. *br.*
974. Hoffmann (J. Ad.), Traité de la paix de l'ame et
du contentement de l'esprit, trad. de l'allemand par

G. Auserande Benistant. *Francfort*, 1752, pet. in-8. *v.*
— Vindiciæ pro Ed. Corsino adversus Fr. Hoffmannum occasioni libelli : Fundamentum universæ philosophiæ moralis. *Coloniæ*, 1751, in-8. *br.*

975. Holbach, Le bon sens, ou idées naturelles opposées aux idées surnaturelles. *Londres (Hollande)*, 1772. pet. in-8. *br.*

976. Holbach, La contagion sacrée, ou histoire naturelle de la superstition. *Londres (Hollande)*, 2 vol. pet. in-8. *mar r. fil. d. s. t.*

977. Holbach, David, ou histoire de l'homme selon le cœur de Dieu. *Londres*, pet. in-8. *br.*

978. Holbach, Esprit du judaïsme, ou examen raisonné de la loi de Moyse, et de son influence sur la religion chrétienne. *Londres ( Hollande )*, 1770, pet. in-8. *v. fil.*

979. Holbach, Théologie portative, ou dictionnaire abrégé de la religion chrétienne. 1776, 2 tom. en un vol., pet. in-8. *dem. rel. dos de mar. r.*

980. Hornius (G.), Historia philosophica. *Lugd. Bat.*, 1655, in-4. *v. br.*

981. Institution des sourds et muets par la voie des signes ( par l'abbé de l'Épée ). *Paris*, 1776, 2 part. en 1 vol. in-12. *v. f. fil. d. s. tr.*

982. Jónzius ( Jo. ), de scriptoribus historiæ philosophicæ, edd. J. Chr. Dornio et Struvio. *Jenæ*, 1716, in-4. *v. br.*

983. Kantii (Imm.), Constitutio principii metaphysicæ morum, in lat. convertit J. Chr. Zwantziger. *Lipsiæ*, 1796, in-8. *br.*

984. Kant (Emm.), Projet de paix perpétuelle, trad. de l'allem. *Konigsberg*, 1796, pet. in-8. *br.*

985. Kiesevetter (J. Chr.), Hipparchum Theonas doctam que hypatiam in mathesi celebres. in-4. *non rel.*—Dan. Grothius, Anaximenis vita atque physiologia. in-4. *non rel.*—J. G. Olearius et J. A. Olearius, de Pomponiato. *Jenæ*, 1709, in-4. *non rel.*

986. Kunrath (H.), Amphiteatrum sapientiæ eternæ christiano-kabalisticum divino-magicum, nec non physico-chymicum. *Magdæburgi*, 1608, in-fol. *v.*

986. *bis.* Langius (Ern. G.), de statu hominum apud vete-

res Germanos. *Lipsiæ*, 1745.—Uland (G. D ), de statu hominum apud veteres Germanos. *Lipsiæ*, 1747, in-4. *cart.*

987. Leibnitii (G. G. ) Principia philosophiæ more geometrico demonstrata. *Francof.*, 1728 in-4., *cart.*

988. Leyser et Harboe, de Athenagora philosopho christiano. *Lipsiæ*, 1736, in-4. *br.*

689. Lipsii (J.) Physiologia stoicorum. *Paris.*, 1604, in-8. *bas.*

990. Low (J. Chr.), de iis, quæ veteres philosophi de magnitudine telluris memoriæ prodiderunt. *Lugd. Bat.*, 1808, in-8. *fig. br.*

991. Maison de réunion pour la communauté philosophe dans la terre de l'auteur de ce projet. 1779, in-12, *dem. rel.*

992. Malebranche, Traité de morale. *Cologne*, 1683, in-12. *br.*—Gerdil, Défense du sentiment du P. Malebranche sur la nature et l'origine des idées contre l'examen de Locke. *Turin*, 1748, in-4. *br.*

993. Mengus ( Fl. ), Flagellum dæmonum. *Francof.*, 1708, pet. in-8. *v. f.*

994. Mettrie ( de la ), OEuvres phisophiques. *Berlin*, 1775, 2 vol. in-12. *v.*

994. *bis.* Montaigne (Mic. de), Essais. *Paris, Bastien*, 1785, 3 vol. in-8. tirés in-4. *v.*

995. Murner ( Th. ), Chartiludium logicæ, seu logica poetica vel memorativa, ed. Joan. Balesdens. *Parisiis*, 1629, pet. in-8 *v.*

Premiers éléments de mnémonique.

996. Nemesius, de natura hominis, gr. et lat., cum animadversionibus Chr. Frid. Matthæi. *Halæ Magd.*, 1802, in-8. *cart.*

997. Neovilleus ( J.), De pulchritudine animi. *Parisiis*, 1556, in-8. *parch. lavé, reglé, d. s. tr.*

998. Ocellus Lucanus, en grec et en françois, par le marquis d'Argens. *Berlin*, 1762, pet. in-8· *br.*

999. Paul ( J. ), Clavis Fichtiana seu Leibgeberiana. *Erfurt*, 1800, in-12. *dem. rel.* ( en allem.)

1000. Philippson, υλη ανθρωπικη. — De internarum corporis humani partium cognitione Aristotelis cum

Platonis sententiis comparata : Philosophorum usque ad Theophrastum doctrina de sensu, *Berolini*,
in-8. *br.*

1001. Philosophorum sententiæ de fato et de eo quod
in nostra est potestate, collectæ et de græco versæ,
per H. Grotium. *Parisiis*, 1648, in-4. *v.*

1002. Plutarchi liber quomodo juveni audienda sint
poemata, cum interpretatione P. Grotii et notis Jo.
Potter. *Glasguœ*, 1753, in-8. *br.*

1003. Pretiosa margarita novella de thesauro ac pretio-
sissimo philosophorum lapide, collectanea per J. La-
cinium. *Venetiis*, 1557, in-8. *mar. n. d. s. t.*

1003 *bis.* Regenbogen , de fructibus quos humanitas,
libertas, mercatura, artes perceperint e bello sacro.
*Lugd. Bat.* , 1819, in-8. *br.*

1004. Saint Lambert, Principes des mœurs chez toutes les
nations ou catéchisme universel. *Paris*, 1798, 3 vol.
in-8. *br.*

1005. Savary, Morale de Mahomet ou recueil des plus
pures maximes du Coran. *Paris*, 1784, in-18. *v. fil.
d. s. t.*

1006. Schrammius (J. C.), De philosophia canadensium
populi in America septentrionali balbutiente. *Helmstadii*, in-4. *non rel.*

1007. Senecæ (L. An.) et P. Syri sententiæ, cum notis
variorum, ed. Jos. Scaligero. *Lugd. Bat* , 1708,
in-8. *vél.*

1008. Simplicii commentarius in enchiridion Epicteti,
cum versione H. Wolfii et C. L. Salmasii animadv. et
notis. *Lugd. Bat.*, 1640, in-4. *v. br.*

1009. Spelte (Ant. M ), La sage folie, fontaine d'allé-
gresse, mère des plaisirs, reyne des belles humeurs,
trad. de l'italien par L Garon. *Rouen*, 1635. — Le
même, La délectable folie, support des capricieux,
soulas des fantasques, nourriture des bigearres, trad.
de l'italien par L. Garon. *Rouen*, 1635, in 12. *parch.*

1010. Spinoza (Ben. de), Opera, ed. H. E. G. Paulo.
*Jenæ*, 1802, 2 vol. in-8. *cart.*

1011. (Spinosa), Philosophia scripturæ interpretes.
1666, in-4. *v. br.*

1011. *bis.* Spinosa (B.), Tractatus theologico-politicus. *Hamburgi*, 1670, in-4. *vél.*

1012. Stanleii (Th.) historia philosophiæ orientalis, cum notis J. Clerici. *Amstel.*, 1690, in-8. *vél.*

1013. Stapfer, De philosophia Socratis. *Bernæ*, 1786, in-8. *br.*

1014. Stolle (G.), Splendidam magis, quam solidam esse ethnicorum philosophorum doctrinam moralem in dissertatione philosophica. *Halæ Magdeburgicæ*, 1705, in-4. *non rel.* — Torckius (Fr. Th.), De sectarum philosophicarum scriptoribus græcis potioribus. *Rostochii*, 1709, in-4. *non rel.* — Helmold (J. H. L.), De phoenicibus eorumque studiis et inventis. *Jenæ*, 1709, in-4. *non rel.*

1015. Sulzer, Nouvelle théorie des plaisirs, avec des réflexions sur l'origine des plaisirs, par M. Kaestner. 1767. — Recueil de divers écrits sur l'amour et l'amitié, la politesse, la volupté, les sentimens agréables, l'osprit et le cœur. *Paris*, 1736, in-12. *dem. rel.*

1015. *bis.* Thomasius (Jac.), De stoica mundi exustione. *Lipsiæ*, 1676. — Vossius (Ger. Jo.), De philosophorum sectis. *Jenæ*, 1705, in-4. *cart.*

1016. Thornburgh (J ), αιθοθεωρισος sive nihil, aliquid, omnia antiquorum sapientium vivis coloribus depicta. *Oxoniæ*, 1621, in-4. *parch.*

1016. *bis.* Thyræus (P.), Loca infesta hoc est, de infestis, ob molestantes dæmoniorum et defunctorum hominum spiritus, locis. *Lugduni*, 1599, in-8. *parch.*

1017. Traité élémentaire de morale et du bonheur. *Paris*, 1795, 2 vol. in-18. *v.*

1018. Ulstadii (Phil.) cælum philosophorum seu de secretis naturæ. *Norimbergæ*, 1526, in-4. *v. br.*

1019. Utten (Ulr. Ab.) opera, ed. Ern. J. H. Munch. *Berolini*, 1821, 5 vol. in 8. *cart.*

1020. Vilain XIV, Mémoire sur les moyens de corriger les malfaiteurs et fainéans et de les rendre utiles à l'état. *Gand*, 1775, in-4. *br.*

1021. Villalpandi dæmonologia. *Moguntiæ*, 1623. — Thyræi dæmoniaci cum locis infestis et terriculamentis nocturnis. *Coloniæ Agrippinæ*, 1627, in 4. *vél.*

1022. Villers (Ch.), Philosophie de Kant ou principes

fondamentaux de la philosophie transcendentale.
*Metz,* 1801, 2 part. en 1 vol. in-8. *bas.*

1023. Vincentii Bellovac ensis Speculum morale. (*Sine
anno et loco*), 2 vol. in-fol. *goth. v. br.*

1024. Weyberus (M. Chr.), De brutorum religione. *Halæ
Magdeb.,* 1702, in-4. *non rel.*

1025. Wilmans (C. A.), De similitudine inter mysticum
purum et kantiam religionis doctrinam. *Halis Saxonum,* 1797, in-8. *br.*

1026. Zanchii (H.) de divinatione tam artificiosa, quam
artis experte et utriusque variis speciebus tractatus.
*Hanoviæ,* 1610, pet. in-8. *v. fil.*

### Politique. — Economie politique.

1027. Agapeti et Basilii Macedonensis adhortationes de
bene administrando imperio. *Basileæ,* 1633, pet.
in-8. *non rel.*

1028. Bion (J.). Traité sur l'établissement de la compagnie d'Ostende, trad. de l'anglois. *Amsterdam,* 1726,
in-4. *br.* — Essay upon the probable methods of ma-
king a people gainer in the balance of trade. *London,*
1700, in-8. *v.*

1029. Cordier, La navigation intérieure du dép. du
Nord et particulièrement du canal de la Sensée. in-4.
*fig. cart.*

1030. (Forbonnais), Recherches et considérations sur les
finances de France de 1595 à 1721. 1758, 6 vol.
in-12. *br.*

1031. Harrington (J.), OEuvres politiques, trad. de
l'angl. *Paris,* an III, 3 vol. in-8. *v.*

1032. Howard (J.), Etat des prisons, des hôpitaux et
des maisons de force, trad. de l'angl. *Paris,* 1788,
2 vol. in-8. *fig. dem. rel.*

1033. Hume, Discours politiques, trad. de l'angl. *Amsterdam,* 1754, 3 vol. pet. in-8. *v. br.*

1034. Kircheri (Ath.), Principis christiani archetypon
politicum sive sapientia regnatrix. *Amstel.,* 1672,
in-4. *vél.*

1035. Mémoires touchant les ambassadeurs et les minis-

tres publics, par L. M. P. *Cologne*, 1676, pet. in-12.
*dem. rel.* — Ministère (le) du négociateur. *Amst.*,
1763, in-8. *v.*

1035. *bis.* Paine (Th.), Droits de l'homme en réponse à
l'attaque de M. Burke sur la révolution française, trad.
de l'angl. par F. S. (Soulès). *Paris*, 1791, in-8. *bas.*
— La Vicomterie (L.), Les droits du peuple sur l'assemblée nationale. *Paris*, 1791. — Cloots (Anach.).
La république universelle ou adresse aux tyrani-
cides. *Paris*, *an IV*, in-8. *cart.* ( Le dernier ouvrage est avec envoi à *belle et bonne de la part de
l'auteur.* )

1036. Quomodo sine ærarii fœnore mellificandum? 1686,
in-12. *cart.*

1036. *bis.* Recueil de pièces sur les finances. in-fol. *v. j.*
Manuscrit.

1037. Sneedorff, Essai d'un traité du style des cours.
*Hanovre*, 1776, in-8. *br.*

1038. Misaule (le) ou haineux de court, par G. C. D. T.
(G. Chappuis). *Paris*, 1585, in-8. *parch.*

1039. Noodt, Du pouvoir des souverains et de la liberté
de conscience, trad. par Barbeyrac. *Amst.*, 1714,
in-12. — Cauchois-Lemaire ( L. A. F. ), Opuscules.
*Paris*, 1821, in-8. *br.*

1040. Pla'on, Loix, trad. par Grou. *Amst.*, 1769, 2 vol.
in-8. *v.*

1041. Projet d'une réforme à faire en Italie. *Amst.*,
1769. — L'utile emploi des religieux et des communa-
listes. *Amst.*, 1770, pet. in-8. *v.*

1042. Rousseau (J. J.), Du contrat social. *Paris*, *Didot
l'aîné*, 1796, in-8. *pap. vél. mar. bl. fil. d. s. tr.*

1043. Savary (Ph. L.), Dictionnaire universel de commerce. *Copenhague*, 1759, 5 vol. in-fol. *dem. rel. dos
de mout. n. r.*

1044. Sidney (Algernon), Discours sur le gouvernement,
trad. de l'angl. par Samson. *La Haye*, 1755, 4 vol.
in-12. *v.*

1045. Wicquefort (de), L'ambassadeur et ses fonctions,
nouv. édit. augm. de div. pièces et du traité du juge
compétent des ambassadeurs de Bynkershoeck, tra-

duit par Barbeyrac. *Amsterdam*, 1730, 2 vol. in-4.
*dem. rel.*

## Physique. — Chimie. — Alchimie.

1046. Ænæa (H.), De congelatione. *Lugd. Bat.*, 1769.
— Herminghuysen, de Lacrimis. 1769. — Pannekoek (Ant.), De testamento solenni scripto ordinando.
1775. — Tollius (H.), de G. J. Vossio. 1777. — Van
Swinden, De philosophia Newtoniana. 1779. — Van
Swinden (J. H.), De hypothesibus physicis quomodo
sint e mente Newtoni intelligendæ. 1785, in-4. *cart.*

1047. Æpinus (J. U. T.), Tentamen theoriæ electricitatis
et magnetismi. *Petropoli*, in-4. *fig. bas.*

1048. Alchemiæ artisque metallicæ doctrina. *Basileæ*,
1572, in-8. tome 1$^{er}$. *v. br.*

1049. Beudant, Traité de physique. *Paris*, 1833, in-8.
*fig. br.*

1050. D'Eslon : Observations sur le magnétisme animal
*Carlsrouhe*, 1781, in-8. *br.*

1051. Fontana (J.), Opuscules physiques et chimiques,
trad. de l'Ital. par Gibelin. *Paris*, 1784, in-8. *v.* —
Hamilton (le Ch.), OEuvres commentées par Giraud
Soulavie. *Paris*, 1781, in-8. *v.*

1052. Hauy. Exposition de la théorie de l'électricité et
du magnetisme. *Paris*, 1787. in-8. *fig. bas.*

1053. Kircher (Ath.). Magnes sive de arte magnetica.
*Romæ*, 1654, in-fol. *fig. v. br.*

1054. Marum (Martin van), Description d'une machine
électrique placée dans le Muséum de Teyler, et des
expériments faits par le moyen de cette machine.
*Haarlem*, 1785, in-4. *fig. br.*

1055. Rutherforth (Th.). Ordo institutionum physicarum. *Cantabrigiæ*, 1756, in-4. *fig. br.*

1056. Schott (P. G.), Technica curiosa sive mirabilia artis.
*Norimbergæ*, 1664. 2 vol. in-4. *v. br.*

1057. Taglini (C.). De aere ejusque natura et effectis,
cum notis et animadv. *Florentiæ*, 1736, in-4. *dem.
rel.*

1058. Wallerius (J. G.), Disputationes academicæ che-

...micæ, chemico-pharmaceuticæ, mineralogicæ et me-
tallurgicæ. *Holmiæ*, 1780-81, 2 vol. in-8. *cart.* —
Wallerius (Joh. G.), De origine mundi in primis geo-
cosmi, ejusdem que metamorphosi. *Stokcolhmiæ*,
1779, in-8. *fig. cart.*

## SCIENCES NATURELLES.

*Histoire naturelle. — Botanique. — Minéralogie. —
Zoologie, etc.*

1060. Agricola (G.), de re metallica. *Basileæ*, 1561, in-
fol. *v. br.*

1061. Aldrovandus (Ul.), Ornithologia. *Bononiæ*, 1599-
1634, 3 vol. in-fol. *v. br.* — Aldrovandus (Ul.), de
insectis. *Bononiæ*, 1602, in-fol. *fig. v. br.* — Aldrovandus (Ul.) de piscibus et de cetis. *Bononiæ*, 1614,
in-fol. *fig. v. br.* — Aldrovandus (Ul.), Quadrupedum
bisulcorum historia. *Bononiæ*, 1621, in-fol. *v. br.*
—Aldrovandus (Ul.) monstrorum historia. *Bononiæ*,
1642, in-fol. *fig. v. br.*—Aldrovandus (Ul.), de mol-
libus, crustaceis, testaceis et zoophytis. *Bononiæ*,
1609, in-fol. *fig. v. br.*

1062. Allionii (C.) Flora pedemontana. *Aug. Taurinorum*, 1785, 3 vol. in-fol. *fig. v.*

1063. Almanach vétérinaire : Instructions et observations sur les maladies des animaux domestiques, par
Chabert, Flandrin et Huzard. *Paris*, 1782-1790, 3
vol. in-8. *parch. vert.*

1064. Asmann (Chr. G.), de eruditione metallicorum
universa. *Lipsiæ*, 1782, in-4.

1065. Barbari (Herm.) Castigationes Plinii. (*Sine loco
et anno*), in-fol. *v.*

1066. Barry (de), Mémoires sur les fourmis des cannes
à sucre. *broc.* in-4. — Smeathman (H.), Mémoire sur
les termes ou fourmis blanches, trad. par C. Rigaud.
*Paris*, 1786, in-8. *fig.*

1067. Belon (P.), La nature et diversité des poissons.
*Paris*, 1555, in-8. *oblong fig. color. v. br.*

1068. Bergen ( Car. Aug. de ), Flora Francofurtana, *Francofurti ad Viadrium*, 1750, in-8. *br.*

1069. Bêtes à laine :

Lasteyrie (C. P.), Traité sur les bêtes à laine d'Espagne. *Paris*, an VII. in-8. *br.* — Lullin (C. J. M.), Observations sur les bêtes à laine faites dans les environs de Geneve. *Geneve*, 1804. in-8- *br.* — Lasteyrie ( C. P.), Histoire de l'introduction des moutons à laine fine d'Espagne dans les divers états de l'Europe. *Paris*, 1802, in-8. *br.* — Lamerville (de,) Observations sur les bêtes à laine du Berry. *Paris*, 1786, in-8. *br.* — Instruction sur les bêtes à laine et particulièrement sur les mérinos, rédigée par Tessier. *Paris*, 1810, in-8. *br.* — Morel de Vindé, Mémoire sur les troupeaux de progression. *Paris*, 1808, in-8. *br.* — Cointereaux, des nouvelles Bergeries. 1805, in-8. *br.*

1070. Blasii (G. ) Anatome animalium. *Amstelodami*, 1681, in-4. *fig. demi-reliure.* — Hales (Et.), Hæmastatique , ou la statique des animaux, traduit de l'anglois par de Sauvages. *Genève*, 1744 , in-4. *br.*

1072. Bon, Dissertation sur l'utilité de la soie des araignées, en lat. et en franç. *Avignon*, 1748, in-8. *br.*

1073. Bonelli ( G. ), Hortus romanus juxta systema Tournefortianum distributus, tom. i. *Romæ*, 1772, in-fol. *fig. color. dem. rel.*

1074. Bonnet (C. ), Considérations sur les corps organisés. *Amst.*, 1602 ; 2 vol. in-8. *v.*

1075. Bourguet, Lettres philosophiques sur la formation des sels et des cristaux. *Amst.*, 1762, pet. in-8. *bas.* — Baldassari (Gius.), Osservazioni sopra il sale della Creta. *Siena*, 1750, in-8. *br.*

1076. Bruckmanni (Fr. Ern.) Thesaurus subterraneus ducatus Brunswigii. *Brunswigii*, 1728, in-4. *fig. cart.* (en allemand.)

1077. Brugmans ( S. J. ), Lithologia Groningana. *Groningœ*, 1781, in-8. *br.*

1078. Bulliard, Histoire des champignons de la France. *Paris*, 1701, in-fol. *fig. color. cart.* ( le tome i.) — Bulliard, Histoire des plantes veneneuses et suspectes de la France. *Paris*, 1784, in-fol. *cart.*

1079. Cæsalpinus (And.), de metallicis. *Romæ*, 1596, in-4. *vél.*

1080. Cæsius (Bern.), Mineralogia, sive naturalis philosophiæ thesauri. *Lugd*, 1636, in-fol. *v. br.*

1081. Caii (Johannis) de ephemera Britannica. *Londini*, 1721, in-8. *v. br.*

1082. Cavanilles ( Ant. Jos. ), Icones et descriptiones plantarum. *Matriti*, 1791-1801, in-fol. *fig.* tom. 1, 2, 3, 4. p. 1a, 6 *dem. rel. dos de mar. r. et cart.*

1083. Columella (L. J. M.) of husbandry, translated into English. *London*, 1745, in-4. *br.* — Dundonald, Treatise shewing the intimate connection between agriculture and Chemistry. *London*, 1795, in-4. *cart.*

1084. Commelin (Cas.), Preludia botanica ad publicas plantarum exoticarum demonstrationes. *Lugd. Bat.*, 1703, in-4. *fig. v. f.*

1085. Commelin (C.), Horti medici Amstelædamensis plantæ rariores et exoticæ. *Lugd. Bat.*, 1715, *fig.* — Ejusdem, præludia botanica ad publicas plantarum exoticarum demonstrationes. *Lugd. Bat.*, 1715, in-4. *fig. dem. rel.*

1086. Cordier, Mémoire sur l'agriculture de la Flandre française et sur l'économie rurale. *Paris*, 1823, in-4. (*l'atlas*).

1088. Cornuti (Jac.) Canadensium plantarum historia. *Parisiis*, 1635, in-4. *fig. v.*

1089. Deleuze, Histoire et description du Museum d'histoire naturelle. *Paris*, 1823, 2 vol. in-8. *fig. br.*

1090. Descriptiones tubulorum marinorum. *Gedani*, 1731, in-4. *fig. br.*

1091. Dickson (J.), fasciculi (3) plantarum cryptogamicarum Britanniæ. *London*, 1785, in-4. *fig. br.*

1092. Dodonæi (R.) stirpium historia. *Antverpiæ*, 1616. in-fol. *fig. v. br.*

1093. Duhamel, Élémens d'agriculture. *Paris*, 1779, 2 vol. in-12. *fig.* — Agricola (G. A.), L'Agriculture parfaite, trad. de l'allem. *Amst.*, 1720, 2 tom. en un vol. in-8. *fig. v.*

1094. Duhamel du Monceau, Mémoires sur la garance et sa culture. *Paris*, I. R., 1757, in-4. *br.*

1095. Essais philosophiques sur les mœurs de divers animaux étrangers, (par Foucher d'Obsonville). *Paris*, 1783, in-8. *v. fil. d. s. t.* — Boccone, Recherches et observations naturelles. *Amst.*, 1674, pet. in-8. *fig. v. br.*

1096. Feigenpuz, iter per Salinas Tyrolenses. *OEniponti*, 1707, in-fol. *fig. cart.*

1097. Gærtner (Jos.), de fructibus et seminibus plantarum. *Stutgardiæ*, 1788 et *ann. seq.*, 3 vol. in-4. *fig. br.*

1098. Garmanni (Chr. Fr.) Oologia curiosa. *Cygneæ*, in-4. *dem. rel.*

1099. Gesneri (Conr.) de avium natura. *Tiguri*, 1555, in-fol. *fig. v. br.* —Gesneri (Conr.) Liber I, de quadrupedibus viviparis. *Tiguri*, 1557, in-fol. *fig. v. br.*— Gesneri (Conr.) Liber IV, de piscium et aquatilium animantium natura. *Francof.*, 1604, *fig.* — Ejusdem, liber V, de serpentium natura. *Tiguri*, 1587, in-fol. *fig. v. br.*

1100. Gronovius (L. T.), Museum ichthyologicum. *Lugd. Bat.*, 1754. — Ejusdem, Zoophylacium Gronovianum. *Lugd. Bat.*, 1781, in-fol. *fig. cart. et br.*

1101. Hoeven (Van der), de causarum finalium doctrina ejusque in zoologia usu. *Utrecht*, 1824, in-8. *br.*

1102. Herbinius (Jo.), Dissertationes de admirandis mundi cataractis. *Amst.*, 1678, in-4. *fig. vél.*

1103. Hill (J.), fossils arranged according to their obvious characters, with their history and description. *London*, 1771, in-8.

1104. Historia naturalis Brasiliæ. *Lugd. Bat.*, *Elzev.*, 1648, in-fol. *fig. v. f. fil.*

1105. Hoppe (D. H.), Ectypa plantarum Ratisbonensium. *Regensburg*, 1787-1793, 4 vol. in-fol. *fig. cart.*

1106. Hughes, the natural history of Barbados. *London*, 1750, in-fol. *fig. color. dem. rel. non rogné.*

Imparfait des pl. 3 et 20.

1107. Instruction sur l'établissement des nitrieres et sur la fabrication du salpêtre. *Paris*, 1777, in-4. *br.*

1108. Jacquin (N. J.), Stirpium americanarum historia. *Vindobonæ*, 1763, in-fol. *fig. cart.*

1109. Jars, Voyages métallurgiques. *Lyon*, 1774, 3 vol. in-4. *fig. cart. et br.*

1110. Jonstonus (J.), Historia naturalis de arboribus et et fructibus. *Francof.*, 1662, in-fol. *fig. v. br.*

( 87 )

1111. Kadelbach (Chr. Fr.), De characteribus fossilium externis. *Lipsiæ*, 1757, in-4. *broc.*

1112. Kestlerus (J. St.), Physiologia kircheriana experimentalis. *Amst.*, 1680, in-fol. *v. f.*

1113. Kircheri (Ath.) mundus subterraneus. *Amst.*, 1665, 2 tom. en 1 vol. in-fol. *fig. vél.*

1115. Liebknecht (J. G.), Hassiæ subterraneæ specimen. *Giessæ*, 1730, in-4. *fig. dem. rel. dos de vél.*

1116. Linné (Car. a), Species plantarum, ed. C. L. Willdenow. *Berolini*, 1797-1810, 5 tom. en 10 vol. in-8. *pap. fin. br.*

1117. Linné (C.), Systema naturæ, ed. Ph. L. S. Muller. *Nurnberg*, 1773, 10 vol. in-8. *br.* ( *en allemand* ).

1118. Linné (Car. a), Termini botanici, ed. P. D. Gieseke. *Hamburgi*, 1787, in-8. *br.*

1119. Lister (Mart.), De Araneis, de Cochleis et de Cochleis marinis. *Londini*, 1678, in-4. *fig. v. br.*

1120. Lobel (Mat. de), Plantarum seu stirpium historia. *Antverpiæ*, 1576, in-fol. *fig. en bois, v.*

1121. Lobel (Mat. de), Plantarum historia. *Londini*, 1605, in-fol. *dem. rel.*

1122. Ludwig (Chr. G.), Terræ musæi dresdensis. *Lipsiæ*, 1749, in-fol. *fig. vél.*

1123. Luidii (Edv.) lithophylacii britanici ichnographia. *Oxonii*, 1760, in-8. *fig.*

1124. Lyonnet (P.), Traité anatomique de la chenille qui ronge le bois de saule. *La Haye*, 1762, in-4. *fig. br.*

1125. Malpighii (M.) opera posthuma, ed. P. Regis. *Amstel.*, 1698, in-4. *v. br.*

1126. Marsilli (L. F. de), Histoire physique de la mer. *Amst.*, 1725, in-fol. *fig. v.*

1127. Mémoire sur des bois de cerfs fossiles trouvés près de Montelimart en 1775 (par Faujas de S. Fond). *Grenoble*, 1776, in-4. *fig. br.*

1128. Mémoires sur la question minéralogique proposée en 1785 par l'Acad. des sciences de S. Petersbourg. *S. Petersbourg*, 1786, in-4. *fig. br.*

1129. Mentzelius (Chr.), Index nominum plantarum multilinguis. *Berolini*, 1682, in-fol. *fig. v.*

1130. Meyer (Ern.), De plantis labradoricis. *Lipsiæ*, 1830, in-8. *br.*

1131. Morison (R), Plantarum umbelliferarum distribu-
tio nova. *Oxonii*, 1672, in-fol. *fig. v. br.*

1132. Murray (J. Andr.), Commentatio de arbuto uva-
ursi. *Gottingæ*, in-4: *v. d. s. t.*

1133. Museum Richterianum illustr. iconibus et comment. J. Er. Hebenstreitii. *Lipsiæ*, 1743, in-fol. *fig.
v. f.*

1134. Nierembergii (J. E.) historia naturæ. *Antverpiæ*,
1635, in-fol. *v. f.*

1135. Pallas (P. S.), Miscellanea zoologica. *Hagæ Comitum*, 1766, in-4. *fig. br.*

1136. Pallas (P.), Novæ species quadrupedum e glirium
ordine. *Erlangæ*, 1778, in-4. *fig. fascic. I; plie.*

1137. Pallas (P.), Spicilegia zoologica. *Berolini*, 1774,
in-4. *fig. fascic.* 9, 10, 11, 12. *pliés.*

1138. Peltus (Jo.), The laws of art and nature in kno-
wing, etc. the bodies of confin'd metals. *London*,
1683, in-fol. *fig. v. br.*

1139. Pappe (C. G. L.), Synopsis plantarum phaeno-
gamarum agro Lipsiensi indigenarum. *Lipsiæ*, 1828,
in-8. *br.*

1140. Paullini (Chr. Fr.) cynographia curiosa seu canis
descriptio. *Norimbergæ*, in-4. *dem. rel.*

1141. Pillingen (M. Z.), Bitumen et lignum fossile bitu-
minosum. *Altenburgi*, 1674, pet. in-8. *non rel.*

1142. Pline, Histoire naturelle de l'or et de l'argent,
par Dav. Durand. *Londres*, 1729, in-fol. *v. br.*

1143. Plumier (C.), Nova plantarum americanarum ge-
nera. *Parisiis*, 1703, in-4. *v. br.*

1144. Purkinje (J. E.), De cellulis antherarum fibrosis,
nec non de granorum pollinarium formis comment.
phytotomica. *Vratislaviæ*, 1830, in-4. *fig. cart.*

1145. Reichard (J. J.), Enumeratio stirpium horti botanici Senkenbergiani. *Francof.*, 1782, in-8. *br.* —
Weinmann (J. G.), Tractatus botanico-criticus de cha-
racæsaris. *Carolsruhæ*, 1769, in-8. *br.*

1146. Reiskius, De glossopetris luneburgensibus. *Norimbergæ*, 1687, *fig.* — J. de Tertiis de curiositatibus
physicis. *Lugd. Bat.*, 1686. — Glauber (J. R.), De
tribus principiis metallorum. *Amst.*, 1667. — Ejusdem, explicatio verborum Salomonis : in herbis, ver-

bis et lapidibus magna est virtus. *Amst.*, 1664. — Ejusdem, de tribus lapidibus ignium secretorum. 1703. — Ejusdem, de signatura salium, metallorum et planetarum. 1703. — Ejusdem libellus ignium. 1703. — Ejusdem de lapide animali. *Amst.*, 1669, in-12. *vél.*

1147. Rondelet (G.), Histoire entière des poissons. *Lion*, 1558, 2 part. en 1 vol. in-fol. *fig. parch.*

1148. Rosenmuller (Jo. Chr.), Vues et description des cavernes remarquables de Muggendorf dans l'Oberland de Bavière. *Erlang*, 1796, in-fol. 1^ere livr. *fig. color. (en allemand)*.

1149. Rostkovii et Schmidt (E. W. G.) Flora sedinensis. *Sedini*, 1824, in-8. *fig. cart.*

1150. Ruellius (J.), De natura stirpium. *Parisiis*, 1536, in-fol. *v.*

1151. Rumphius, D'Amboinsche rariteitmaker. *Amst.*, 1741, in-fol. *fig. v.*

1152. Saggi di naturali esperienze fatte nell'academia del Cimento. *Napoli*, 1714, in-fol *fig. cart.*

1153. Scheuzeri (J. J.) herbarium diluvianum. *Lugd. Bat.*, 1723, in-fol *fig. v.*

1154. Schmidel (Cas. Chr.) Icones plantarum. *Erlangœ*, 1793, in-fol. *fig. color. cart.*

1155. Seleni (Gust.) Cryptomenytices et cryptographiæ lib. IX. 1624, in-fol. *parch.*

1156. Sendelius (N.), historia succinorum corpora aliena involventium. *Lipsiœ*, 1742, in-fol. *fig. v.*

1157. Serres ( Olivier de ), Le théâtre d'agriculture et mesnage des champs. *Paris*, 1600, in-fol. *vel.*

1158. Severini (M. A.) Epistolæ de lapide fungiferro et de lapide fungimappa, ed. F. E. Bruckmann. *Guelpherb.* 1728, in-4. *fig. br.*

1159. Sivry (de), Journal des observations minéralogiques faites dans les Vosges et l'Alsace. *Nancy*, 1782, in-8. *br.*

1160. Spada (J. J.), Corporum lapidefactorum agri Veronensis catalogus. *Veronœ*, 1744, in-4. *cart.*

1161. Swedenborgii (Em.) Opera philosophica et mineralia. *Dresdœ*, 1734, 3 vol. in-fol. *ch. m. dem. rel. non rog.*

1162. Swedenborgii (Emm.) Principia rerum naturalium

sive novorum tentaminum phænomena. *Dresdæ*, 1734, in-fol. *fig. dem. rel. non rog.*

1163. Temminck (C. J.), Manuel d'ornithologie. *Amst.*, 1815, in-8. *br.*

1164. Tessin (C. G.), Museum Tessinianum. *Holmiæ*, 1753, in-fol. *fig. v.*

1165. Théorie du monde et des êtres organisés suivant le principe de M. Mesmer (par Bergasse.) *Paris*, 1784, in-fol. *br.* ( *texte gravé.* )

1166. Thunberg (Car. Pet.), Characteres generum insectorum, ed. Fr. Ant. Meyer. *Gottingæ*, 1791, in-8. *br.*

1167. Ventenat, Description des plantes nouvelles et peu connues du jardin de Cels. *Paris*, an VIII, grand in-4. *fig. cart.*

1168. Volkmanns (G. Ant.), Silesia subterranea ( en allemand.) *Francof.*, 1720, in-4. *fig. cart.*

## SCIENCES MÉDICALES.

*Médecine. — Anatomie, — Chirurgie, —
Médecine spagirique, etc.*

1169. Adamantius, La physionomie ou des indices que la nature a mis au corps humain par où l'on peut découvrir les mœurs et les inclinations d'un chacun, trad. par H. de Boyvin. *Paris*, 1636, in-8. *v. br.*

1170. Albert (Sal.). Historia plerarunque partium humani corporis, membratim scripta. *Vitœbergæ*, 1585, *fig.* — Bassiani Landi Anatomia corporis humani. *Francof.*, 1605, in-8. *parch.*

1171. Alexandre aphrodisé ; les problèmes, trad. de grec en françois, par Heret. *Paris*, 1555. — Les problêmes de Jerome Garimbert, trad. du toscan en françoys, par J. Louveau. *Lyon*, 1559, pet. in-8. *v. f.*

1172. Aphrodiciacus, sive de lue venerea, vel morbo gallico, ed. Al. Luisino. *Lugd. Bat.*, 1728, 2 tom. en 1 vol. in-fol. *vél.*

1173. Auenbrugger (Leop.), Inventum novum ex percussione thoracis humani ut signo abstrusos interni pectoris morbos detegendi. *Vindobonnœ*, 1761, in-8. *br.*

1174. Aurelianus ( Cæl. ), de morbis acutis et chronicis, cum notis Th. J. ab Almeloveen. *Amst.*, 1709, in-4. *br.*

1175. Aurelianus (Cæl.), de morbis acutis et chronicis, Th. J. ab Almaloveen. *Amst.*, 1722, in-4. *br.*

1176. Baccius (Andr.), de Thermis. *Romœ*, 1622, in-fol. *parch.*

1177. Baillif (P.), Description d'un nez artificiel et de plusieurs obturateurs. *Berlin*, 1826, in-4. *fig. nou rel.*

1178. Baldinger (Ern. God.), Sylloge opusculorum argumenti medico practici. *Gottingæ*, 1776, 6 vol. in-8. *br.*

1179. Bertrandi ( Ambr. ), Traité des opérations de chirurgie, trad. de l'italien par Solier. *Paris*, 1769, in-8. — Manuel du jeune chirurgien. *Paris*, 2 vol. in-8. *bas.*

1180. Boneti (Th.) Sepulchretum, sive Anatomica practica. *Genevœ*, 1700, 3 vol. in-fol. *v. br.*

1181. Boneti ( Th. ) Thesaurus medico-practicus, *Genevœ*, 1694, 3 vol. in-fol. *br.*

1182. Brassavolus (A. M.), Examen omnium syruporum. *Lugduni*, 1556.—Idem, Examen omnium loch, suffuf, etc., his accessit de morbo gallico tractatus. *Lugd.*, 1555, pet. in-12. *v. fermoirs en cuivre.*

1183. Brinius (J. Ch.), de spiritibus animalibus. *Patavii*, 1729, in-4. *v. f. fil.*

1184. Browne (J.), Myographia nova. *Ludg. Bat.*, 1687, in-fol. *fig. br.*

1185. Cabanis ( P. J. G. ), du degré de certitude de la médecine. *Paris*, 1803, in-8. *bas.*

1186. Camper (P.), Demonstrationum anatomico-pathologicarum liber I continens brachii humani fabricam et morbos. *Amst*, 1760, in-fol. *fig. br.*

1187. Camper (P.), Différence des traits du visage, trad. du holl. par D. B. Quatremère d'Isjonval. *Utrecht*, 1791, in-4. *fig. br.*

1188. Camper (P.), Icones herniarum, editæ à Sam. T. Soemmering. *Francof.*, 1801, in-fol. *fig. cart.*

1189. Celsi (Aur. Corn.) de medicina, libri octo, ed. Th. J. ab Almeloveen. *Basileœ*, 1748, in-8. *bas.*

1190. Concubitus sine lucina, ou le plaisir sans peine. *Londres*, 1750, in-8. *br.*

1191. Commercium litterarium ad rei medicæ et scientiæ naturalis incrementum institutum. *Norimbergœ*, 1731-1745, 15 vol. in-4. *fig. br.*

1192. Cordi (Val.) Annotationes in Dioscoridem : historia stirpium, etc., item A. Gessnerus de hortis Germaniæ. *Argentorati*, 1571, in-fol. *vél.*

1193. Dagoty, Exposition anatomique des organes des sens. *Paris*, 1775, in-fol. *fig. color. parch. v.*

1194. Dioscorides (Ped.), de materia medica : de letalibus venenis, interprete M. Vergilio. *Coloniœ*, 1529, in-fol. *v.*

1195. Dioscoridis (Ped.) Opera, ex interpr. J. A. Saraceni, 1598, in-fol. *v. br.*

1196. Dureti (L.) Interpretationes et enarrationes in Hippocratis prænotiones, ed. A. P. Chrouet. *Lugd. Bat.*, 1737, in-fol. *dem. rel.*

1197. Faventini (Ben. Vict.) de morbo gallico. *Florentiœ*, 1551, pet. in-8. *non rel. ( endommagé.)*

1198. Fioravanti (Leon.), Il tesoro della vita humana. *Venetia*, 1552, pet. in-8. *parch.*

1199. Foresti (P.) Observationum et curationum medicinalium ac chirurgicarum opera. *Rhotomagi*, 1653, 4 vol. in-fol. *br.*

1200. Freind (J.), Histoire de la médecine, trad. de l'anglois par E. Coulet. *Leyde*, 1727, 3 vol. in-12. *br.*
— Dissertation physique à l'occasion du Nègre blanc. *Leyde*, 1644, in-12. *v. f.*

1201. Galeni Hippocratis operum expositio, græce. *Aldus*, in-fol.

1202. Gazii (Ant.), Florida coronaque ad sanitatis hominum conservationem ac longenam vitam perducendam sunt per necessaria continens. *Lugduni*, 1516, in-4. *gothique, v. f.*

1203. Græcorum chirurgici libri, Sorani unus de fracturarum signis, Oribasii duo de fractis et luxatis, descripti conversi atque editi ab Ant. Cocchio. *Florentiœ*, 1754, in-fol. *br.*

1204. Grimaud (de), Mémoire sur la nutrition. *St.-Pétersbourg*, 1789, in-4. *fig. br.*

1205. Haller (Alb.), descriptio foetus bicipitis ad pectora connati. *Hannoveræ*. 1739, in-4. *fig. br.* — Louis, Mémoire contre la légitimité des naissances prétendues tardives et supplem. *Paris*, 1764, in-8. *br.*—Nihell ( Elisabeth ), la cause de l'humanité référée au tribunal du bon sens et de la raison , ou traité sur les accouchements par les femmes, trad. de l'anglois. *Paris*, 1781, in-8. *br.*

1206. Halleri, Elementa physiologiæ corporis humani. *Lausannæ*, 1757 . 9 vol. in-4. *v.*

1207. Harvei (G.) Opera , ed. B. S. Albino. *Lugd. Bat.*, 1737, 2 vol. in-4. *fig. br.*

1208. Hippocratis et Galeni Opera , ed. R. Charterio. *Lut. Paris.*, 1639, in-fol. tom. 1, 2, 3 en 1 vol.

1209. Hippocratis œconomia alphabeti serie distincta a A. Foesio. *Francof.*, 1588, in-fol. *mout.*

1210. Hippocratis opera, ex J. Cornarii versione, cum J. Marinelli commentariis. *Venetiis*, 1737, 3 tom. en 2 vol. in-fol. *dem. rel.*

1211. Histoire de l'homme , considéré dans ses mœurs, dans ses usages et dans sa vie privée. *Paris*, 1779, 3 vol. in-12. *br.*—Clerc, histoire naturelle de l'homme, considéré dans l'état de maladie. *Paris*, 1768, 2 vol. in-12. *br.*

1212. Home (Fr.), Principia medicinæ. *Amstelodami*, 1775, in-8. *br.* — Wedelii ( G. W. ) exercitationes pathologico-therapeuticæ. *Jenæ*, 1697, in-4. *br.* — Glass (Chr. Ph.), De admirando sanguinis circuitu. *Halæ Magdeburgicæ*, in-4. *br.*

1213. Kuhn (Car. Got.), Addimenta ad elenchum medicorum veterum a Fabricio in bibliot. græc. exhibitum (*fasc.* 1 à 21). *Lipsiæ*, 1826 à 1836, in-4. *br.*

1214. Kuhn (Car. Got.), In Cælium Aurelianum. (*Specimina I à XVII*). *Lipsiæ*, 1817-1827, in-4. *br.*

1215. Lancisii (J. M.) opera, ed. P. Assalto. *Genevæ*, 1718, 3 vol. in-4. *v. br.*

1216. Le Clerc (Dan.), Histoire de la médecine. *La Haye*, 1729, 3 vol. in-4. *br.*

1217. Leoniceni (N.) opuscula, ed. And. Leennio. *Basileæ*, 1532, in-fol. *v.*

1218. Magnenus (J. Chr.), De tabaco. 1658. — *Idem,* De

manna. 1658, pet. in-12. *v.* — Baumann (Go. Nio.), de tabaci virtutibus, usu et abusu. *Basileæ*, 1629, in-4. *broc.*

1219. Malacarne (Vinc.), Ricordi della anatomia chirurgica spettanti al capo e al collo. *Padova*, 1801, in-8. *br.*

1220. Mangeti (J. J.) bibliotheca pharmaceutico-medica. *Genevæ*, 1704, 2 vol. in-fol. *v.*

1221. Mercurialis (H.), Variæ lectiones in medicinæ scriptoribus et aliis. *Venetiis*, 1588, in-4. *v. f.*

1222. Mesve (Jo.), Opera. *Lugduni*, 1533, in-fol. *v. br.*

1223. Montillo (Fr. M.), Arte di cocina, pasteleria, vizcocheria y conserveria. *Madrid*, 1676, in-8. *parch.*

1224. Morandi (J. B.) historia botanica plantarum quæ ad usum medicinæ pertinent. *Mediolani*, 1761, in-fol. *fig. v.*

1225. Nagel (C. F.), Antiquitates cholericæ. *Altonæ*, 1833, in-8. *br.*

1226. Naldius (Mal.), Rei medicæ prodromi præcipuorum physiologiæ problematum tractatus. *Romæ*, 1682, in-fol. *fig. vél.*

1227. Nissen (W. A), De polypis uteri et vaginæ, et novo ad eorum ligaturam instrumento. *Gottingæ*, 1789, in-4. *fig. br.*

1228. Parabilium medicamentorum scriptores antiqui, Sexti Placiti de medicamentis ex animalibus liber, L. Apuleii de medicaminibus herbarum liber cum notis J. Chr. G. Ackermann. *Norimbergæ*, 1788, in-8. *cart.*

1229. Paré (Ambr.), Discours à sçavoir de la mumie, des venins, de la licorne et de la peste. *Paris*, 1582, in-4. *parch.*

1230. Pomet (P.), Histoire générale des drogues. *Paris*, 1694, in-fol. *fig. v. br.*

1231. Pouppée Desportes, Histoire des maladies de Saint-Domingue. *Paris*, 1770, 3 vol. in-12. *br.* — Selle (C. G.), Rudimenta pyretologiæ. *Amst.*, 1787, in-8. *br.*

1232. Reiske (J. J.) et J. E. Fabri opuscula medica ex monimentis arabum et ebræorum, ed. Chr. G. Gruner. *Halæ*, 1776, in-8. *br.*

1233. Roederer (Jo. G.), Icones uteri humani observationibus illustratæ. *Gottingæ,* 1759, in-fol. *fig. cart.*

1234. Roncalli Parolinus (Fr.), Europæ medicina à sapientibus illustrata. *Brixiæ,* 1747, in-fol. *vél. v.*

1235. Rudius (Eust.), De morbo gallico. *Venetiis,* 1604. — J. Pecqueti experimenta nova academica. *Parisiis,* 1651. — J. D. Majoris historia anatomica calculorum. *Lipsiæ,* 1662. — Bils (L. de), Specimina anatomica, interprete G. Buenio. *Roterodami,* 1661.—Bils (L. de), de Calumniis. *Roterodami,* 1661.—Bils (L. de), De vera humani corporis anatomia. *Roterodami,* 1659. — *Idem,* De usu hepatis circa chylum et ductu chiliferi. *Rotterd.,* 1659. — *Idem,* Omnibus veræ anatome studiosis. *Roterd.,* 1660, in-4. *vél.*

1236. Sandifort (Ed.), Exercitationes academicæ. *Lugd. Bat.,* 1783-1785, 2 vol. in-4. *br.*

1237. Scarpa (C. F. L. et Ant.), Icones ad osteogeniam et osteopathologiam additæ per Vinc. Malacarne. in-fol. *fig.* — Malacarne (Vinc.), De' mostri humani. in-4. *fig.* Les deux ouvrages en 1 vol. *cart.*

1238. Schurigius (M.), Spermatologia historico medica h. e. Seminis humani consideratio. *Francofurti,* 1720, in-4. *dem. rel.*

1239. Schurigius (M.), Syllepsilogia historico medica, hoc est conceptionis muliebris consideratio. *Dresdæ,* 1731, in-4. *cart.*

1240. Siebold (G. Ch.), De cubilibus sedibilibusque usui obstetricio inservientibus. *Gottingæ,* 1790, in-4. *br.*

1241. Soemmering (S. T.), Icones embryonum humanorum. *Francofurti,* 1799, in-fol. *fig.*

1242. Soemmering (Sam. Th.), Tabula baseos encephali. *Francof.,* 1798, in-fol. *cart.*

1243. Soemmering (S. T.) Tabula sceleti feminini juncta descriptione. *Francofurti,* 1798, in-fol. *br.*

1244. Stephanus (Car.), De dissectione partium corporis humani. *Parisiis,* 1545, in-fol. *fig. en bois. v.*

1245. Torti (Fr.) Therapeutice specialis ad febres periodicas perniciosas. *Francof.,* 1756, in-4. *cart.*

1246. Tralles (B. L.), Historia choleræ atrocissimæ quam sustinuit ipse. *Vratislaviæ,* 1753, in-8. *br.* — Tralles (B. L.), De limitandis laudibus et abusu moschi iu medela morborum. *Vratislaviæ*, 1783. in 8. *br.*

1247. Vallensis (Rob.), De veritate et antiquitate artis chemicæ et pulveris sive medecinæ philosophorum vel auris potabilis. *Lugd. Bat.*, 1693. — De Novavilla tractus chemicus. in-8. *parch.*

1248. Vega (Chr. à), Commentaria in librum aphorismorum Hippocratis. (*S. A.* et *L.*); in-8. *parch.* — Stahl (G. E.), Ars sanandi cum expectatione opposita arti curandi nuda expectatione, satyra harveana castigatæ. *Parisiis*, 1730. — Ejusdem, de motus hæmorrhoidalis et fluxus hæmorrhoidum diversitate bene distinguenda. *Parisiis*, 1730, in-8. *dem. rel.*

1249. Withof (Jo. Ph. L.), De castratis. *Duisburgi*, 1756, pet. in-8. *br.*

1250. **Recueil contenant :**

Robius (J. F.), Ambrie historia. *Wittenbergæ*, 1666, *fig.* — St-anssii (L.) conatus anatomicus. *Giessæ*, 1666. — Schenkii (J Th ) humorum corporis humani historia. *Ienæ*, 1663. — Jebringius (J. Chr.), De calculorum in humano corpore generatione. *Ienæ*, 1664. — Aubrius, de quinta essentia aliusque XIV remediis hactenus incoguitis. *Strasburg.* in-4. *vél.*

1251. **Recueil contenant :**

Horstius (J.), De aureo dente pueri silesii et de noctambulonum natura. *Lipsiæ*, 1595. — Idem, De vite vinifera ejusque partibus. *Helmstadii*, 1587. — Salomonis Alberti oratio de surditate et mutitate. *Norimbergæ*, 1591. — Thaddæi Duni epistolæ medicinales. *Tiguri*, 1592. — Galeni ars medicinalis N. Leoniceno interprete. *Helmstadii*, 1587. — Neandri (M.) compendium rerum physicarum. *Wittebergæ*, 1587, in-8. *parch.*

1252. **Recueil contenant :**

Introductio in vitalem philosophiam (a Burggrav). *Francof.*, 1623. — Neandri (Jo.) tabacologia. *Lugd. Bat.*, *Elzev.*, 1622. — La forme de la direction et économie du grand Hostel-Dieu de Lyon. *Lyon*, 1661. — Cl. Corte il cavallarizzo. *Venetia*, 1562. — Ces. Fiaschi, La singolar maniera dell'imbrigliare, attegiare e ferrare cavalli. *Venetia*, 1598, *fig.* — Al. Massar, Compendio dell'heroica arte di caval'eria. *Venetia*, 1600, in-4. *v. f.*

# SCIENCES MATHÉMATIQUES.

*Mathématiques. — Astronomie. — Optique. —
Perspective , etc.*

1253. Adams (G.), Micrographia illustrata, or the know-
ledge of the miscroscope explained. *London,* 1746,
in-4. *fig. v. br.*
1254. Alembert (D'), Recherches sur différents points
importants du système du monde. *Paris,* 1754, 2 vol.
in-4. *fig. br.*
1255. Alembert (D'), Recherches sur la precession des
Equinoxes. *Paris ,* 1749, in-4. *fig. br.*
1256. Alembert (D'), Traité de l'équilibre et du mouvement des fluides. *Paris ,* 1744, in-4. *fig. br.*
1257. Archimedis Opera , demonstrationibus commen-
tariisque illustrata per D. Rivaltum, gr. et lat. *Parisiis ,* 1615 , in-fol. *v. br.*
1258. Astronomie des marins, par Pezenas. *Avignon,*
1766, in-8. *fig. br.* — Hauptii (Chr. Fr.) Institutiones
astronomiæ sphericæ, theoricæ et comparativæ. *Lem-
goviæ,* 1743 , in-8. *fig. br.* — Ward (S.), Astronomia
geometrica. *Londini ,* 1656, in-8. *v. br.*
1259. Barthii ( J. M. ) de luce barometrorum ut et aliis
connexis argumentis epistola. *Lipsiæ,* 1716, in-4.—
Benvenuti ( Car. ) de lumine. *Vindobonæ ,* 1761 , in-
4. *br.*
1260. Bernoulli (John) a sexcentenary table. *London,*
1779 , in-4. *br.*
1261. Besson (J.), Théâtre des instruments mathématiques et méchaniques. *Lyon,* 1593, in-fol. *fig. parch.*
1262. Bicquilley , du calcul des probabilités. *Toul,* 1783,
in-8. *br.* — Price (Rich.), Observations on reversio-
nary payments , on the values of assurances on lives
and on the national debt. *London ,* 1773 , in-8. *v.*
1263. Bion (N.) , Traité de la construction et des principaux usages des instruments de mathématiques. *Paris,*
1752, in-4. *fig. v.*

1264. Blondel, Cours de mathématiques. *Paris*, 1699, 2 vol. in-4. *br.* — Hill (J.), The construction of timber explained by the microscope. *London*, 1770, in-8. *fig. br.*

1265. Boscovich, Nouveaux ouvrages appartenant principalement à l'optique et à l'astronomie. *Bassan*, 1785, 5 vol. in-4. *fig. br.*

1266. Bougainville (de), Traité du calcul intégral. *Paris*, 1754-1756, 2 vol. in-4. *dem. rel. et broc.*

1267. Boyle (Rob.), Opera varia. *Genevæ*, 1677, 4 vol. in-fol. *v. br.*

1268. Braun (Jos. Ab.), de atmospheræ mutationibus præcipuis earumque præsagiis. *Petropoli*, 1759, in-4. *br.* — La Brosse (L. Ph.), Traité du baromètre. *Nancy*, 1717, in-8. *fig. br.*

1269. Cadenberg (J. Slop de), Observationes siderum habitæ Pisis ab anno LXIX ad annum LXXXII. *Pisis*, 1774-1789, 3 vol. in-4. *br.*

1270. Calvor (H.), Acta historico-chronologico-mechanica circa metallurgiam in Hercynia superiori. *Brunswig*, 1763, 2 tom. en 1 vol in-fol. *dem. rel. (en allemand.)*

1271. Castronius (B. M.), Horographia universalis. *Panormi*, 1728, in-fol. *fig. br.*

1272. Clairaut, Recherches sur les courbes algébriques. *Paris*, 1731, in-4. *fig. v.*

1273. Clairaut, Théorie de la lune. *Saint-Petersbourg*, 1752, in-4. *br.*

1274. Clairaut, Théorie de la lune. *Paris*, 1765, in-4., *non rel.*

Avec la signature de Rochon.

1275. Chérubin (Le p.) d'Orléans, Dioptrique oculaire. *Paris*, 1671, in-fol. *fig. v. br.*

1276. Condamine (De la), Mesure des trois premiers degrés du méridien dans l'hémisphère austral. *Paris*, 1751, in-4. *fig. v.*

1277. Coulomb, Théorie des machines simples. *Paris*, 1782, in-4. *fig. v. fil.*

1278. Dechalles (F.), Cursus, seu mundus mathematicus. *Lugd.*, 1674, 3 vol. in-fol. *v. br.*

1279. Dechales (Cl. Fr. Milliet), Cursus, seu mundus mathematicus. *Lugduni*, 1690, in-fol., tom. 1. 2, 3. *v. br.*

1280. Divers ouvrages de mathématique et de physique, par MM. de l'Académie royale des Sciences. *Paris*, 1693, in-fol. *fig. v.*

1281. De Dominis (M. Ant.), de radiis visus et lucis in vitris perspectivis et iride. *Venetiis*, 161r, in-4. *non rel.*

1281 *bis.* De epitritis doriis Dissertatio. *Lipsiœ*, 1824, in-4. *br.*

1282. Euler (L.), Dissertation sur le principe de la moindre action avec l'examen des objections de Koenig faites contre ce principe. *Berlin*, 1753, in-8. *br.* — Euler (L.), Théorie de la construction et de la manœuvre des vaisseaux. *Paris*, 1776, in-8. *fig. br.*

1283. Euler (L.), Institutiones calculi differentialis. *Ticini*, 1787, 2 vol. in-4. *br.*

1284. Flamsteed (Jo.), Historia coelestis Britannica. *Londini*, 1725, 3 vol. in-fol. *fig. rel. et broc.*

1285. Fuss (Nic.), Réflexions sur les satellites des étoiles. *S. Petersbourg*, 1780, in-4. *fig. br.* — Fuss (Nic.), Observations et expériences sur les aimans artificiels. *S. Petersbourg*, 1778, in-4. *fig. broc.*

1286. Garnier (Jos. Bl.), Gnomonique mise à la portée de tout le monde. *Marseille*, 1773, in-8. *fig. br.* — Sainte Marie Madelaine (P. de), Traité d'horlogiographie. *Paris*, 1701, pet. in-8. *v. br.*

1287. Guericke (Ott. de), Experimenta de vacuo spatio. *Amst.*, 1672, in-fol. *fig. v.*

1288. Hamilton (J.), Stereography or a compleat body of perspective. *London*, 1738, 2 vol. in-fol. *fig. br.*

1289. Hill (J.), The construction of timber, explained by the microscope. *London*, 1774, in-fol. *fig. v.*

1290. Hobbes (Th.), Quadratura circuli, cubatio spheræ, duplicatio cubi. 1669, in-4. *plié.*

1291. Horoccii (Jer.) opera posthuma. *Londini*, 1678, in-4. *v.*

1292. Kepler (J.), Chilias logarithmorum ad totidem numeros rotundos. *Marpurgi*, 1624, in-4. *parch.*

1293. Keppleri (J.) Eclogæ chronicæ ex epistolis doctis

virorum et suis mutuis. *Francof.*, 1615. — De officio
principis, orationes tres. *Lipsiæ*, 1610. — Venerandæ
antiquitatis philosophorum et medicorum regum et
principum et gentilium et plebeiorum philosophica et
medica principia. *Lubecæ*, 1609, in-4. *dem. rel.*

1294. Keppleri (J.) Ephemerides novæ motuum cœlestium, ab anno 1617. *Lincii Austriæ*, in-4. *br.*

1295. Lacaille (N. L. de), Cœlum australe stelliferum.
*Parisiis*, 1763, in-4. *fig. br.*

1296. Lacaille (N. L. de), Tabulæ solares. *Parisiis*, 1758,
in-4. *br.*

1297. Lambert (J. H.), Supplementa tabularum loga-
rithmicarum cur Ant. Felkel. *Olisipone*, 1798, in-4.
*br.*

1298. Le Monnier, Observations de la lune, du soleil
et des étoiles fixes. *Paris*, 1751.-1754, 2 part.
in-fol. *br.*

1299. Leupold, Theatrum machinarum generale. *Leipsig*, 1724-1735, 9 tom. en 8 vol. in-fol. *rel. et
dem. rel.*

1300. L'Hopital (de), Analyse des infiniment petits. *Paris*, 1735. in-4. *v. br.*

1301. Lhuilier (Sim.), Elémens d'analyse géométrique
et d'analyse algébrique. *Paris*, 1809, in-4. *fig. br.*

1302. Lindenau (Bern. de), Tables barométriques pour
faciliter le calcul des nivellements et des mesures des
hauteurs. *Gotha*, 1809, in-8. *br.*

1303. Luya (J.), Amusemens arithmétiques et algébriques de la campagne. *Genève*, 1779, 2 vol. in-4. *br.*

1304. Maire (E. P. Chr.) et D. J. Boscovich, De litteraria
expeditione per pontificiam ditionem ad dimettendos
duos meridiani gradus suscepta. *Romæ*, 1755, in-4.
*fig. v.*

1305. Mannert (C.), De numerorum quos arabicos vo-
cant vera origine pythagorica. *Norimbergæ*, 1801,
in-8. *fig. br.*

1306. Maskelyne, Astronomical observations made at
Greenwich from 1775 to 1782. *London*, 1783, in-fol.
tom. 2, p. 1.

1307. Niceron (le p.), La perspective curieuse, avec

.l'optique et la catoptrique du p. Mersenne. *Paris,* 1652, in-fol. *fig. vél.*

1308. Ramond (L.), Mémoires sur la formule barométrique de la mécanique céleste. *Clermont Ferrand,* 1811, in-4. *br.*

1309. Regiomontanus (J.), Tabulæ directionum profectionumque. *Tubingœ,* 1550, in-4. *parch.*

1310. Robins (Benj.), Traité de mathématiques , trad. par Dupuy. *Grenoble,* 1771, in-8. *fig. bas.* — Clairaut, Elémens de géométrie. *Paris,* 1775, in-8. *v.*

1312. Sanclarus ( Dav. ) , Pro Archimede et Euclide δικαιολόγια. *Paris,* 1622. — Philalethe, Direction cyclometrique ou refutation de la faulse et chemin de la vraye quadrature. *Paris,* 1622, in-fol. *parch.*

1313. Savary (F.), Mémoire sur l'application du calcul aux phénomènes électro-dynamiques. *Paris,* 1823, in-4. *br.*

1314. Scaramelli, Il tetragonismo ovvero l'arte di mettere uno spazio quadro, che sia uguale a quello d'un circolo, (ital. et allem.) *Vienna,* 1823, in-8. *fig. br.*

1315. Scotto (Ben.), Usage et pratique des longitudes en mer. *Paris,* 1623. — Scotto, quadratura del circolo per dimostrationi geometriche controversata dal p. O Grassi. *Parigi,* 1622, in-4. *parch.*

1316. Servois (J. Fr.), De principio velocitatum virtualium. *Taurini,* 1810, in-4. *fig. br.*

1317. Smart (Jo.), Tables of interest, discount, annuities, etc. *London,* 1726, in-4. *br.*

1318. Suardi (J. B.), Novi istromenti per la descrizione di diverse curve antiche e moderne. *Brescia,* 1752, in-4. *fig. v.*

1319. Suberville (H. de), L'henry-metre. *Paris,* 1598, in-4. *parch.*

1320. Tables correcting the apparent distance of the moon and a star from the refraction and parallax. *Cambridge,* 1772, in-fol. *v. fil.*

1321. Tarde (J.), Usages du quadrant à l'esguille aymantée. *Paris,* 1623, in-4. *v. f.*

1322. Torellius (Jos.), De nihilo geometrico. *Verone,* 1758, in-8. *br.*

1323. Traité d'optique (par de Courtivron). *Paris*, 1752, in-4. *br.*

1324. Trigonometriæ planæ et sphericæ synopsis, cum tabulis logarithmicis. *Neapoli*, 1753, in-8. *cart.*

1325. Tychonis Brahe Epistolæ astronomicæ. *Noribergæ*, 1601, in-4. *cart.*

1326. Tychonis Brahe Historia coelestis. *Ratisbonæ*, 1672, in-fol. *br.*

1327. Vega (G.), Tabulæ logarithmico-trigonometricæ. *Lipsiæ*, 1797, 2 vol. in-8. *v.*

1328. Vellnagel (Chr. Fr.), Numerandi methodi sive arithmeticæ omnes possibiles. *Ienæ*, 1740, in-4. *br.*

1329. Voellius (J.), De horologiis sciothericis. *Turnoni*, 1608, in-4. *vél.*

1330. Voltaire, Elémens de la philosophie de Newton mis à la portée de tout le monde. *Amst.*, 1738, in-8. *pap. de Holl. dem. rel.*

1331. Walmesley, Théorie du mouvement des apsides en général et en particulier des apsides de l'orbite de la lune. *Paris*, 1759, in-8. *fig. v.*

Avec la signature de Buffon.

1332. Wolffius (Chr.), Compendium elementorum matheseos universæ. *Lausannæ*, 1758, 2 vol. in-8. *fig. bas.*

1333. Wright (Th.), An original theory or new hypothesis of the universe. *London*, 1750, in-4. *fig. br.*

1334. Zach (Fr. de), Tabulæ motuum solis quibus accedit fixarum præcipuarum catalogus novus. *Gothæ*, 1792-1804, 2 vol. in-4. *br.*

1335. Zahn (J.), Oculus artificialis teledioptricus sive telescopium. *Norimbergæ*, 1702, in-fol. *fig. v. br.*

*Marine. — Art militaire. — Génie, etc.*

1336. Antoni, Examen de la poudre, trad. par de Flavigny. *Paris*, 1773, in-8. *fig. pap. de Holl. v. f. fil. d. s. t.* — Antoni, Du service de l'artillerie à la guerre, trad. par de Mont Rozard. *Paris*, 1780, in-8. *fig. v.*

1337. Atwood (G.), Dissertation on the construction and properties of arches. *London*, 1801, in-4. *fig. br.*

1338. **Augoyat**, Instruction sur les routes, les chemins de fer, les canaux et les rivières. *Paris*, 1833, in-8. *fig. br.* — Du comité de l'infanterie et de la cavalerie. in-8. *br.* — Vaudoncourt (G. de), Essai sur l'organisation défensive et militaire de la France. *Paris*, 1835, in-8. *br.*

1339. **Barattieri** (Gio. B.) architettura d'acque. *Piacenza*, 1699, in-fol. *fig. v. br.*

> Avec la signature de Buffon.

1340. **Bardet de Villeneuve**, Architecture civile. *La Haye*, 1740, in-8. *fig. v. br.*—Bardet de Villeneuve, Architecture militaire. *La Haye*, 1741, in-8. *fig. v. br.* — Bardet de Villeneuve, Fonctions et devoirs des officiers. *La Haye*, 1740, in-8. *v. br.* — Bardet de Villeneuve, Géométrie des officiers. *La Haye*, 1740, in-8. *fig. v. br.* — Bardet de Villeneuve, Tactique. *La Haye*, 1740, in-8. *v. br.*

1341. **Baudouin** (S. R.), Exercice de l'infanterie françoise. 1757, in-fol. *fig. mar. r. dent. d. s. tr.*

> Aux armes de la maison d'Orléans.

1342. **Beaurain** (de), Histoire militaire de Flandre, depuis 1690 jusqu'en 1694. *Paris*, 1755, 2 vol. in-fol. *fig. mar. r. et bl. fil. d. s. t. (rel. par Padeloup).*

1343. **Baurain** (de), Histoire militaire de Flandres, depuis 1690 jusqu'en 1694. *La Haye*, 1776, 2 tom. en 3 vol. in-fol. *fig. cart.*

1344. **Beaurain** (de), Histoire militaire de Flandres de 1690 à 1694. *Paris*, 1755, 2 vol. in-fol. *fig. mar. bl. fil. d. s. tr.* — Beaurain (de), Histoire des quatre dernières campagnes de Turenne, de 1672 à 1675. *Paris*, 1782, in-fol. *fig. dem. rel.* — Campagne de Hollande en 1672, sous les ordres du duc de Luxembourg. *La Haye*, 1759, in-fol. *fig. dem. rel. dos de mar. bl.*

1345. **Beaurain** (de), Histoire militaire de Flandres, campagne de 1690. *Paris*, 1755, in-fol. *fig. v.*

1346. **Cartes militaires** pour l'histoire militaire de Flandres, de 1690 à 1694. in-fol. *fig. v.*

1347. **Beauregard** (Costa de), Mélanges tirés d'un portefeuille militaire. *Turin*, 1817, 2 vol. in-8. *br.*

1348. **Belidor**, Le bombardier françois. *Paris*, 1737, in-4. *fig. mar. dent. d. s. t.*

> ( Aux armes du prince Charles de Lorraine ).

1349. Bellersheim (F. de), Nouvelle manière de défendre et de fortifier les places irrégulières. *Francfort*, 1767, in-4. *fig. v.*

1350. Belli (P.) de re militari et bello tractatus. *Venetiis*, 1563, in-4. *parch.*

1351. Berthoud (Ferd.), les longitudes par la mesure du temps, ou méthode pour déterminer les longitudes en mer avec le secours des horloges marines. *Paris*, 1775, in-4. *flg. v.*

1352. Billon, S^r de la Prugne, Institutions militaires. *Lyon*, 1617, in-fol. *fig en bois, vélin.*

1353. Bosroger ( Le Roy de ), Éléments de l'art de la guerre. *Paris*, 1773, in-8. *fig. v. fil. d. s. t.* — Bosroger (Le Roy de), Principes de l'art de la guerre. *Paris*, 1779, in-8. *fig. parch.*

1354. Bourcet (de), Mémoires historiques sur la guerre de 1757 en Allemagne. *Paris*, 1792, 3 vol. in-8. *dem. rel.*

1355. Bourcet (de), Mémoires militaires sur les frontières de la France, du Piémont et de la Savoie. *Berlin*, 1801, in-8. *br.*

1356. Bousmard (de), Essai de fortification. *Paris*, an XII, in 4. tom. 4. *fig. br.*

1357. Boxhornii (M. Z.) Historia obsidionis Bredæ. *Lugd. Bat.*, 1640, in-fol. *fig. v. br.*

1358. Brancatio, della vera disciplina et arte militare. *Venetia*, 1582, in-fol. *parch.*

1359. Briquet, Code militaire, ou compilation des ordonnances des rois de France, concernant les gens de guerre. *Paris* 1771, 8 vol. in-12, *v.*

1360 Brunswig ( Fr. Aug. de ), Réflexions critiques sur le caractère et les actions d'Alexandre-le-Grand. *Berlin*, 1765, in-8. *br.* —Art (l') de la guerre, poème de main de maître. *Francfort*, 1760, pet. in-8. *br.*

1361. Capo Bianco (Al.), Corona e palma militare di arteglieria. *Venetia*, 1598, in-fol. *fig. cart.*

1362. Carlet de la Rozière, Campagne du prince de Condé en Flandre en 1674. *Paris*, 1765, pet. in-8. *fig. dem. rel.*—Carlet de la Rozière, Campagne du maréchal de Créquy en Lorraine et en Alsace en 1677. *Paris*, 1764, in-8. *fig. v.* — Carlet de la Rozière, Campagne du maréchal de Villars en Allemagne en 1703. *Paris,* 1766, pet. in-8. *fig. v.*

1363. Castelli (Car.), Tromba Napoleone o sia nuova machina destinata al vario sollevamento dell'acqua. *Milano,* 1808, in-8. *fig. cart. (mouillé.)*

1364. Charnières (De), Théorie et pratique des longitudes en mer. *Paris,* 1772, in-8. *fig. v.* — Ship-master's assistant and owner's Manual. *London,* 1790, in-8. *br.*

1365. Clairac (de), Ingénieur de campagne. *Paris,* 1757, in-4. *fig. br.* — Ingénieur moderne, ou essai de fortification, par F. D. R. *La Haye,* 1744, in-8. *fig. v.*

1366. Collection des lois, arrêtés et réglemens sur les services de l'artillerie. *Paris,* 1808, in-12. *dem. rel.*

1367. Correspondance sur l'art de la guerre. *Besançon,* 1774, in-8. *v.* — Esprit (de l') militaire, par de Lessac. *La Haye,* 1785, in-8. *bas.*

1368. Croce (Fl. Della), l'essercitio della cavalleria et d'altre materie. *Anversa,* 1629, in-fol. *fig. vél*

1369. Danguy de la Ménaye, formation de l'infanterie françoise. *Paris,* 1789, in-8. *br.* — Dictionnaire militaire, par A D. L. C. *Dresde,* 1751, 2 vol. in-8. *br.*

1970. Defer, Mémoire sur les canaux de navigation. in-4. *br.*



1371. Dillon (Le lieutenant-général), Compte rendu sur la partie la plus mémorable de la campagne de 1792. *Paris,* 1792, in-8. *br.*

1372. Dogen (Mat.), L'architecture militaire moderne. *Amst., Elzev.,* 1648, in-fol. *fig. v.*

1373. Dubois, Camps topographiques de la campagne de 1757 en Westphalie. *La Haye,* 1760, in-4. *obl. vél.*

1375. Errard de Bar-le-Duc, Fortification réduicte en art et démonstrée. *Paris,* 1600, in-fol. *vél.*

1376. Esprit (L') du chev. Folard, tiré de ses commentaires sur l'histoire de Polybe. *Leipsig,* 1761, in-8. *fig. v. br.*

1377. Esprit du système de guerre moderne, trad. de l'allemand ( de Bulow) par Tranchant Laverne. *Paris*, 1801 , in-8. *fig. br.*

1378. Essai sur l'usage de l'artillerie dans la guerre de campagne et dans celle des siéges. *Amst.*, 1771 , in-8, *fig. v. fil. d. s. tr.*

1379. Etat des troupes et des états-majors des places, 1787. *Paris*, *I. R*, 1787 , in-8. *mar. r. fil. d. s. tr.*

1380. Fabre , Les practiques sur l'ordre et reigle de fortifier, garder, attaquer et défendre les places. *Paris*, 1629, in-fol. *vél.*

1381. Ferro (Fr.), Istruzioni militari. *Brescia*, 1751, in-4. *fig. v.*

1382. Forfait, Traité de la mature des vaisseaux. *Paris*, 1788 , in-4. *fig. v.*

1383. Fournier (Le p. G.) Hydrographie. *Paris*, 1643, in-fol. *v.*

1384. Fritach ( Ad.), L'architecture militaire, ou fortification nouvelle. *Paris*, 1640 , in-fol. *fig. v. f.*

1385. Gaudy, Instruction adressée aux officiers d'infanterie pour tracer et construire toutes sortes d'ouvrages de campagne. *Leipsick* , 1768 , in-8. *fig. v.*

1386. Gosmond , les glorieuses campagnes de Louis XV. *Paris*, in-fol. *fig.*

1387. Goulon , Mémoire pour l'attaque et la défense d'une place. *La Haye*, 1730, in-8. *fig. v.*

1388. Grande tactique prussienne et manœuvres de guerre suivant les principes du roi de Prusse. *Potzdam*, 1781, in-4. *fig. bas.*

1389. Grimaret , Fonctions des généraux , ou l'art de conduire une armée. *La Haye*, 1710, in-8. *fig. v. br.*

1390. Grimoard, Traité sur le service de l'État-Major général des armées. *Paris* , 1811, 2 vol. in-8. *fig. br.*

1391. Groote (Bar. di Neovallia), Dialogo, nel quale con nuova forma di fortificare piazze , s'esclude il modo del fare fortezze alla regale. *Monaco*, 1617, in-fol. *mouillé.*

1392. Guibert, Défense du système de guerre moderne. *Neuchâtel*, 1779, 2 vol. in-8. *fig. v. f. fil. d. s. t.* — Guibert, Essai général de tactique. *Liège*, 1773, 2 vol.

in-8. *fig. v.*—Guibert, Œuvres militaires ( tome 5 ). *Paris* , 1803, in-8 . *bas.*

1393. Guischardt (Ch.), Mémoires militaires sur les Grecs et les Romains. *Lyon* , 1760 , 2 vol. in-8. *fig. v.*

1394. Hanzelet, La Pyrotechnie. *Au Pont-à-Mousson,* 1630, in-4. *fig. mar. n. fil. d. s. tr.*

1395. Hanzelet ( J. Appier du ), Recueil de plusieurs machines militaires et feux artificiels pour la guerre et récréation. *Pont-à-Mousson,* 1620 , in-4. *fig. v.*

1396. Henry, Mémoire sur la projection des cartes géographiques. *Paris* , 1810 , in-4. *fig. br.*

1397. Histoire du siège de Toulon. *Paris* , 1707 , 2 vol. pet. in-12. *v. br.*

1398. Hoste (P.), L'art des armées navales. *Lyon,* 1697, in-fol. *fig. v.*

1399. Hoyer (J. Fr.), Nouveau magazin d'histoire et de sciences militaires. *Leipzig,* 1801, 2 vol. in-4. *fig. cart.* ( *en allemand* ).

1400. Hutton (Ch.), Nouvelles expériences d'artillerie, trad. de l'anglais par P. L. Villantroys. *Paris,* 1802, in-4. *fig. dem. rel.*

1401. Jeney (de), Le partisan ou l'art de faire la petite guerre selon le génie de nos jours. *La Haye* , 1759, in-8. *fig. gr. pap. br.*

1402. Joly de Maizeroy, Cours de tactique. *Paris,* 1785, 4 vol. in-8. *fig. v.*

1403. Joly de Maizeroy, Tableau général de la cavalerie grecque. *Paris,* 1780, in-4. *br.*

1404. Jomini, Atlas du traité des grandes opérations militaires. *Paris* , 1809, in-4. *cart.*

1405. Journal du siège de Philisbourg, depuis le dixiesme de may jusqu'au 17 septembre 1676. *Strasbourg,* 1676, pet. in-12. *fig. parch.*

1406. Keferstein (Car. Guil.) , de bello marsico. *Halæ,* 1812 , in-8. *br.*

1407. Landsberg, Nouveaux plans et projets de fortifications pour défendre et attaquer les places. *La Haye,* 1731 , in-fol. *fig. vél.*

1408. Leblond, Artillerie raisonnée. *Paris,* 1777, in-8. *fig. v.*—Essai d'une théorie d'artillerie. *Paris,* 1760, in-8. *fig. v.*

1409. Lechuga , Discurso en que trata de la artilleria , y de todo lo necessario a ella. *Milan* , 1611, in-fol. *fig en bois. non rel.*

1410. Le Rouge, Le parfait aide-de-camp. *Paris* , 1760, in-8. *fig. v.*

1411. Linière ( Darles de ) , Pompes sans cuirs. *Paris* , 1768 , in-4. *fig v.*

1412. Lipsius (Justus), Poliorceticon , sive de machinis, tormentis, telis. *Antverpiæ*, 1596, in-4. *parch.*

Avec la signature de *Is. Casaubon.*

1413. Lo-Looz ( de ) , Les militaires au-delà du Gange. *Paris*, 1770 . 2 vol. in-8 , *fig. v.* — Recherches sur l'art militaire, (par Lolooz). *Paris* , 1766 , in-8. *bas.* (*de la bibliothèque de la Malmaison.*)

1414. Lorgna (Ant. M.) , Memorie intorno all'acque cor-renti. *Verona* , 1777 , in fol. *fig. bas.*

1415. Lostelneau (de) , le Mareschal de bataille. *Paris*, 1647, in-fol. *fig. v. br.*

1416. Maggi (G.) , e J. Castriotto, delle fortificatione della cita. *Venetia*, 1583, in fol. *fig. parch.*

1417. Maitz de Goimpy (du). Traité sur la construction des vaisseaux. *Paris* , 1776 , in-4. *v. fil.*

1418. Mallhausen (J. J.), Art militaire à cheval. Instruc-tion des principes et fondements de la cavallerie et de ses quatre espèces. *Zutphen* , 1621 , in-fol. *fig. v. br.*

1419. Manuel des pensions de terre , extrait du *Journal militaire*, 1831 , in-8. *br.* — Décret portant réglement sur les revues et sur la comptabilité des dépenses jus-tifiées par les revues. *Paris* , an XIII, in-fol. *br.*

1420. Marsigli (de) , Etat militaire de l'empire Ottoman. *La Haye* , 1732, in-fol. *fig. v. br.*

1421. Medrano (S. F. de) , el perfecto artificial bombar-dero y artillero. *Brussellas*, 1699, in-8. *cart.*

1422. Melzo , Reigles militaires, touchant la cavallerie. *Anvers* , 1615 , in-fol. *fig. v. br.*

1423. Mémorial de l'officier d'infanterie ( par Bardin.) *Paris* , 1813 , 2 vol. in-8. *br.*

1424. Memorie idraulico-storiche sopra la val-di-Chiana. *Firenze*, 1789 , in-4. *fig. dem. rel.*

1425. Michelot (H.), Le portulan de la mer Méditerranée. *Amsterd.*, 1709, in-4. *br.*

1426. Michelini (Fam.), Trattato della direzione de'fiumi. *Bologna*, 1700, in-4. *fig. v.f.*

1427. Miller (Fr.), Tactique pure pour l'infanterie et la cavalerie, traduit de l'allemand par De Laveaux. *Stouttgard*, 1787, in-8. *fig. v.* — Principes élémentaires de la tactique ou nouvelles observations sur l'art militaire. *Paris*, 1768, in-8. *fig v.*

1428. Montecuccoli, Opere corrette accresciute ed illustrate da G. Grassi. *Torino*, 1821, 2 vol. in-8. *br.*

1429. Montecuculi, Commentaires commentés par Turpin de Crissé. *Amsterdam*, 3 vol. in-12, *fig. br.*

1430. Montgommery (L. de), La milice françoise réduite à l'ancien ordre et discipline militaire des Légions. *Paris*, 1610, in-8. *parch.*

1431. Mora (Dom.), Il soldato. *Vinetia*, 1570, in-4. *fig. en bois, mar. r. fil. d. s. tr.*

1432. Muller (Alex.), Mémoire sur les armes de la cavalerie. *Paris*, 1817, in-4. *cart.*

1433. Noue (P. de la), La cavalrie françoise et italienne. *Lyon,*, 1620, in-fol. *fig. parch.*

1434. Nouvelles Constitutions militaires, avec une tactique adaptée à leurs principes. *Francfort*, 1760, 2 vol. in-4 *fig. v.*

1435. The operations of the allied army under the command of Ferdinand, duke of Brunswic and Luneberg in 1757 to 1762. *London*, 1764, in-4. *fig. br.*

1436. Oricellarius (Bern.), de bello italico Commentarius. *Londini*, 1724, in-8. *br.*

1437. Pagan (Le Cte), Les fortifications, avec des théoresmes sur la fortification. *Bruxelles*, 1668, pet. in-12, *vél.*—Cambray (de), Manière de fortifier de Vauban. *Amst.*, 1689, in-8. *fig. vél.*

1438. Palmieri (G.), Riflessioni critiche sull'arte della guerra. *Napoli*, 1761, 2 vol. in-4. *v.*

1439. Patrizi (Fr.), Paralelli militari. *Roma*, 1594, in-fol. *fig. v. br.*

1440. Perret (J.), des fortifications et artifices. *Francfort*, 1602, in-fol. *fig. parch.*

1441. Pfau (Th. Ph. de), Histoire de la campagne des

Prussiens en Hollande en 1787 , traduit de l'allemand.
*Berlin* , 1790, in-4. *fig. v.*

1442. Plans des campagnes du roi de Prusse en 1756,
1757 et 1758. *La Haye*, 1758, in-fol.

1443. Polyæni Stratagemata, ed. Is. Casaubono. *Ludg.
Bat.*, 1691, in-8. *vél.*

1444. Preval, Observations sur l'administration des
corps. *Paris*, 1815.— *Le même*, Mémoire sur l'organisation de la cavalerie. *Paris*, 1815, in-4. *cart.*

1445. Principes de l'art militaire, extrait des meilleurs
ouvrages des anciens. *Berlin*, 1763 , 3 vol. in-8. *fig.*

1446. Projet d'un ordre françois en tactique ( par Mes-
nil Durand). *Paris*, 1755, in-4. *cart.* — Keralio (de),
Recherches sur les principes généraux de la tactique.
*Paris*, 1769 , in-8. *br.*

1447. Réflexions d'un citoyen sur la marine, (par Faure).
(*Paris*), 1759, pet. in-12. *dem. rel.*

* Cet exemplaire contient l'épitre dédicatoire qui a été supprimée.

1448. Relation de ce qui s'est passé au siège de Namur.
*Paris*, 1692, in-fol. *fig. v. br.*

1449. Rigel (**Fr. Xav.**), Le siège de Valence par les français pendant la guerre de délivrance des espagnols de
1808 à 1814. *Carlsruhe*, 1824, in-8. *fig. br.* (*en allemand*).

1450. Rocca (**Bern.**), Imprese , stratagemi et errori militari. *Vinegia*, 1576, 2 vol. in-4. *mar. r. fil. d. s. tr.*

1451. Roche Aymon (de la), Introduction à l'étude de
l'art de la guerre. *Weymar*, 1802-1804 , 4 vol. in-8.
*et atlas br.*

1452. Rochon ( Al. ), Projet d'un canal entre le port
de Brest et la Loire à Nantes. *Paris*, an XIII, in-4.
*fig. broc.*

1453. Roesch (**J. Fr.**), Collection de plans de batailles,
sièges de la guerre de sept ans. *Francfort*, 1790 , in-
fol. *fig. dem. rel.*

1454. Rozard , Nouvelle fortification françoise. *Nuremberg*, 1731 , in-4. *v. br. mouillé.* — Hartmann; Les
principes de la fortification moderne. *Bruxelles*, 1722,
in-8. *fig. v.*

1455. St. Cyr (de), Notes sur le génie, la discipline mili-

laire et la tactique des égyptiens, des grecs, etc.
*Paris*, 1783, in-4. *pap. fin. fig. color. v. f. fil.
d. s. tr.*

1456. Saint Julien (de), Architecture militaire. *La Haye*,
1705, in-8. *fig. cart.* — Coehorn, Nouvelle fortification. *Utrecht*, 1741, in-8. *fig. v.*

1457. St. Simon, Histoire de la guerre des Alpes en
1744, avec l'histoire de Coni. *Amst.*, 1770, in-4.
*fig. br.*

1458. Sardi (P.), Corona imperiale dell'architettura militare. *Venetia*, 1618, in-fol. *fig. v. f.*

1459. Scheel (de), Mémoires d'artillerie. *Copenhague*,
1777, in-4. *fig. dem. rel.*

1460. Schmettau, Mémoires raisonnés sur la campagne
de 1778 en Boheme par l'armée prussienne. *Berlin*,
1789, in-4. *cart.*

1461. Schorn (Nockhern de), Idées sur un système général de toutes les connaissances militaires. *Nuremberg*,
1783, in-4. *dem. rel.*

1462. Speckle (D.), Architecture des fortifications. *Strasbourg*, 1589, in-fol. *fig. v. br.* ( *en allemand* ).

1463. Stevin (Symon), La castrametation. *Leyden*,
*Elzev.*, 1618, in-fol. *fig. vél.*

1464. Touzac (de), Traité de la défense intérieure et exté-
rieure des redoutes. *Paris*, 1785, in-8. *fig. br.*

     Texte gravé.

1465. Traité de l'élevation des eaux. *Munic*, 1716, in-4.
*fig. vél.*

1466. Treussart, Extrait d'un mémoire sur les mortiers
hydrauliques. *Paris*, 1824, in-8. *br.*

1467. Turenne, Collection de lettres et mémoires. *Paris*, 1781, 2 vol. in-fol. *br.*

1468. Ufano (Diego), Artillerie, c'est à dire, vraie instruction de l'artillerie, trad. de l'espagn. en franç.
*Zutphen*, 1621, in-fol. *fig. vél.*

1469. Ufano (Diego), Artillerie ou vraye instruction de
l'artillerie et de ses appartenances, trad. de l'espagn.
*Rouen*, 1628, in-fol. *fig. parch.*

1470. Vanoccio Biringuccio, Pyrotechnie ou art du feu.
*Rouen*, 1627, in-4. *fig. parch.*

1471. Ville (Ant. de), De la charge des gouverneurs des places. *Jouxte la copie imprimée à Paris*, 1640, in-12. *vél.*

1472. Ville (Ant. de), Les fortifications. *Lyon*, 1628, in-fol. *fig. vél.*

1473. Ville (Ant. de), Fortification. *Lyon*, 1640, in-fol. *cart. mouillé.*

1474. Vial du Clairbois, Essai sur l'architecture navale. *Brest*, 1776, 2 vol. in-8. *fig. v. ec. d. s. t.*

1475. Virgin (J. B.), La défense des places mise en équilibre avec les attaques d'aujourd'hui. *Stockholm*, 1781, in-4. *fig. br.*

1476. Un vol. contenant des plans de places fortes et de sièges, manuscrits et gravés. in-fol. *cart.*

*Arts et métiers. — Beaux arts. — Exercices gymnastiques. — Jeux, etc.*

1477. Architecture (l') françoise ou recueil de plans, élévations, etc., des églises, palais, etc. *Paris*, 1727, 2 vol. in-fol. *fig. v.*

1478. Bernier, Motets. *Paris*, 1703, in-fol. *v.*

1479. Blainville (de), Histoire de la musique. *Paris*, 1767, in-4. *fig. br.*

1480. Blondel, Architecture françoise ou recueil des plans, etc., des églises, maisons royales, etc. *Paris*, 1752, 4 vol. in-fol. *fig. br.*

1481. Boffrand, Livre d'architecture, en lat. et en franç. *Paris*, 1745, in-fol. *fig. v.*

1482. Bonanni (Fil.), Gabinetto armonico pieno d'istromenti sonori. *Roma*, 1722, in-4. *v.*

1483. Bosse (A.), Traité des manières de dessiner les ordres de l'architecture antique. *Paris*, in-fol. *fig. v.*

1484. Breithaupt (Chr.), Ars decifratoria sive scientia occultas scripturas solvendi et legendi. *Helmstadii*, 1737, in-8. *parch.*

1485. Brisbane (J.), The anatomy of painting. *London*, 1769, in-fol. *fig. br.* — Cooper, Instructions for drawing and designing humane figures reduced to geo-

metrical rule from the drawing of Leonard d'Vincy.
in-fol. *fig. br.*

1486. Cabinet (le) des beaux arts ou recueil d'estampes
gravées d'après les tableaux d'un plafond où les beaux
ar s sont représentés. *Paris,* 1690, in-fol. *obl. fig. v.*

1487. Carrache (Annibal), Galerie du palais de Bologne,
dessinée par Tortebat. in-fol. *v. br.*

1488. Caraccii Ædium Farnesianum tabulæ, a Ces.
Cæsio æri insculptæ atque a L. Philarchæo explicatio-
nibus illustratæ. *Romæ,* 1753, in-fol. *cart.*

1489. Carburi (M.), Monument élevé à la gloire de Pierre-
le-Grand. *Paris,* 1776, in-fol. *fig. cart.*

1490. Chambray, Parallèle de l'architecture antique et de
la moderne. *Paris,* in-fol. *fig. br.*

1491. Chaptal, L'art de la teinture du coton en rouge.
*Paris,* 1807, in-8. *fig. dem. rel.* — Dambourney, Recueil de procédés et d'expériences sur les teintures solides pour les laines. *Paris,* an II, in-8. *dem. rel.*

1492. Dandré Bardon, Traité de peinture suivi d'un
essai sur la sculpture. *Paris,* 1765, 2 vol in-12. *v. br.*
— Vitruve, abrégé des dix livres d'architecture. *Paris,*
1774, in-12. *fig. br.*

1493. Depiles, OEuvres. *Amsterdam,* 1767, 5 vol.
in-12. *br.*

1494. Description de la maison de ville d'Amsterdam,
(*en hollandais*). *Amst.,* 1661, *fig.* — Figures et or-
nements de la maison de ville d'Amsterdam. *Amst.,*
1655, 2 part. in-fol *fig. v.*

1495. Description des festes données par la ville de Paris,
à l'occasion du mariage de madame Louise Elisabeth
de France. *Paris,* 1740, in-fol. *fig. mar. r. dent.*

1496. Drummond de Melfort, Traité sur la cavalerie.
*Paris,* 1776, in-fol. *mar. r. d. s. t. et atlas.*

1497. Drummond de Melfort, Traité sur la cavalerie.
*Dresde,* 1786, 2 vol. in-4. *br.*

1498. Durer (Alb.), de la proportion des parties et pour-
traicts des corps humains, tr. par L. Meigret. *Arnhem,*
1613, in-fol. *v. br. non rel.*

1499. Durero (Alb.), della simmetria dei corpi humani,
trad. da G. P. Galluci. *Venetia,* 1591, in-fol. *v. br.
non rel.*

15

1500. Edelcrantz, Traité des télégraphes et essai d'un nouvel établissement de ce genre, trad. du suédois. *Paris*, 1801, in-8. *fig. br.*

1501. Effigies Romanorum Imperatorum ex thesauro Christinæ reginæ. In-fol. *v. br.*.

1502. Fertel ( M. D. ), La science pratique de l'imprimerie. *Saint-Omer*, 1723, in-4. *br.*

1503. Fischers (J. B.) , Essai d'une architecture historique. *Leipzig*, 1755, in-fol. *fig. v.*

1504. Frontinus ( Sex. Jul. ), de aquæductibus urbis Romæ, ed. G. Chr. Adler. *Altonæ.* 1792, in-8. *fig. cart.*

1505. Galleria Giustiniana. *Roma*, 1640, 2 vol. in-fol. max. *dem. rel.*

Taché d'humidité.

1506. Guillon (l'abbé Aimé), Le cénacle de Léonard de Vinci rendu aux amis des beaux arts. *Milan*, 1811, in-8. *br.*

1507. Haudiquer de Blancourt, de l'art de la verrerie. *Paris*, 1697, in-12, *fig. v. br.* — Traité de la composition des vernis en général. *Paris*, 1780, in-12. *br.*

1508. Herré, Plans et élévations de la place de Nancy. *Paris*, 1753, in-fol. *fig. v.*

1509. Heydendreich , de dispositione fenestrarum et januarum ichnographica. *Ienæ*, 1716, *broch.* in-4. *fig.*

1510. Huyn (P. N.), La théorie des jeux de hazard. *Amst.*, 1803, in 8. *br.*

1511. Jeu (le) des échecs. *Amst.*, 1792, in 18. *br.*

1512. Jeu (le ) des Eschets , trad. de l'italien de Gioachino Greco Calabrois. *Paris*, 1714, in-12. *v. br.*

1513. Jombert (Ch. Ant.), Architecture moderne. *Paris*, 1764, 2 vol. in-4. *fig. dem. rel.*

1514. Jombert, Essai d'un catalogue de l'œuvre d'Et. Labelle. *Paris*, 1772.—Catalogue de l'œuvre de Cochin, fils. *Paris*, 1770, in-8. *v.* — *Le même*, Catalogue de Seb. Leclerc. *Paris*, 1774, 2 vol. in-8. *v.*

1515. Joubert de l'Hibernerie, Le dessinateur pour les fabriques d'étoffes d'or, d'argent et de soie. *Paris*, 1774, in-8. *dem. rel.*

1516. Jousse (Math.), L'art de la charpenterie , corrigé et augmenté par de la Hire. *Paris*, 1751, in-fol. *fig. br.*

1517. Jumel Riquier, Traité d'économie pratique, ou moyens de diriger par économie différentes constructions, réparations ou entretiens. *Amiens*, 1780, in-4. *fig. d. s. t.*

1518. Koops, account of the substances which have been used to describe events and to convey ideas from the earliest date to the invention of paper. *London*, 1801, in-8. *dem. rel.* (*Imprimé sur papier de paille.*) —Lair (P. A.), Discours sur l'exposition publique des productions des arts du département du Calvados. *Caen*, 1806, in-8. *br.* ( *Imprimé sur pap. de paille.*)

1519. **Lassus (Orlande de)**, Meslanges, contenant plusieurs chansons à IIII, V, VI, VIII, X parties, (Supérius). *Paris*, 1576.— *Le même*. Chansons nouvelles à cinq parties, avec deux dialogues à huict, (Superius) *Paris*, 1576. — P. Ronsard. Sonetz, mis en musique, à 5, 6 et 7 parties par Ph. de Monte, (Superius) *Paris*, 1575.—*Le même*, Sonetz mis en musique à IIII parties. (Superius), par G. Boni. *Paris*, 1577. — *Le même*, Amours, mises en musique, par Ant. Bertrand, (Superius). *Paris*, 1576. — Castro, Livre de chansons, à troys parties, (Superius). *Paris*, 1575, in-4. *mar. r. d. s. tr.*

1520. **Lassus (Orlande de)**, Meslanges contenantz plusieurs chansons à IIII, V, VI, VIII et X parties, (Tenor). *Paris*, 1576. —*Le même*, Chansons nouvelles, à cinq parties, avec deux dialogues à huict, (Tenor). *Paris*, 1576.—Ronsard, Sonetz, mis en musique, par Ph de Monte, (Tenor). *Paris*, 1575.—*Le même*, Sonetz, mis en musique, à IIII parties (Tenor), par G. Boni. *Paris*, 1576. — Ronsard, Amours, mis en musique, à quatre parties, par Ant. de Soutanges, (Tenor). *Paris*, 1576. Castro, Livre de chansons, à troys parties. *Paris*, 1575, in-4. *obl. mar. r. d. s. tr.*

1521. Le Carpentier, Recueil des plans, coupes et élévations du nouvel hôtel de ville de Rouen. *Paris*, 1758, in-fol. *fig. v. f. d. s. t.*

1522 Leclerc (Seb ), Traité d'architecture. *Paris*, 1714, in-4. *fig. dem rel. non r.*

1523. Legendre, Description de la place Louis XV à Reims. *Paris*, 1765. in-fol. *fig. br.*

1524. Lejeune (Cl.), Meslanges de musique à 4, 5, 6, 8 et 10 parties (haute contre, dessus, taille). *Paris*. 1607, 5 vol. in-4 *obl. mar. bl. à comp. d. s. tr.*

1525. Lejeune (Cl.), Meslanges de musique, à 4, 5, 6, 8 et 10 parties (sixiesme). *Paris*, 1607, in-4. *obl. mar. bl. à comp. d. s. tr.*

1526. Le Payen, Essai sur les moulins à soie. *Metz*, 1767, in-4, *v*.

1527. Listenii (Nic.), Musica, *Norimbergœ*, 1541.—Spangenberg (J.), quæstiones musicæ in usum scholæ Northusianæ. *Norimbergœ*, in-8. *parch.*

1528. Lomazzo (G. R.), Idea del tempio della pittura. *Bologna*, in-4. *dem. rel.*

1529. Lubersac (de), Discours sur les monuments publics de tous les âges et de tous les peuples connus. *Paris*, 1775, in-fol. *br.*

1530. Marpourg, Principes du clavecin. *Berlin*, 1756, in-4. *fig. br.*

1531. Mereau, Reflexions sur le maintien et sur les moyens d'en corriger les défauts. *Gotha*, 1760, in-8. *br.*

1532. Montani (G. B.), Le cinque libri di architettura. *Roma*, 1691, in-fol. *fig. v.*

1533. Negri (Ces.), Nuove inventione di balli. *Milano*, 1604, in-fol. *fig. v. br.*

1534. Newcastle (G.), Méthode nouvelle de dresser les chevaux, trad. de l'angl. *Londres*, 1671, in-fol. *v. br.*

1435. Pérau (l'abbé), Description de l'hôtel royal des Invalides. *Paris*, 1756, in-fol. *fig. v.*

1536. Pierretz, Livre d'architecture de portes et cheminées.—Marot, Recueil de portes et autres pièces de divers auteurs, in-fol. *v. br.*

1537. Plaisirs (les) de l'isle enchantée. *Paris*, 1673, in-folio, *fig. mar. r. dent. d. s. tr. (Aux Armes.)*

1538. Plumier, art de tourner. *Lyon*, 1701, in-fol. *fig. dem. rel. non rog.*

1539. Post (P.), Ouvrages d'architecture. *Leyde*, in-fol. *fig. v.*

1540. Pouget, Traité des pierres précieuses et de la manière de les employer en parure. *Paris*, 1762, in-4. *cart.*

1541. Pratique curieuse, ou les oracles des sybilles sur chaque question proposée. *Lyon*, 1694, in-12. *v. br.*

1542. Principes Hollandiæ et Frisiæ ab anno DCCCLXIII usque ad Philippum æri incisi. *Harlemi*, 1650, in-fol. *fig. cart.*

1543. Ramsay (Ch. Al.), Tacheographie, ou l'art d'écrire aussi vite qu'on parle. *Paris*, 1683, in-12. *br.*

1544. Recueil des fondations et établissements faits par le roi de Pologne. *Luneville*, 1762, in-fol. *fig. v.*

1545. Ribart, L'Elephant triomphal, grand kiosque à la gloire du roi. *Paris*, 1758, in-fol. *br.*

1546. Romanorum fontinalia, sive nitidissimorum intra et extra urbem Romam fontium delineatio. *Norimbergæ*, 1685, in-fol. *fig. v. br.*

1547. Rowlandson's characteristic sketches of the lower orders in London. *London*, in-12. *fig. color. dem. rel.*

1548. Salnove (Rob. de), La vénerie royale. *Paris*, 1665, in-4. *v. br.*

1549. Sambin (J.), OEuvre de la diversité des termes. *Lyon*, 1572, *fig. en bois.* — Boillot (Jos.), Nouveaux pourtraitz et figures de termes. *Lengres*, 1592, *fig. en bois.* — Sambin, diversité des termes, seconde édit. *fig. sur bois*, in-fol.

> On a ajouté à ce volume beaucoup de planches représentant des termes.

1550. Saunier (J. de), la parfaite connaissance des chevaux. *La Haye*, 1734, in-fol. *fig. v.*

1551. Scamozzi (V.), OEuvres d'architecture, trad. par D'Aviler et du Ry. *Leyde*, 1713, in-fol. *fig. v.*

1552. Schaeffer (J. Chr.), Nouvelle invention et échantillons pour faire le papier de toutes sortes d'étoffes et écorces de bois. *Regensburg*, 1772, 3 tom. en 1 vol. in-4. *fig. color. br.* (*en allemand.*)

1553. Severino (M. Aur.), La filosofia overo il perche degli scacchi, *Napoli*, 1690. — Dell'antica pettia, overo che Palamede non è stato l'inventor degli scacchi. *Napoli*, 1690, in-4. *dem. rel.*

1554. Sind (de), L'art du manége dans ses vrais principes. *Paris*, 1774, in-8. *fig. br.*

1555. Smith (Rob.), Harmonic or the philosophy of musical sounds. *London*, 1759, in-8. *fig. br.*

1256. Soutman, Portraits des empereurs d'Allemagne de la maison d'Habsbourg. in-fol. *cart.* (14 portraits.)

1557. Stella (J.), Pastorales, gravées par Ch. Stella. *Paris*, 1667, in-fol. *fig. v.*

1558. Tableaux du Temple des Muses, avec les descrip-

tions , par Mic. de Marolles. *Amst.*, 1676, in-4. *fig.*
*v. br.*

1559. Testelin (H.), Sentimens des plus habiles peintres
sur la pratique de la peinture et sculpture , mis
en tables de préceptes. *Paris*, 1696, in-fol. *fig. v. br.*

1560. Traité des cinq ordres d'architecture , trad. par
Lemuet. *Amst.*, 1670. in-4. *fig.*

1561. Trithemii (Jo.) Steganographia. *Darmbstadii*,
1621, in-4. *parch.*

1562. Tuccaro (Arch.), Trois dialogues de l'exercice de
sauter et voltiger en l'air. *Paris*, 1599, in-4, *fig. en
bois. parch.*

1563. Vasari (G.) Ragionamenti sopra le invenzioni da
lui dipinte in Firenze. *Firenze*, 1762, in-4. *v.*

1564. Vignola (J. Barozzi da), Le due regole della pros-
pectiva pratica. *Roma*, 1644, in-fol., *fig. v. br.*

1565. Vignole ( J. Barozio ), Nouveau livre des cinq
ordres d'architecture. *Paris*, in-fol. *fig. dem. rel.*

1566. Vinciolo (Fed. de), Les secondes œuvres et subtiles
inventions de lingerie. *Paris*, 1603, in-4. *fig. sur bois.
cart.*

1567. Vingboons ( Ph. ) , OEuvres d'architecture. *La
Haye*, 1736, in fol. *fig. cart.*

1568. Vitruvius Pollio, De architectura , cum notis G.
Ph. Castilionii. *Lugduni*, 1552, pet. in-fol. *vél.*

1569. Wood (J.), The origin of building. *Bath*, 1741,
in-fol. *fig. dem. rel.*

1570. Zarlino (Gios.), Le Istitutioni harmoniche. *Venetia*, 1558, in-fol. *v. br.*

---

# BELLES-LETTRES.

GRAMMAIRE. — ORATEURS. — POÈTES. — PHILOLOGIE.

POLYGRAPHES , ETC.

*Langues orientales. — Chinoise. — Dialectes indiens.*

1571. Aquin (Phil.), Veterum rabbinorum in expo-

nendo Pentateucho modi tredecim. *Lutetiæ Paris.*,
1620, in 4. *non rel.*

1572. Angelus à S. Joseph, Gazophylacium linguæ per-
sarum. *Amst.*, 1684, in-fol. *cart. non rog.*

1573. Audran (P. G.), Grammaire hébraïque en tableaux.
*Paris*, 1805, in-fol. *obl.*

1574. Balmis ( Abr. de, ; Grammatica hebræa. *Venetiis*,
1523, in-4. *vél.*

1575. Buxtorfii (Jo.) Lexicon hebraicum et chaldaicum.
*Glasguæ*, 1824, in-8. *br.*

1576. Caab Ben Zoheir carmen in laudem Muhammedis,
item Amralkeisi Moallakah, ed. G. J. Lette. *Lugd.
Bat.*, 1748, in-4. *br.*

1577. Caabi-Ben-Sohair carmen in laudem Muhammedis dictum latine versum, una cum carmine Mote-
nabbii et carmine ex Hamasa utroque inedito, ed. G.
W. Freytag. *Halæ*, 1823, in-4 *br.*

1578. Chefs-d'OEuvre du théâtre indien, trad. du sans-
crit en anglais, par H. H. Wilson et de l'anglais par A.
Langlois. *Paris*, 1828, 2 vol. in-8. *br.*

1579. Cirbied (J. Ch.), Grammaire de la langue armé-
nienne. *Paris*, 1823, in-8. *br.*

1580. Clodii (Jo. Chr.) Lexicon hebraicum selectum.
*Lipsiæ*, 1744, in-8. *dem. rel. dos de vél.*

1581. Epistolæ quædam arabicæ a mauris, ægyptiis et
syris conscriptæ, cum interpret. lat. annotationibus et
glossario à Max. Habicht. *Vratislaviæ*, 1824, in-4. *br.*

1582. Finetti, trattato della lingua hebraica e sue affini.
*Venezia*, 1756, in-8. *dem. rel.*

1583. Fourmont ( Steph. ), Meditationes sinicæ. *Lutet.
Paris.*, 1737, in-fol. *br.*

1584. Hasse, lectiones syro arabico-samaritano-æthio-
picæ. *Regiomonti*, 1788, in-8. *cart.*

1585. Jahn (Jo.), Elementa aramaicæ, seu chaldeo-sy-
riacæ linguæ. ed. Aud Oberleitsrer. *Viennæ*, 1820,
in-8. *br.*

1586. Jones (G.), Poeseos asiaticæ, ed. J. G. Eichorn.
*Lipsiæ*, 1777, in-8. *br.*

1587. Lowth (R.), de sacra poesi hebræorum, ed. J. D.
Michaelis. *Goettingæ*, 1758, in-8. *v. br.*

1588. Maggii (Fr. M.) Syntagma linguarum orientalium,

quæ in Georgiæ regionibus audiuntur, Liber primus. *Romæ*, 1670, in-fol. *v. br.*

1589. Meninski, Grammatica Turcica. *Viennæ*, 1680, in-fol. *br.*

1590. Michaelis ( Jo. Dav. ), Grammatica chaldaica. *Gottingæ*, 1771, in-8. *br.*

1591. Primæ lineæ institutionum ad fundamenta dialecti arabicæ, sive specimen grammaticæ arabicæ. *Lugd. Bat.*, 1779, in-4. *br.*

1592. Raymond ( le p. ), Dictionnaire caraibe-françois, meslé de quantités de remarques historiques pour l'esclaircissement de la langue. *Auxerre*, 1665, in-8. *v. f.*

## *Langue Grecque.*

1593. Achilles Tatius, de Clitophontis et Leucippes amoribus, libri VIII, ed. B. G. L. Boden. *Lipsiæ*, 1776, in-8. *br.*

1594. Æsopi fabulæ gr. et lat., et Homeri ranarum et murium pugna. *Amst.*, 1726, pet. in-8, *fig. en bois, br.*

1595. Fables d'Esope, trad. du grec, augmentées de la traduction des fables de Lockmann, par Cholet de Jelphort et Mulot. *Paris*, 1791, in-8, *dem. rel.*

1596. Anacreontis et Sapphonis carmina, cum notis et emendat. in usum juventutis academ. Salfordiensis. *Londini*, 1754, in-8. *br.*

1597. Anacreontis carmina, ex recensione G. Baxteri, ed. J. F. Fischero. *Lipsiæ*, 1793, in-8. *br.*

1598. Anthologia græca, cum versione latina Hug. Grotii, ed. H. de Bosch. *Ultrajecti*, 1795, 4 vol. in-4. *pap. de Hollande, br.*

1599. Anthologia græca, sive poetarum græcorum lusus, indices et comment. adjecit Fr. Jacobs. *Lipsiæ*, 1794, 5 vol. in-8. *cart.*

1600. Apocrypha, Parænetica. Philologica, gr. et lat., interprete N. Glasero. *Hamburgi*, 1614, in-12, *cart.*

Exemplaire d'Anquetil Duperron.

1601. Apotheosis, vel consecratio Homeri, commentario illustr. à G. Cupero. *Amst.*, 1683, in-4. *fig. vél.*

1602. Appendix ad Seberi indicem, sive index vocabulorum in fragmentis Homericis hymnisque in Cererem et Bacchum. *Oxonii*, 1782, in-8. *br.*

La feuille Bbbb, pag. 561 à 568 manque.

1603. Bionis et Moschi Idyllia, cum metaphrasi latina et notis variorum, ed. J. Ad. Schier. *Lipsiæ*, 1752. in-8. *br.*
1604. Callimachi hymni et epigrammata, gr. *Glasguæ*, 1755, in-fol. *br.*
1605. Callimachi hymni et epigrammata, cum notis variorum, ed. J. A. Ernesti. *Lugd. Bat.*, 1761, 2 vol. in-8. *br.*
1606. Charitonis de Chærea et Callirrhoe narrationum amatoriarum libri VIII, cum J. Ph. d'Orville animadversionibus. *Amstelodami*, 1750, in-4. *br.*
1607. Chrestomathia (nova) tragica græco latina, edita à Jo. C. Volbortham. *Gottingæ*, 1776, pet. in-8. *br.*
1608. Comicorum græcorum sententiæ, ed. H. Stephano. *Henr. Stephanus*, 1569, in-24. *vél.*
1609. Constantini dictionnarium quatuor linguarum græcæ scilicet literalis, græcæ vulgaris, latinæ atque italicæ. *Venetiis*, 1757, in-4. *v. fil.*
1610. Dosithei magistri interpretamentorum liber tertius, cum comment. et indicibus, ed. Böcking. *Bonnæ*, 1832, in-8. *br.*
1611. Epistolia, dialogi, oratiunculæ, pœmatia ex variis utriusque linguæ scriptoribus. *Henr. Stephanus*, 1577, in-8. *parch.*
1612. Euripidis fragmenta duo e cod. Claromontano, ed. G. Hermanno. *Lipsiæ*, in-4. *brcc.*
1613. Goess, De batrachomyomacha homero vulgo adscripta. *Erlangæ*, 1789, in-8. *dem. rel.*
1614. Grauert (G. H.), De Æsopo et fabulis æsopiis. *Bonnæ*, 1825, in-8. *br.*
1615. Heliodore, Amours de Théagene et Chariclée trad. nouv. (par de Montlyard). in-8. *fig. v. br.*

(Le titre manque).

1616. Hesychii lexicon, cum notis variorum, ed. Jo. Alberto. *Lugduni Batavorum*, 1746, 2 vol. in-fol. *br.*

1617. Hieroclis in aurea carmina commentarius, gr. et lat., cum notis. *Londini*, 1742, in-8. *br.*

1618. Hoogeveen (H.), Doctrina particularum græcarum. *Dessariœ*, 1782, in-8. *cart.*

1619. Isocratis orationes et epistolæ cum lat. interpret. H. Wolfii. *Cantabrigiæ*, 1686, in-12. *vél.*

16 0. Koehler (J. Bern.), Notæ et emendationes in Theocritum et scriptores arabicos. *Lubecœ*, 1767, in-8. *cart.*

1621. Kuster (L.), Historia critica Homeri. *Francof. ad Viadrum*, 1696, in-8. *dem. rel. dos de v.*

1622. Lascaris (Constantini), Grammaticæ compendium græcæ linguæ studiosis aptitissimum. *Venetiis*, 1555, in-8. *parch.*

1623. Longini (D.) de sublimitate commentarius, gr. et lat. cum nova interpretatione et notis Z. Pearce *Londini*, 1773, in-8. *br.*

1624. Lysiæ orationes, gr. et lat. ed. J. Vanderheidio *Marburgi*, 1683, in-8. *vél.*

1625. Meleagri carmina, e recensione Brunckii, cum commentario. *Lipsiœ*, 1789, in-8. *cart.*

1626. Meursii (J.) glossarium græco barbarum. *Lug., Bat.*, 1614, in-4. *parch.*

1627. Musæus, De Herone et Leandro carmen, ed. M. Röver. *Lugd. Bat.*, 1737, in-8. *br.*

1628. Nonni Dyonisiaca (P.), Cunæi animadversiones, cum notis, Dan. Heinsii et Scaligeri. *Hanoviœ*, 1610, in-8. *vél.*

1629. Pauli silentiarii ambo, ex cod. palat. anthologiæ, descripsit Imm. Bekkerus. *Berolini*, 1815, in-8. *broc.*

1630. Philetæ Coi, Hermesianactis Colophonii atque Phanoclis reliquiæ, edd. Nic. Bachio, Dan. Lennepio et Dav. Ruhnkenio. *Halis Sax.*, 1829, in-8. *br.*

1631. Pindari, Isthmia, Olympia, Nemea, Pythia, ex editione Oxoniensi, gr. *Glasguœ*, 1754, in-32, *br.*

1632. Polemonis, Himerii et aliorum declamationes, gr. *Henr. Stephanus*, 1567. — Dionysius Alexandrinus de situ orbis, Eustathii commentariis illustratus, gr. *Henr. Stephanus*, 1547, in-fol. *v. br.*

1633. Simonidi Iambi qui supersunt, collegit et recensuit Fr. Th. Welcker. *Bonnœ,* 1835, in-8. *br.*

1634. Theocriti selecta quædam idyllia, ed. Th. Edwards. *Cantabrigiæ,* 1779, in-8. *br.*

1635. Valckenari (L. C), Diatribe in Euripidis perditorum dramatum reliquias *Lugd. Bat.,* 1767, in-4. *br.*

1636· Vechneri (Dan.) Hellenolexia sive parallelismus græco-latinus. *Lipsiæ,* 1680, in-8. *cart.*

1637. Wolfius (Fr. Aug.), Prolegomena ad Homerum. *Halis Sax.,* 1795, in-8. *br.*

### *Langue latine.*

1638. Aquæuus (Step.), Encomium Brassicarum sive Caulium. *Parisiis,* 1531, pet. in-8. *vél.*

1639. Aretini (L. Br.) epistolæ, ed. Laur. Meho. *Florentiœ,* 1741, 4 vol. in-8. *br.*

1640. Arrests (LIII) d'amour, aresta amorum B. Curtii commentariis accomodata. *Rouen,* 1587, in-24. *v. br.*

1641. Aula, Otium, scena vitæ et consilia. *Bruxcllœ,* 1619, in-8. *parch.* (*titre déchiré*).

1642. Barthii (Casp.) Erotodidascalus sive nemoralium libri V. *Hanoviœ,* 1625, in-8. *fig. vél.*

1643. Barzizii (Gasparini et Guiniforti) opera, ed. Jos. Alex. Furietto. *Romœ,* 1723, in-4. *br.*

1644. Basbuysen (G.), De usu philologiæ in omnibus disciplinis. *Servestœ,* 1726, in-4. *br.* —Wideburg (Fr. A.), De benigno in literarum studia animo Hieronymi Napoleonis. *Helmstadii,* 1809, in-4. *broc.* — Musæ Francisco et Mariæ Theresæ congratulantur ob scientias bonasque artes eorum jussu et munificentia Vindobonnæ restitutas. *Vindobonœ,* 1756, in-4. *br. mouillé.*

1645. Brant (Seb.), Stultifera navis. *Basileœ,* 1497, in-fol. *fig. en bois, parch.*

(Imparfait des 10 premiers feuillets).

1646. Brunellus Vigelli et Vetula Ovidii seu opuscula duo auctorum incertorum. *Wolferbyti,* 1662, in-12. *vél.*

1647. Cianguli (Nic.) novum tyrocinium linguæ italicæ.

*Lipsiæ,* 1748, in-8. *br.* — Dawes (Rich.), Miscellanea critica. *Cantabrigiæ,* 1745, in-8. *br.*

1648. Ciceronis (M. T.) Epistolæ ad Atticum, ad M. Brutum, ad Quinctum, cum correctionibus Pauli Manutii. *Venetiis, Aldus,* 1563, pet. in-8. *v. f.* (Piqué de vers.)

1649. Ciceronis (M. T.) Opera, ex recensione J. A. Ernesti. *Halis Sax.,* 1776, 10 vol. in-8. *br.*

1650. Claudiani (Cl.) quæ exstant, ed. C. Barthio. *Francof.,* 1650. in-4. *vél.*

1651. Claudiani (Cl.) opera, ed. N. L. Artaud. *Parisiis,* 1824, 3 vol. in-8. *br.*

1652. Clodius (Chr. A.), Excursus in Gellium ad noct. att. l. XV. c. XI de scientia et philosophia. 1800, in-4. *br.*

1653. Coffin (Car.), Hymni sacri. *Parisiis,* 1736, in-12. *v. br. d. s. t.*

1654. Commercium epistolicum Leibnitianum, ed. J. Dan. Gruber. *Hanoveræ,* 1745, 2 vol. in-8. *cart.*

1655. Declamatio in laudem ebrietatis : encomium muscæ e Luciano : oratio Demosthenis de Rhodiorum libertate è græco in latinum versa. *Haganoæ,* 1526, pet. in-8. *br.*

1656. Dissertationes de laudibus et effectibus podagræ , in-4. *fig. cart.*

1657. Dissertatio perjucunda qua anonymus probare nititur mulieres homines non esse. *Hagæ Comitis,* 1638, in-12. *vél.*

1658. Doletus (Steph.), De imitatione Ciceroniana adversus Floridum Sabinum. *Lugduni,* 1540, in-4. *br.*

1659. Dumoulin (Al.), Grammatica latino celtica. *Pragæ,* 1800, in-8. *cart.*

1660. Eclogæ recentiorum carminum latinorum, ed. Chr. G. Mitscherlich. *Hannoveræ,* 1793, in-8. *br.*

1661. Epistolarum obscurorum virorum volumina II. *Londini,* 1710, in-12. *v. fil.*

1662. Erythræi (J. Nicii,) (Vict. Rossi) dialogi, documenta sacra, epistolæ et orationes. *Coloniæ Ubiorum,* 1645-1649, 4 vol. in-8. *v. f. fil.*

1663. Fenelon, Fata Telemachi latino carmine reddita. *Berolini,* 1743, 2 tom. en 1 vol. in-8. *br.*

1664. Fidelis (Cassandræ), Epistolæ et orationes. *Patavii,* 1636. — Ceretæ (Lauræ), Epistolæ *Patavii,* 1640.

—. Verini (Ugolini) poematia, ed. N. Bartholino. *Lugd.*, 1679. — Poggii dialogus et L. Aretini oratio adversus hypocrisim, ed. H. Sincero Lotharingo. *Lugd.*, 1579, pet. in-8. *vél.*,

1665. Francii (P.) posthuma. *Amst.*, 1706. — Catalogus librorum P. Francii. *Amstel.*, 1705, in-8. *vél.*

1666. Frischlini (Nic.) facetiæ selectiores quibus acces- serunt H. Babelii, Poggii et Alphonsi facetiæ. *Argen- torati*, 1600. pet. in-8. *parch.*

1667. Gellii (Auli) noctes atticæ. *Biponti*, 1784, 2 vol. in-8. *vél.*

1668. Grotii (Hug.) epistolæ ineditæ. *Harlemi*, 1806- 1829, 2 vol. in-8. *br.*

1669. Grynæi (J. J.) epistolarum selectarum quæ sunt ad pietatem veram incentivum libri duo. *Offenbaci*, 1612, in-8. *v. f.*

1670. Holbergii (L.) epigrammatum libri VII. *Hafniæ*, 1749, in-8. *br.* — Liebergii (D.) fasciculus poematum, ed. Arn. Henr. Westerhovio. *Hagæ Comitum*, 1737, in-8.

1671 Horatius (Q.) Flaccus, ed. E. Lubino. *Francof.*, 1612, in-4. *v. f.*

1672. Horatii (Q.) Flacci opera. *Parisiis, Typ. reg.*, 1733, in-12. *ch. m. plié.* — Phædri fabulæ et P. Syri sententiæ. *Parisiis*, 1729, in-12. *ch. m. plié.*

1673. Horatii (Q.) Flacci opera. *Parisiis, Typ. reg.*, 1733, in-12. *ch. m. br.*

1674. Horatii (Q.) Opera. *Londini, Pine*, 1733, 2 vol. in-8. *mar. r. fil. d. s. tr.*

1675. Horatii (Q.) Flacci opera, curante Jos. Valart. *Pa- risiis*, 1770, in-8. *v. fil.* — Horatius (Q.) Flaccus, scho- liis, annotationibus illustratus a F. Bond. *Amstel.*, 1660, in-12. *v. br.*

1676. Horatii (Q.) odæ sex quas fidibus, vocalique musicæ post sæcula restitutas, a J. A. Paganelli. (*Circa* 1770), in-fol.

1677. Horace. Œuvres, trad. par Ch. Batteux, édit. revue par Achaintre. *Paris*, 1823, 3 vol. in-4. *cart.*

1678. Jolliveti (Evr.) fulmen in aquilam seu Gustavi magni Bellum sueco-germanicum poema. (*Parisiis*, 1636) *Lipsiæ*, 1832, in-8. *br.*

1679. Juvenalis (D. J.) et A. Persii satyræ, cum notis. *Cantabrigiæ*, 176 3, in-8. *fig.br.*

1680. Juvenalis (D. J.) Satyræ, ed. N. E. Lemaire. *Parisiis*, 1823, in-8. tom. 1er. — Poetæ latini minores, ed. N. E. Lemaire. *Parisiis*, 1824, in-8. tom. 1 et 2 *br.* — Valerii Flacci argonauticon, ed. N. E. Lemaire. *Parisiis*, 1824, in-8. tom. 1er.

1681. Klotzii (Chr. Ad.) miscellanea critica. *Traj. ad Rhen.*, 1763, in-8. *br.* — Klotzii (Chr. Ad.) opuscula varii argumenti. *Altenburgi*, 1766, in-8. *dem. rel. dos de vél.*

1682. Leibnitii (G . G.) epistolæ ad diversos, cum annot. Chr. Korthoiti. *Lipsiæ*, 1734, 2 vol. in-8. *cart.*

1683. Lucanus (M. Ann.), De bello civili, cum notis variorum ed. Corn. Schrevelio. *Lugd. Bat.*, 1658, in-8. *v.*

1684. Lucretius (T.), De rerum natura. *Glasguæ*, 1759, in-4. *br.*

1685. Macropedii (G.) andrisca. *Coloniæ*, 1540, pet. in-8. *br.*

1686. Manutii (Aldi Pii) scripta tria longe rarissima a J. Motellio denuo edita et illustrata. *Bassani*, 1806, in-8. *br.*

1687. Manutii (Pauli.) in orationem Ciceronis pro P. Sextio commentarius. *Venetiis, Aldus*, 1559, pet. in-8. *dem. rel.*

1688. Martini à S. Brunone, Vertumnus vanitatis, in XXIV metrorum schemata poesi morali trisegies transformatus. 1725, in-12. *fig. v. br.*

1689. Mellemani (Alb. Fred.) omnium horarum poemata et oratio de matrimonio literati. *Berolini*, 1591, in-4. *cart.*

1690. Menckenius (J.), De charlataneria eruditorum. *Amstel.*, 1715, in-8. *v. br.*

1691. Merlini Cocaii opus macaronicorum. *Venetiis*, 1613, in-12. *v. f. fil.*

1692. Meursii (Joan.) elegantiæ latini sermonis. pet. in-12. *v. br.*

1693. Michaeler (Car.), De origine linguæ, tum primaria, tum et speciali commentatio. *Viennæ*, 1788, in-8. *br.*

1694. Moshemii (J. L.) atque J. M. Gesneri epistolæ

amæbææ, ed. Chr. Ad. Klotzio. *Lipsiæ*, 1770, in-8. *v.*

1695. Naogeorgi (Th.) incendia seu pyrgopolinices tragædia. *Vitebergæ*, 1541, pet. in-8. *cart.*

1696. Opizius dissertatio juridica de eo quod justum est circa spiritus familiares fæminarum, hoc est pulices. *Recusa*, 1724, in-4. *broc.*

1697. Oppianus, De venatione lib. IIII, de piscatu lib. V, stud. et opera Rittershusii. *Lugd. Bat.*, 1597, in-8. *vél.*

1698. Ovidius Naso (P.), ed. Jo. A. Amar. *Parisiis*, 1820, 9 tom. en 10 vol. in-8. *br.*

1699. Ovidio, Epistole heroiche, tradotte da Remigio Nannino. *Parigi*, 1762, in-8. *v.* — Ovid's Epist les translated into english prose. *London*, 1757, in-8. *br.*

1700. Panegyrici veteres, cum notis variorum, ed. H. J. Arntzenio. *Traj. ad Rh.*, 1790, 2 vol. in-4. *br.*

1701. Petronii (T.) satyricon, ed. L. A. Gabbema. *Traj. ad Rh.*, 1654, in-8. *vél.*

1702. Petronii (T.) Satyricon, cum notis variorum, ed. M. Hadriande. *Amst.*, *Blaeu*, 1699, in-8. *v. f. fil. d. s. tr.*

1703 Petronii fragmentum ex bibliothecæ Sti Galli antiquissimo manuscripto exceptum, gallice vertit et notis illustravit Lallemandus. 1800, in-8. *br.*

1704. Phædri fabulæ, cum notis variorum, ed. J. Laurentio. *Amst.*, 1667, in-8. *fig. v. br.*

1705. Platnerus, de iis partibus Ciceronis rhetoricorum quæ ad jus spectant. *Marburgi*, in-8. *br.*

1706. Plauti (M. A.) Comediæ cum notis variorum, ed. J. Fr. Gronovio. *Amst.*, 1684, in-8. *vél.*

1707. Plinii Cæcilii Secundi Epistolæ et Panegyricus, ed. N. E. Lemaire. *Parisiis*, 1822, 2 vol. in-8. *br.*

1708. Poggii Florentini Opera. *Argentinæ*, 1513, in-fol. *v. br.*

1709. Prudentii (Aur.) quæ extant, cum notis Cellarii. *Halæ*, 1739, in-8. *dem. rel.*

1710. Quintilianus (M. F.), de institutione oratoria, ed. J. Jos. Dussault. *Parisiis*, 1821, in-8. tom. 1 à 6. *br.*

1711. Rami (P.) et Aud. Talæi collectaneæ præfationes, epistolæ, orationes. *Parisiis*, 1577 — Expositio Arn-

Ossati in disputationem J. Carpentarii de methodo. *Parisiis*, 1554, in-8. *parch.*

1712. Rapini (Ren.) Carmina. *Parisiis*, 1690, 2 tom. en 1 vol. in-12. *v. br.* — Comes rusticus ex optimis latinæ linguæ scriptoribus excerptus. *Parisiis*, 1708, in-8. *v. f. fil. d. s. tr.*

1713. Rosæus (Al.), Virgilii evangelisantis christiados, libri XIII. *Roterodami*, 1653, in-12. *vél.*

1714. Sadoletti (Jac.) Epistolæ. *Lugduni*, 1554, in-8. *v. f.*

1715. Sagittarii ( Thom. ) Horatius christianus, *Ienæ*, 1615.—Ejusdem, Horatius prophanus. *Ienæ*, 1617. —Epigrammatum J. Owen , lib. X. *Lipsiæ*, 1617, pet. in-12. *vél.*

1716. Sancta Catharina Rhetorum patrona, pro festo S. Catharinæ, in-4. *br.*

1717. Santollii (J. B.) Opera. *Parisiis*, 1729, 3 vol. in-12, *br.*

1718. Saresberiensis (Joannis), Policraticus, sive de nugis curialium , et vestigiis philosophorum. *Lugd. Bat.*, 1639, pet. in-8, *v. f.*

1719. Sautel ( P. J. ), Lusus poetici allegorici. *Parisiis*, 1754, in-12. *bas.*

1720. Scaligeri (Jos.) Epistolæ. *Lugd. Bat., Elzev.*, 1627, in-8. *vél.*

1721. Scioppii (C.) suspectæ lectiones. *Amst.*, 1664.— Priapeia, cum comment. G. Schoppii et notis J. Scaligeri et Fr. Linden-Bruch. *Patavii*, 1664, pet. in-8. *vél. v.*

1722. Stephani (Henr.) Schediasmata varia. *Henr. Stephanus*, 1578, in-8. *v.*

1723. Suetonii (C.) opera, cum notis variorum, ed. Sam. Pitisco. *Traj. ad Rh.*, 1690, 2 vol. in-8 *vel.*

1724. Symmachi (Q. Aur.) epistolæ, cum notis a Fr. Jur. *Parisiis*, 1604, in-4. *vél.*

1725. Terentii (Pub.) comediæ. *Glasguæ*, 1742, in-8. *mar. r. fil. d. s. tr.*

1726. Terentii comediæ, cum variis lectionibus. *Londini, Sandby*, 1751, 2 vol. in-8. *fig. br.*

1727. Teutem (H. N. Van), De origine et progressione apud antiquos allegoricæ fabularum interpretationis. *Traj. ad Rh.*, 1823, in-8. *br.*

1728. Theodorus (Fl. Mallius), De metris, ed. J. Fr. Heusinger. *Lugd. Bat.*, 1766, in-8. *br.*

1729. Theses ex universa Vinosophia. *Vinobergæ*, 1750, in-8. *br.*

1730. Tibulli et Propertii opera. *Glasguæ*, 1753, in-8. *br.*

1731. Ursini (Fl.) Virgilius collatione scriptorum græcorum illustratus. *Antverpiæ*, 1567, in-8. *vél.*

1732. Varronis (M. Tr.) Fragmenta, ed. Ausonio Papma. *Franekeræ*, 1589. — Querolus, antiqua comedia, a P. Daniele notis illustrata. *Parisiis*, 1564, in-8. *v. br.*

1733. Vincartii heroides sacræ. *Monachi*, 1675, in-12. *fig. v. br.*

1734. Virgilii (P.) Bucolica, Georgica et Æneis, ex edit. P. Burmanni. *Glasguæ*, 1784, in-8. *br.* — Virgile, Georgiques, trad. par Delille. *Paris*, an II, in-8. *fig. bas.*

1735. Virgilius Maro (P.), ed. N. E. Lemaire. *Parisiis*, 1819. 8 tom. en 9 vol. in-8. *br.*

1736. Weitenauer (Ign.), Theatrum parthenium seu dramata mariana. *Aug. Vindel.*, 1759, in-8. *mout. d. s. t.*

## *Langue française.*

1737. Arnaud (d'), Délassemens de l'homme sensible. *Paris*, 1785-1786, 12 vol. in-12. *br.* — Arnaud (d'), Nouvelles historiques. *Maestricht*, 1785, 3 vol. in-12. *br.*

1738. Art de connoitre les femmes, avec des pensées libres sur divers sujets et une dissertation sur l'adultère, par le chev. Plante-Amour. *Amst.*, 1749, in-8. *cart.*

1739. Art (l') de peindre à l'esprit (par B. Sensaric). *Paris*, 1758, 2 vol. pet. in-8. *v. fil.* — Art (l') de plaire dans la conversation. *Suivant la copie imprimée à Paris*, 1692, in-12. *v. br.*

1740. Anti-Titus ou remarques critiques sur la coiffure des femmes au XIX^e siècle. *Paris*, 1813. in-18. *br.*

1741. Aventures de don Antonio de Buffalis. *La Haye*, 1722, pet. in-8. *fig. dem. rel. dos de vél.*

1742. Babioles littéraires et critiques en prose et en vers. *Hambourg*, 1761-1764, 5 vol. in-8. *br,*

1743. Beauchamps (de), Recherches sur les théâtres de France. *Paris*, 1735, in-4. *br.*

1744. Belleau (Remy), Les œuvres poétiques. *Lyon*, 1692, 2 tom. en 1 vol. pet. in-12. *parch.*

1745. De Belloy, Le siège de Calais. *Paris*, 1765. — Titus. *Paris*, 1760. — Gaston et Bayard. 1771. — Zelmire. 1770. (*imparf.*) — Gabrielle de Vergy. 1770, in-8. *mar. r. fil. d. s. t.*

> (Aux armes de madame la comtesse d'Artois).

1746. Bigarrures (les) et touches du seigneur des Accords avec les apophtegmes du S. Gaulard et les escraignes dijonnoises (par Tabourot). *Rouen*, 1648, in-8. *parch.*

1747. Billy (Jac. de), Six livres du second advenement de Notre-Seigneur, avec un traité de S. Basile du jugement de Dieu, plus les quatrains sententieux de S. Grégoire de Nazianze. *Paris*, 1576, in-8. *parch.*

1748. Boccace, Des dames de renom, nouvellement traduict d'italien en langage françoys. *Lyon*, 1551, in-8. *v. f. fil.*

1749. Boileau Despréaux (N.), Œuvres. *Amst.*, 1718, 2 vol. in-4. *fig. de Bern. Picart, v. fil. d. s. tr.*

1750. Bouchet (Guill.), Second livre des serrées. *Paris*, 1608, in-12. *parch.*

1751. Boulanger, Œuvres. 1778, 8 vol. pet. in-8. *v.*

1752. Boyer, Jephté, tragédie. *Paris*, 1692, in-4. *v. vert, d. s. t.* (*Aux armes de la maison de S.-Cir*).

> Exemplaire avec de nombreuses corrections manuscrites.

1753. Brach (P. de), Poèmes. *Bourdeaux*, 1576, in-4. *v. br.*

1754. Bréviaire des jolies femmes, choix de jolis romans, recueillis et publiés par Mercier de C. (Compiegne). *Paris*, an VII, in-18. *br.* — Chansons anacréontiques du berger Sylvain. in-12. *br.*

1755. Cailhava (de), De l'art de la comédie. *Paris*, 1786, 2 vol. in-8. *br.* — Cailhava, Théâtre. *Paris*, 1781, 2 vol. in-8. *br.* — Athènes pacifiée. 1797, in-8. *br.* — Le dépit amoureux, rétabli en 5 actes. 1801, in-8. *br.*

1756. Chansons choisies avec les airs notés. *Genève*, (*Paris*), 1782, 4 vol. in-18. *v. fil. d. s. tr.*

1757. Chauve-souris (la) de sentiment, comédie en un acte. in-8. *br.*

1758. Cholières (de), Les neuf matinées. *Paris*, 1586, pet. in-12. *v. br.*

1759. Conquestes (les) amoureuses du grand Alcandre dans les Pays-Bas, avec les intrigues de la cour. *Cologne*, 1684. — Le grand Alcande frusté ou les derniers efforts de l'amour et de la vertu, histoire galante. *Montauban*, 1719, in-12. *cart.*

Mouillé.

1760. Contes et nouvelles du sieur Vergier et de quelques auteurs anonymes. *Paris*, 1727, 2 vol. pet. in-8. *v. br.*

1761. Contes théologiques, suivis des litanies des catholiques du XVIII$^e$ siècle (par Pommereul). *Paris*, 1783, in-8. *br.*

1762 Corbinelli, Extraits de tous les beaux endroits des plus célèbres auteurs de ces temps. *Amsterdam*, 1681, 5 vol. in-12. *br.*

1763. Correspondance de madame Gourdan, dite la comtesse, avec un recueil de chansons à l'usage d es soupers de madame Gourdan. *Londres*, 1784, in-12. *br.*

1764. Courrier (le) de Pluton. *Cologne, P. Marteau*, 1695, in-12. *v. br.*

1765. Courval (de), Satyres contre les abus et désordres de la France. *Rouen*, 1627, in-8. *v. br. titre doublé.*

1766. Crébillon (de), OEuvres. *Paris*, 1750, 2 vol. in-4. *mar. r. fil. d. s. tr.*

1767. (Crébillon fils). Tansai et Neadarné. 1743, 2 vol. in-12. *fig. br.* — Charnois (de), Nouvelles. *Bruxelles*, 1782, in-18. *v. fil. d. s. tr.*

1768. Dance (la) aux aveugles et autres poésies du XV$^e$ siècle. *Lille*, 1747, pet. in-8. *v.*

1769. Dell'Acqua, Essai sur la supériorité intellectuelle de la femme. *Berlin*, 1798, in-8. *br.*

1770. Desmarests (J.), Clovis ou la France chrestienne.

*Paris*, 1666, in-12. *v.* — Rosset, L'agriculture, poème. 1774, in-8. *br.*

1771. Devis de la langue françoise fort exquis et singulier. in-8. *parch. non rogné.* (*Le titre manque*). — Traité des sons de la langue françoise et des caractères qui les représentent (par Bouillette). *Paris*, 1760, pet. in-8. *bas.*

1772. Discours fantastiques de Justin Tonnelier. *Paris*, 1597, pet in-12. *dem. rel.*

1773. Dyalogue apologetique excusant ou deffendant le dévot sexe fémenin, introduit par deux personnaiges : l'un a nom Bouche mal disant, l'autre Femme déffendant, etc. *Nouvellement imprimé à Paris le XXIII^e jour d'aoust* 1516, in-4. *goth. v. br.*

Imparfait des quatre feuillets préliminaires contenant le titre et la table, et du feuillet 65.

1774. Diversitez curieuses pour servir de récréation à l'esprit. *Amst.*, 1696, 4 part. en 1 vol. in-12. *v. br.*

1775. Doyen de Killerine (par l'abbé Prevost). *Montargis*, 1784, 6 vol. in-12. *br.* — Le Sage, Le diable boiteux. *Amsterdam*, 1739, 2 vol. in-12. *fig. br.*

1776. Duché, Jonathas, tragédie. *Paris*, 1700, in-4. *mar. r. fil. d. s. t.* (*Aux armes*).

Ex. provenant de S. Cir.

1777. Du Lorens, Satyres divisées en deux livres. *Paris*, 1624, in-8. *parch.* — Robbé de Beauveset, Satyres. 1776, in-8. *mar. r. fil. d. s. tr.*

1778. Du Verdier ( Ant. ), Les diverses leçons suivans celles de P. Messie. *Tournon*, 1603, in-8. *v. f.*

1779. Eloge de l'enfer. *La Haye*, 1759, 2 vol. in-12. *pap. de Holl. v.*

1780. Epistres morales et familières du Traverseur (J. Bouchet). *Poictiers*, 1545, in-fol. *parch.*

Imparfait des derniers feuillets.

1781. Errotika Biblion (par Mirabeau). *Paris*, 1792, in-8. *br.*

1782. Esprit d'Addisson ou les beautés du Spectateur, du Babillard et du Gardien. *Yverdon*, 1777, 3 vol. in-8. *br.*

1783. Esprit des journalistes de Trevoux. *Paris*, 1771,
4 vol in-12. *br.*

1784. Essai sur les N. N. ou essai sur les inconnus. 1777,
*pet.* in-8. *cart.*

1785. Fausse (la) Clélie, histoire françoise, galante et
comique. *Nymegue*, 1680, *pet* in-12. *vel.* — Avan-
tures de Pomponius, chev. romain ou l'histoire de
notre temps. *Rome*, 1726, in-12. *bas.*

1786. Fénélon, Aventures de Télémaque, fils d'Ulysse.
*Amsterdam*, 1719, in-12. *fig. v. br.*

1787. Fénélon, Aventures de Télémaque. *Paris*, *Didot
l'ainé*, 1783, in-18, tomes 2, 3, 4. *mar. r. fil. d. s.
tr. rel. par Derome.*

1788. Ferrand, pièces libres et poésies de quelques
auteurs sur divers sujets. *Londres*, 1747, in-12. *br.*

1789. Fontaine (de la), Contes et nouvelles en vers *Amsterdam*, 1685, 2 tom. en 1 vol. pet in-8. *fig. v. br.*

1790. Fontaine (la), Fables choisies. *Hambourg*, 1731,
2 tom. en 1 vol. in-12. *v.* — Fontaine (la), Contes
et Nouvelles en vers. *Hambourg*, 1731, 2 tom en 1 vol.
pet. in-12. *v.*

1791. Frédéric II, OEuvres. *Berlin*, 1789, 4 vol. in-8.
*br.* — Le même, OEuvres posthumes. *Berlin*, 1788,
16 vol. in-8. *br.* (*Les tomes 3 et 4 manquent.*)

1792. Les Frères ou Histoire de Miss Osmond, trad. de
l'angl. par Depuisieux. *Paris*, 1766, 2 vol. in-12 *br.*
— Histoire du chevalier du soleil, de son frère Rosi-
clair et de leurs descendants. *Paris*, 1780, 2 vol. in-12.
*br.*

1793. Garassus (Fr.), La Doctrine curieuse des beaux
esprits de ce temps, ou prétendus tels. *Paris*, 1624,
in-4. *cart.*

1794. Graces (les) (par de Querlon). *Paris*, 1769, in-8.
pap. de Holl. *fig. v. f. fil. d. s. t.*

1795. Grand (le), Alcandre frustré. *Cologne*, *P. Marteau*, 1696, in-12. *br. non rogné.*

Quelques feuillets endommagés.

1796. Histoire critique des journaux, par C. (Camusat).
*Amsterdam*, 1734, 2 vol. in-12. *br.*

1797. Histoire de Florent et Lyon, enfans de l'empereur

de Rome. *Louvain*, 92 (*titre raccommodé*).—La fontaine d'honneur et de vertu translatée du lat. en françois, par Fr. le Breton, et nouvellement trad. en bas Allemand. *Anvers*, 1612, in-4. *dem. rel.*

1798. Histoire du Diable, trad. de l'anglois. *Amsterdam*, 1730, 2 vol. in-12. *v. br.*

1799. Hoffman, Mes Souvenirs. *Paris*, an X. —Tangu et Félime, par de la Harpe. *Paris. fig.* — Le Verger, par de Fontanes. *Gand*, 1791, in-8. *dem. rel.*

1800. Huit (les) Philosophes aventuriers de ce siècle. *La Haye*, 1752. — L'Oracle, par Sainte Foix *Vienne*, 1769.—Eugénie, par de Beaumarchais. *Dresde*, 1768, pet. in-8. *dem. rel.* — Le prés. Henault, Pièces de théatre en vers et en prose. 1770, in-8. *br.*

1801. Joli (le) recueil ou l'histoire de la querelle littéraire, où les auteurs s'amusent en amusant le public. *Genève*, 1760, pet. in-8. *v.* — Mémoire pour servir à l'histoire des couplets de 1710, attribués faussement à M. Rousseau. *Bruxelles*, 1752, in-12.

1802. La Mothe Levayer (de), Œuvres. *Dresde*, 1756-1757, 7 tom. en 14 vol. in-8. *br.*

1803. Lamothe Levayer, des anciens et principaux historiens grecs et latins dont il nous reste quelques ouvrages. *Paris*, 1646, in-4. *v. br.* — Rapin, les comparaisons des grands hommes de l'antiquité. *Paris*, 1684, 2 tom. en 1 vol in-4. *v. br.*

1804. Le Brigant, Observations fondamentales sur les langues anciennes et modernes. *Paris*, 1787, in-4. *br.*

1805. Lettres et Épîtres amoureuses d'Héloïse et d'Abeilard. *Vienne*, 1797, 2 vol. in-18. *br.*

1806. Levesque (Cath.), le Triomphé de la Croix, contenant les trois états de la perfection chrétienne, en vers. *Paris*, 1668, in-8. *v. br.* — Choix de poésies morales et chrétiennes, depuis Malherbe. *Paris*, 1738, in-8. tom. 1. *mar. r. fil. d. s. tr.*
Aux armes de Colbert.

1807. Libertins (les). en campagne. Mémoires tirez du père de la Joie, ancien aumonier de la reine d'Yvetot. 1710. — Nouvelle ou historiette amoureuse. *Paris*, 1670 (imparf.). — Les intrigues parisiennes et provinciales *Paris*, 1700, in-12. *v. br. fil.*

1808. Longueruana, ou recueil de pensées, de discours et de conversations de L. Du Four de Longuerue. *Berlin*, 1754, 2 tom. en 1 vol. in-12. *cart.*

Exemplaire avec les cartons.

1809. Maison (la) de jeu, où se trouvent les divertissemens d'une compagnie, par des narrations agréables et par des jeux d'esprit. *Paris*, 1632, pet. in-8. *v. br. d. s. tr.* — Maison (la) académique, contenant un recueil général de tous les jeux divertissans pour se réjouyr agréablement dans les bonnes compagnies, par D. L. (La Marinière). *Paris*, 1754, in-12. *parch.*

1810. Margot la rayaudeuse, par de M***. *Hambourg*, 1800, pet. in-8. *dem. rel.* — Tant mieux pour elle, conte plaisant. *Villeneuve, de l'impr. de l'himen*, pet. in-12. *br.*

1811. Marot (Clément), OEuvres, avec les ouvrages de Jean et de Michel Marot, accompagnées d'observations. *Paris*, 1731, 4 vol. in-4. *v. br. fil.*

1812. Mélanges de littérature tirez des lettres manuscrites de Chapelain. *Paris*, 1726, in-12. *v.*

Avec envoi de Camusat éditeur.

1813. Mélanges sérieux, comiques et d'érudition. *Paris*, 1704. — Peintures parlantes, traduction en vers (par Boucher). *Paris*, 1703.—Les collinettes (par M^me D'Auneuil). *Paris*, 1703. — L'origine du lansquenet (par M^me D'Auneuil). *Paris*, 1703. — Essays critique de prose et de poésie (par l'abbé Tricaud de Belmont). *Paris*, 1703. — L'érudition enjouée ou nouvelles sçavantes, satyriques et galantes (par M^elle L'Héritier). *Paris*, 1703, 3 part. — Dialogues des animaux (par l'abbé de Charnes). *Paris*, 1703, 2 part. 1 vol. in-12. *v. br.*

1814. Menagiana. *Paris*, 1729, 4 vol. in-12. *v. br.*

1815. Merlin Coccaie. Histoire maccaronique, avec l'horrible bataille des mouches et des fourmis. 1734, 2 vol. in-12, *br.*

1816. Messie (P.), Les diverses leçons, augmentées d'icelles faites par Ant. Du Verdier. *Lyon*, 1580, in-8. *v.* — Du Verdier (Ant.), Les diverses leçons, suivans celles de Pierre Messie. *Tournon*, 1604, in-8.

*parch.* — Guyon (Louys), Les diverses leçons, suivans celles de P. Messie et du sieur de Vauprivaz. *Lyon,* 1625, in-8. tome 2. *parch.*

1817. Motte Messemé (Le Poulchre de la), Le passe temps. *Paris,* 1597. in-8. *parch.*

1818. Nicole (le président). OEuvres contenant diverses pièces choisies, trad. en vers françois, d'Ovide, Horace, Martial etc., *Paris,* 1693, 2 vol. in-12. *v. br.*

1819. Nouveau recueil des épigrammatistes françois, anciens et modernes, par B. L. M. (Bruzen de la Martiniere). *Amst.* 1720, 2 vol. in-12. *broc.*

1820. Nouvelle histoire poétique, et deux traités abrégés, l'un de la poésie et l'autre de l'éloquence, (par Hardion). *Paris,* 1751, 3 tom. en 1 vol. in-12. *v.* — Connoissance des beautez et des défauts de la poésie et de l'éloquence dans la langue françoise. *Paris,* 1749, in-12. *br.*

1821. Operas (recueil d'). *Paris,* 1674-1687, 3 vol. 4 *mar. r. fil. d. s. tr.*

1822. Papon, Art du poète et de l'orateur. *Paris,* 1800, in-8. *v. f. fil.* — Essai sur les bienséances oratoires. *Amsterdam,* 1753, 2 vol. in-8. *br.*

1823. Papesse (la), Jeanne, poème. *La Haye,* 1778, in-8. *br.*

1824. Passe-partout galant, par M. *Constantinople,* 1710, in-12, *v. br.*

Titre doublé.

1825. Periers (Bonav. des), Cymbalum mundi, ou dialogues satyriques sur différents sujets. *Amsterdam,* 1732, in-12. *br.*

1826. Philon (Fr.), OEuvres contenant la trad. des douze livres de l'Æneide de Virgile et autres pièces. *Agen,* 1640, pet. in-8. *parch.*

Titre doublé.

1827. Plaisirs (les), De la lecture aux vives lumières du camouflet, par J. D. S. de Riche-Source. *Paris,* 1681, in-12. *v. br.*

1828. Poèmes sur des sujets pris de l'histoire de notre temps, (l'Acadiade ou prouesses angloises en Acadie, Canada etc., l'Albionide ou l'anglois démasqué). *Liège,*

1758. — Jacqnet de Malzet, le militaire citoyen ou l'emploi des hommes. *Paris*, 1760, in-12 *cart.*

1829. Le premier livre de la plaisante et délectable histoire de Gerileon d'Angleterre, nouvellement mise en franç. par Est. de Maisonneusve. *Paris*, 1572, pet in-8. *demi rel.*

1830. Propos mémorables des nobles et illustres hommes de la chrestienté. *Lyon*, 1570, in-12. *rel.*

1831. Proumenoir (le) de monsieur de Montaigne, par sa fille d'alliance, (mademoiselle de Gournay) édit. troisième, plus ample et plus correcte que les précédentes. *Paris*, 1599, in-12. *vél. d. s. tr.*

1832. Recueil de chansons, anecdotes de 1600 à 1715. 9 vol. in-4. *v.*

Manuscrit.

1833. Recueil de pièces concernant les antiquités, les beaux-Arts, les belles lettres et la philosophie. *Paris*, 1796, 6 vol. in-8. *v.*

1834. Recueil de poesies latines et françoises, et d'épitaphes faites pour Santeuil. *Dijon*, 1698, in-4. *parch.*

1835. Recueil des plus beaux vers de Malherbe, Racan, Maynard, Bois Robert, Monfuron, Lingendes, Touvaut, Molin, de Lestoille et autres. *Paris*, 1630, in-8. *parch. p. d. v.*

1836. Réflexions hazardées d'une femme ignorante. *Paris*, 1766, 2 part. en 1 vol. in-12. *v.*

1837. Regnault, Blanche de Bourbon, reyne d'Espagne, tragi-comédie. *Paris*, 1642, in-4. *dem. rel.*

1838. Regnault, Marie-Stuard, reyne d'Écosse, tragédie. *Paris*, 1639, in-12. *v. f. fil.*

1839. Remarques sur plusieurs autheurs, (Balzac Voiture, Duverdier, Alemanno, Beverland, Levayer, dialogues d'Orasius Tubero etc.), faites depuis le 1er septembre 1689.

Manuscrit sur papier.

1840. Rigoley de Juvigny, De la décadence des lettres et des mœurs. *Paris*, 1787. — Le même discours sur le progrès des lettres en France. *Paris*, 1772. — Le même mémoire pour l'asne de Jacques Féron, contre l'asnesse de Pierre Leclerc. in-8. *dem. rel.*

1841. Rival (P.). Dissertations sur divers sujets. *Amst.* 1726, 3 vol. in-12. *br.* — Dissertations mêlées sur divers sujets importans et curieux. *Amsterdam,* 1740, 2 vol. in-8. *br.*

1842. Rochemont (de), Observations sur une comédie de Molière, intitulée, le festin de Pierre. *Paris,* 1665, in-12. *parch.*

1843. Ronsard (P.), OEuvres. *Paris,* 1587, in-12. tomes 2 et 3. *parch.*

1844. Rostrenen (Gr. de), Grammaire françoise-celtique ou françoise-bretonne. *Rennes,* 1738, pet. in-8. *dem. rel.*

1845. Rousseau (J. J.). OEuvres inédites, suivies d'un supplément à l'histoire de sa vie et de ses ouvrages, par V. D. Musset Pathay. *Paris,* 1825, 2 vol. in-8. *br.*

1846. Roulliard (Seb.). Les gymnopodes, ou la nudité des pieds. *Paris,* 1624, in-4. *parch.*

1847. Saint-Amant (de), OEuvres. *Paris,* 1642, 2 vol. in-4. *v. br.*

1848. Sainte Marthe (Scevole de), OEuvres. *Paris,* 1579, in-4. *v. f. fil.*

1849. Sethos, Histoire ou vie tirée des monuments, anecdotes de l'ancienne Egypte, (par Terrasson). *Paris,* 1767, 2 vol. in-12. *dem. rel.*

1850. Smith (Adam), Essai sur la première formation des langues, trad. de l'angl. par J. Manget. *Genève,* 1809, in-12, *br.*

1851. Sœur (la) Adélaïde, ses égaremens, ses vertus, ses foiblesses et son repentir. *Basle,* 1785, pet. in-8. *cart.*

1852. Soucy (Fr. du), Le triomphe des dames. *Paris,* 1646. — L'apologie des femmes, par P. *Paris,* 1694, in-4. *v.*

1853. Supplément (le) de Tassé rouzi friou tilave, aux femmes, ou aux maris pour donner à leurs femmes. *Paris,* 1713, in-12. *v. br.*

1854. Tetons (les), et poesies diverses de Du Commun. *Amst.* 1740, pet. in-8. *br.*

1855. Théophile, OEuvres. *Rouen,* 1651, 3 part. en 1 vol. in-8. *parch.* — Théophile au roy, sur son exil. *Rouen,* 1626, in-12. *v. br. (Aux armes du prince de Condé.)*

1856. Théâtre d'histoire ou aventures de Polimantes. (par Ph. de Belleville). *Bruxelles,* 1613, in-4. *fig. v. f. (Titre doublé.)*

1857. Thomas, OEuvres. *Paris,* 1773, 4 vol. in-8. *pap. de Holl. mar. r. fil. d. s. tr.*

1858. Thomas, OEuvres complettes avec une notice, par Saint-Surin. *Paris,* 1825, 6 vol. in-8. *br.*

1859. Thomassin (L.), La méthode d'étudier et d'enseigner les lettres humaines : de l'étude des poètes. *Paris,* 1681, 3 vol. in-8. *v. br.*

1860. Traducteur (le) ou traduction de diverses feuilles choisies tirées des papiers périodiques Anglois. *Copenhague,* 1753-1757, 4 vol. in-4. *cart.*

1861. Traduction des meilleurs romans grecs, latins et gaulois, extraits de la bibliothèque universelle des romans. *Paris,* 1785, 2 vol. in-4. *v. f. fil.*

1862. Tressan, Histoire de Gerard de Nevers et de la belle Euriant sa mie. *Paris, Didot,* 1792, in-18. *pap. vél. fig. br.*

1863. Vice (le) puni ou Cartouche, poème. *Anvers,* 1725, in-8. *mar. r. fil. d. s. t. (Aux armes du prince de Conti).*

> Avec envoi manuscrit en vers au prince de Conti.

1864. Villon (Franç.), OEuvres, avec les remarques de diverses personnes. *La Haye,* 1742, pet. in-8. *dem. rel. dos de v. (Muller).*

1843. Watelet, L'art de peindre, poéme avec des réflexions sur les différentes parties de la peinture. *Amst.,* 1741, in-12. *v. br.*

1866. Watelet, L'art de peindre, poème. *Paris,* 1760, in-8. *v. f. fil. d. s. t,*

*Langues allemande. — Anglaise. — Espagnole. — Italienne. — Portugaise. — Langues septen- trionales.*

1867. Andrea da Bergamo, Il primo libro delle satire alla Carlona. — Le rime di Magagno Menon, ebc Gotto, in lingua rustica Padovana, con una tradottione del primo canto di messer Lud. Ariosto. *Vinegia*, 1565, pet. in-8. *v. br.*

1878. Baldovini (Fr.), Il lamento di Cecco da Varlungo colle note d'O. Marrini. *Firenze,* 1755, in-4. *v.*

1869. Caccia (la) de figlioso, trad. da Ces. Perona. *Milano,* 1615, in-8. *fig. en bois. parch.*

1870. Cronichette antiche di varj scrittori del buon secolo della lingua Toscana. *Firenze,* 1733, in-4. *v.*

1871. Cuevas (Fr. de las), Experiencias de amor y fortuna. *Madrid,* 1652, pet. in-8. *dem. rel.*

1872. Gelli (Giov. B.), I capricci del Bottaio. *Fiorenza,* 1551, in-8. *parch.*

1873. Gessner (Salomon), Œuvres, trad. en franç. *Paris,* 1779, 3 vol. gr. in-4. *fig. br.*

1874. Guarini, Il pastor Fido. *Amsterd., L. Elzevier,* 1690, in 24. *v. br.*

1875. Herring (Th.), Letters to W. Duncombe. *London,* 1777, in-8. *br.*

1876. Hervarar saga cum Olai Verelii notis. *Upsalæ,* 1672, in-fol. *dem. rel.*

1877. Iungerutit okko 119, Arsillyput (cantiques en danois), *Copenhague,* 1761, in-12. *v. à comp. fil.*

1878. Leone Hebreo, Dialoghi di amore. *Vinegia, Aldi,* 1549, in 8. *v. br.*

1879. Leone, Med. Hebr., Dialoghi di amore. *Vinegia, Aldi,* 1552, in-8. *parch.*

Mouillé.

1880. Letters to and from J. Wilkes. *London,* 1769-1771, 2 vol. in-8. *br.*

1881. Libro (il) del Perché, la pastorella del Marino, la novella dell'Angelo Gabriello e la puttana errante di P. Aretino. *Peking ( nel, XVIII secolo ),* in-12. *br.*

1882. Mackenzie (G. Steuart), Essay on some subjects connected with taste. *Edinburgh,* 1820, in-8. *cart.*

1883. Marini, Il calloandro smascherato. *Firenza,* 1646, pet. in-12. *vél.*

1884. Marino (il Cav.), La murtoleide fischiate con la Marineide risate del Murtola. *Norimbergh,* 1625. — Marino (il Cav.), Il padre naso. *Parigi,* 1646, in-12. *mar. r. à comp. d. s. t.*

1885. Otthoboni (il card.), Constantino pio, festa teatrale. *Roma*, 1730, in-8. *cart.*

1886. Parlement (le nouveau), en françois et en polonois où colloque latin, alleman, françois et polonois. *Danzig*, 1693, in-8. *v. f. fil. d. s. t. (aux armes).*

1887. Passi Ravennate (Gius), I donneschi difetti. *Venetia*, 1618, in-4. *v. br.*

1888. Puttanismo (il) errante o vero conclave generale delle Puttane della Corte. 1668, pet. in-12. *non rel.*

1889. Radloff (J. Gott.), Les langages des germains dans leurs divers patois, éclaircis par les paraboles du semeur et de l'enfant prodigue, avec une histoire abrégée des noms des allemands. *Francfort*, 1827. in-8. *br. (en allemand).*

1890. Reglas grammaticales para apprender la lenga española y francesa. *Paris*, 1586. — Vigelii (Nic.) de dreisa hessorum jurisconsulti. *Basileæ*, 1577.—Vigelii (Nic.) examen jurisconsultorum, 1593. — B. Colitis, Physiognomiæ et chiromantiæ compendium. *Argentorati*, 1533, pet. in-8. *vél.*

1891. Rime (le) de diversi nobili poeti toscani raccolte da M. Dionigi Atanagi. *Venetia*, 1565, 2 tom. en 1 vol. pet. in-8 *parch.*

1892. Salviati (L.) due commedie. *Firenze*, 1608, in-8. *parch.*

1893. Sannazaro (Gial.), Le rime. *B. Giunta*, 1533, pet. in-8. *parch.*

1894. Shakespeare (W.), Poems. *London*, in-8. *br.*

1895. Suarez de Figuerroa (Chr.), La constante Amaryllis, traduite d'espagnol, par N. Lancelot. *Lyon*, 1614, in-8. *v. f.* — Montemayor, Le roman espagnol où nouvelle, trad. de la Diane, écrite en espagnol. *Paris*, 1735, in-12. *br.*

1896. Torelli (Pomp.), Tragedie, La Galatea. *Parma*, 1603. — La Victoria. *Parma*, 1605. — Il Tancredi, 1605. — La Merope, 1605. — Il Poledoro, 1605, in-4. *vél.*

1897. Wieland, Oberon, trad. en vers. *Berlin*, 1784. — Essais en vers et en prose de M. de B. *Berlin*, 1783. in-8. *dem. rel.*

# HISTOIRE.

## *Géographie. — Voyages.*

1898. Abregé de l'histoire générale des Voyages faits en Europe. *Paris*, 1803, 8 vol. in-8. *fig.*

1899. Anonymi Ravennatis de geographia, libri V, ed. Pl. Porcheron. *Parisiis*, 1688, in-8. *v. fil.*

1900. Antonini Iter Britanniarum, ed. Th. Gales. *Londini*, 1709, in-4. *v. f. (Titre mouillé)*

1901. Anville (D.) Mappemonde, 2 feuilles. — Europe, 6 feuilles.—Amérique méridionale, 4 feuilles.—Amérique septentrionale, 2 feuilles.—Asia minor, 1 feuille. — Côtes de la Grèce, 1 feuille. — Egypte ancienne, 1 feuille.—Egypte, 1 feuille.—Palestine, 1 feuille.

1902. Atlas de Hollande, par Visscher et de Wilt, in-fol. *br.*

1903. Atlas Silesiæ, id est ducatus Silesiæ. *Norimbergæ*, 1750, in-fol. *br.*

1904. Barthelemy, Atlas du voyage d'Anacharsis. *Paris*, 1790, in-4. *cart.*

1905. Bellin, Description du golfe de Venise et de la Morée. *Paris*, 1771, in-4, *fig. br.*

1906. Bellin, Remarques sur la carte de l'Amérique septentrionale. *Paris*, 1755; in-4. *br.*

1907. Bertii (P.) de aggeribus et pontibus hactenus ad mare exstructis digestum novum. *Parisiis*, 1729, in-8. *parch.*

1908. Blaeu (J.), Novum Italiæ theatrum. *Hagæ Comitum*, 1734, 4 tom. en 2 vol. in-fol. *fig. v. br.*

1909. Buache (Ph.), Considérations sur les nouvelles découvertes au nord de la grande mer. *Paris*, 1753, in-4. *fig. v.*

1910. Buaché (Ph.), Considérations sur les nouvelles découvertes au nord de la mer du Sud. *Paris*, 1753. —Explication de la carte des nouvelles découvertes au nord de la mer du Sud. *Paris*, 1752, in-4. *fig. cart.*

1911. Callejo y Angulo (P. del.), Description de l'isle de Sicile et de ses côtes maritimes. *Amst.,* 1734, in-8. *fig. v. br.*

1912. Capitaine et Chanlaire, Carte de la Belgique, 65 feuilles.

Il manque le numéros 10, 15, 21, 29, 36 et 48.

1913. Cartes géographiques par Delisle, Sanson, Robert de Vaugondy, etc., en feuilles.

Ce numéro pourra être divisé.

1914. Cassini, Carte de la France, n°s 12, 26, 49, 50, 51, 53, 65, 66, 67 en feuilles.

1915. Cassini de Thury, Description géométrique de la France. *Paris,* 1783, in-4, *cart.*—Dupain, Carte minéralogique d'une partie de la France, 16 feuilles.

1916. Cassini, Relation de deux voyages faits en Allemagne par rapport à la figure de la terre. *Paris,* 1763, in-4. *br.*

1917. Cassini, Voyage fait en 1768 pour éprouver les montres marines de Leroy. *Paris,* 1770. in-4. *fig. v.*

1918. Chabert (de), Voyage fait en 1750 et 1751 dans l'Amérique septentrionale. *Paris,* 1753, in-4. *fig. mar. r. d. s. tr.*

1919. Collins, Great-Britain's coasting pilot. *London,* 1756, in-fol. *fig. v. br.*

1920. Condamine (La), Voyage de la rivière des Amazones. *Paris,* 1749, in-4. *fig. v.*

1921. Correal (Fr.), Voyages aux Indes occidentales, trad. de l'Espagn. *Amst.,* 1722, 2 vol. in-12, *fig. v. f.* — Raveneau de Lussan, Journal du voyage fait à la mer du Sud avec les flibustiers. *Paris,* 1705, in-12. *br.*—Waffer (Lionnel), Voyages en Amérique, trad. de l'anglois par de Montirat. *Paris,* 1706, in-12. *fig.*

1922. Description de la France. *Paris,* 1786, in-fol. *v. éc. fil. d. s. tr.*

Ile de France, 2 vol.—Provinces du Midi, 1 vol.—Bourgogne, 1 v. —Dauphiné et Roussillon, 1 vol.—Provinces du centre, 1 vol.

1923. Découverte des Français en 1768 et 1769, dans le Sud-Est de la Nouvelle Guinée. *Paris,* 1790, in-4. *fig. v.*

1924. De l'Isle, Nouvelles Cartes des découvertes de l'amiral de Fonte. *Paris,* 1753, in-4. *fig. v. br.*

1925. Dionysius Alexandrinus de situ orbis, Eustathii commentariis illustratus, græce. *Iutetiæ* 1547. in-4. *parch.*

1926. Dionysii Alexandrini et Pomponii Melæ situs orbis descriptio. Æthici cosmographica. C. J. Solini Polyhistor, cnm comment. Eustathii et notis J. Olivarii J. Simleri et M. A. Delrio. *H. Stephanns*, 1577, in-4. *mout.*

1927. Dutertre, Histoire générale des Antilles. *Paris*, 1677, 4 vol. in-4. *v. br. et non rel.*
  Le tome 4 imparfait du dernier feuillet.

1928. Feltmannus (G.), de accessionibus memorabilibus nec non de aggeribus et voraginibus : adjicitur Ben. de Pratis et de stellionibus maritimis vernacule dict. Lorrendraeyers. *Amst.*, 1601, in-8. *vélin.*

1929. Fevre (Mic.), Théâtre de Turquie. *Paris*, 1681, in-4. *v. f. fig. d. s. tr.*

1930. Forrest, Voyage aux Moluques et à la Nouvelle Guinée, de 1774 à 1776. *Paris*, 1780, in-4. *fig. plié.*

1931. Frezier, Relation d'un voyage de la mer du Sud. *Paris*, 1716, in-4. *fig. br.*

1932. Grélot, Relation d'un voyage de Constantinople. *Paris*, 1680, in-4. *br.*

1933. Grieve Jefferys, Description abrégée du pays de Kamtschaska. *Erlang*, 1768, pet. in-8. *br.* (*Titre coupé.*)

1934. Hennicke (J. F.), Commentatio de geographia herodotea. *Gottingæ*, 1788, in-4. *br.*

1935. Histoire des découvertes faites par divers savans voyageurs. *Berne*, 1779, in-4. tom. 1. *fig. color. br.*

1936. Horrebow, Nouvelle description de l'Islande, avec des observations de Anderson, trad. de l'allem. *Paris*, 2 vol. in-12. *br.*

1937. Kimmel, Lettres écrites dans un voyage de Moscou au Caucase. *Moscou*, 1812, in-8. *fig. br.*

1938. Lemoine (J. J.), Les trois voyageurs. *Paris*, 1819, 2 vol in-8. *br.* — Richard (J.), Tour from London to Petersburg and Moscou. *London*, 1780, in-8. *br.*

1939. Lery (J. de), histoire d'un voyage fait en la terre du Brésil, autrement dite Amérique. *Paris*, 1578, in-8. *parch.*

1940. Lobo (Jér.), Voyage d'Abissinie, trad. du Portug. par Legrand. *Paris*, 1728, in-4. *v. br.*

1941. Marci Pauli de regionibus orientalibus libri III, accedit Haithoni Armeni historia Orientalis et de Tartaris, itemque And. Muller, de Chataja. *Coloniæ Brandenburgicæ*, 1671, in-4. *non rel.*

1942. Meares (J.), Voyage de la Chine à la côte nord-ouest de l'Amérique, trad. de l'anglais, par J. B. L. J. Billecocq. *Paris*, an III, 3 vol. in-8. *br.* et atlas, in-4. *cart.*

1943 *bis*. Millin (A.L.), Atlas pour le voyage dans les départemens du midi de la France. *Paris*, 1807, 2 part. in-4. *br.*

1943. Misson (Max.), Voyage d'Italie. *Paris*, 1745, 4 vol. in-12. *v.*

1944. Muller (J. Chr.), Mappa geographica regni Bohemiæ, XXV sectionibus exhibita. *Aug. Vind.*, 1720, in-fol.

1945. Munsteri Cosmographia universalis. *Basileæ*, 1550, in-fol. *fig. non rel.*

1946. Pananti (Fil.), Avventure e osservazioni sopra le coste di Barbaria. *Firenze*, 1817, 2 vol. in-8. *br.*

1947. Pocoke (Rich.), Voyage en Orient, dans l'Egypte, l'Arabie, la Palestine, etc., trad. de l'anglois. *Paris*, 1772, 7 vol. in-12. *v. br.*

1948. Postellus (G.), de Cosmographica disciplina et signorum cœlestium vera configuratione. *Lugd. Bat.*, 1636, in-24. *v. f. fil. d. s. tr.*

1949. Postellus (G.), de orbis terrarum concordia.— C. Bovillus, de intellectu, de sensu, de Niehilo, etc., et mathematicum opus quadripartitum. *Ambianis.* 1510, in-fol.

1950. Lacombe, Abrégé chronologique de l'histoire du Nord. *Paris*, 1777, 2 vol. in-8. *v.*

1951. Riedl : Atlas des fleuves et rivières de Bavière. *Munich*, 1806, in-fol. *br.*

1952. Roux, Carte de la Mer méditerranée. *Paris*, 1764, in-fol. *v.*

1953. Schouten (G.), journal ou description du voyage fait ès années 1615, 1616 et 1617. *Amst.*, 1618, in-4. *fig. parch.*

1954. Sparman (A.), Voyage au Cap de Bonne-Espérance, trad. par Letourneur. *Paris*, 1787, 3 vol. in-8. *fig. br.*

1955. Taifel (J. Chr.), il Viaggio fatto di Constantinopoli verso Levante. *Viennu*, 1598. — Stock, Deductioni nuptiali J. Chr. Teufel et Euphrosinæ Conradi. *Viennæ*, 1593.—Th. Bezaleel, Congratulio reditui J. Chr. Tieffælii. *Viennæ*, 1591, in-4. *parch.*

1956. Thevenot (Melc.), Relation de divers voyages curieux. *Paris*, 1666, in-fol. Les parties 1, 2, 3, *v. br.* — Relation du Mexique par Gage (faisant partie du tome 4), in-fol. *v. br.*

1957. Thevenot, fragment en espagnol sur les isles de Salomon, in-fol. *v. br.* pages 1 à 16.

L'une des pièces qui se trouvent très rarement à la fin de la quatrième partie. Cet exemplaire contient les pages 1, 2, 3, 4, 9, 10, 11, 12, dont l'existence n'a été constatée jusqu'à présent par aucun bibliographe, (voir Camus et M. Brunet).

1958. Tyrwhitt (Th.), Conjecturæ in Strabonem. *Erlangæ*, 1788, in-8. *br.*

1959. Vaillant (Fr. le), Voyage dans l'intérieur de l'Afrique par le cap de Bonne Espérance. *Paris*, an VII, 2 vol. in-8. *fig.*

1960. Vossii (H.) Observationes ad Pomponium Melam de situ orbis. *Hagæ Comitis*, 1658, in-4. *v. br.*

*Chronologie. — Histoire universelle.*

1961. Bettazi (J.) Epitome operis Paschalis. *Florentiæ*, 1733, in-4. *cart.*

1962. Holberg (Lud. de), Synopsis historiæ universalis. *Francof.*, 1753, in-8. *br.*

1963. Lackmannus (Ad. H.), De computatione annorum per hiemes priscis gentibus hyperboreis usitata. *Kilonii*, 1744, in-4. *br.*

1964. Lucchesini (Jo. Vinc.) historiæ sui temporis ab Noviomagensi pace. *Romæ*, 1725, 3 vol. in-4. *br.* (*mouillé*).

1965. Reineccii (R.) methodus legendi cognoscendique historiam tam sacram quam profanam. *Helmestadii*, 1660, in-4. *non rel.*

## Histoire ecclésiastique.

1966. Abrégé chronologique de l'histoire ecclésiastique *Paris*, 1768, 3 vol. pet. in-8. *dem. rel.*

1966 *bis.* Abrégé de l'histoire de la franche maçonnerie. *Lausanne*, 1779, in 8. *br.* — Francs-maçons (les) écrasés, suite du livre intitulé, l'ordre des francs-maçons trahi. *Amsterdam*, 1778, in-12. *br.*

1967. Abrégé de l'histoire ecclésiastique de Fleury, trad. de l'angl. (avec une préface par Frédéric II). *Berne*, 1767, 2 vol. pet. in-8. *v. fil.*

1968. Alcoran des Cordeliers tant en latin qu'en françois. *Amst.*, 1734, 2 vol. in-12. *fig. v. br.*

1969. Alteserra (A. D.), Asceticon sive originum rei monasticæ libri X, ed. Chr. Fr. Gluck. *Halæ*, 1782, in-8. *dem. rel. dos de vél.*

1970. Allicottius de antiquis novisque manichæis. *Græcii*, 1766, in-8. *mouillé.*

1971. Baillet (Adr.), Histoire des demeslez du pape Boniface VIII avec Philippe le Bel. *Paris*, in-12. *v.* — Histoire des différends entre le pape Paul V et la république de Venise, (trad. de Fra Paolo Sarpi). 1625, in-8. *v. br.*

1972. Banensis (F. N.), De origine, nomine ac religione Maronitarum. *Romæ*, 1679, in-8. *v. br.*

1973. Barns (Rob.) et J. Baleus, De vitis pontificum romanorum. *Lugd. Bat.*, 1615, in-8. *vél.* — Delaunes (J.), Histoire du pontificat d'Eugene III. *Nancy*, 1737, in-8. *v.*

1974. Barns (Rob) et J. Baleus, de vitis pontificum romanorum. *Lugd. Bat.*, 1615, in-8. *vél.*

1975. Basnage, Histoire de la religion des églises réformées. *Rotterd.*, 1690, 2 vol. in-8. *vél.*

1976. Basnage, Histoire des juifs depuis Jésus-Christ jusqu'à présent. *La Haye*, 1716, 15 vol. in-12. *v. br.*

1977. Bernardino (F.), Trattato delle piante et immagini de'sacri edifizi di Terra Santa. *Firenza*, 1620, in-4. *fig. parch.*

1978. Binet (Est.), Abrégé des vies des principaux fondateurs des religions de l'église représentez dans le chœur de l'abbaye de St. Lambert de Lessies. *Anvers*, 1634, in-4. *fig. v. br.*

1979. Bouillart (J.), Histoire de l'abbaye royale de St. Germain des Prez. *Paris.* 1724, in-fol. *fig. v.*

1979 *bis*. Brandt (G.), Histoire abrégée de la réformation des Pays-Bas, trad. du holl. *La Haye*, 1726, 3 vol. in-12. *dem. rel.*

1980. Breve e particolare del ordine degli ospitalari detto volgarmente di Malta. *Padova*, 1724, in-8. *parch.* — Relation de l'établissement de l'institut des filles de l'enfance de Jésus. *Toulouse,* 1689, in 12. *cart.*

1981. Burnet, Histoire de la réformation de l'église d'Angleterre, trad. par de Rosemond. *Londres,* 1683, 2 vol. in-4. *v. br.*

1982. Caranza (B.), Summa conciliorum. *Antverpiæ,* 1681, in-4. *v. br.*

1982 *bis*. Cérémonies et coutumes religieuses de tous les peuples du monde, avec figures de Bern. Picart. *Amst.,* 1723 *et années suivantes.* 11 tom. en 9 vol. in-fol. *non uniformes.*

1983. Cerri (Urb.), Etat présent de l'église romaine dans toutes les parties du monde. trad. de l'angl. *Amsterdam,* 1716, pet. in-8. *v. br.* — Etat (l') du siége de Rome dès le commencement du siècle passé jusqu'à présent. *Cologne,* 1707, in-12. 3 tom. en 1 vol. *v. f.* — Anecdotes ecclésiastiques tirées de l'histoire de Naples de Giannone. *Amst,* 1738. — Procès contre les jésuites pour servir de suite aux causes célèbres. *Brest,* 1750, pet. in-8. *v. br.*

1984. Choriolanus (Amb.), In defensorium ordinis Augustianorum (1484), in-4. *v. avec une table manuscrite.*

1985. Concilia germaniæ, edd. J. Fr. Schannat, Jos. Hartzheim et H. Scholl. *Coloniæ Aug. Agripp.,* 1765, in-fol. tom. 6 *br.*

1986. Conformité des cérémonies chinoises avec l'indo-

latrie grecque et romaine. *Cologne*, 1700, in-12. *cart.*
(*mouillé*).

1987. Corsignani (P. A.) acta SS. martyrum Simplicii,
Constantii et Victoriani vindicata. *Romæ*, 1750, in-4.
*br.*

1988. Croesii (Ger.) historia quakeriana. *Amstel.*, 1696,
pet. in-8. *vél.*

1989. Cronologia de'sommi pontifici revista et espur-
gata da G. Ant. Brandi. *Roma*, 1622, in-4. *parch.*

1990. Cronologia ecclesiastica la quale contiene le vite
de'pontifici da S. Pietro, sino al regnante Clemente X.
*Bologna*, in-8. *fig. en bois. v.*

1991. Denis, Memoires, anecdotes de la cour et du clergé
de France. *Londres*, 1712. — Vie de Boileau, par
Desmaiseaux. 1712, in-8. *fig. dem. rel.*

1992. Eclaircissemens sur la doctrine et sur l'histoire
ecclésiastique des deux premiers siècles (par Faydit).
*Mastricht*, 1695, in-8. *v.*

Avec une longue note autographe de l'abbé Sepher.

1993. Eggs (G. J.), Pontificium doctum seu vitæ pontificum romanorum. *Coloniæ*, 1718, in-fol. *peau de
truie.* — Eggs (G. J.), Purpura docta sive vitæ, lega-
tiones, etc. cardinalium. *Francof.*, 1710, 6 tom. en 3
vol. in-fol. *v. br.*

1994. Ehrlicher (J. G.), Ferias cereales sacras de novis
spicis, pane sacro, leguminibusque ac decimis mes-
soriis. *Altdorfii*, 1704, in-4. *br.*

1995. Elémens de l'histoire ecclésiastique (par Chaudon).
*Caen*, 1782, in-12. *dem. rel.* — Justification des discours et de l'histoire ecclésiastique de Fleury ( par
Osmont du Sellier). 1736, in-12. *v. br.* — Choisy
(l'abbé de), Les plus beaux évènemens de l'histoire
sacrée et de l'histoire profane rapportez à la morale.
*Paris*, 1711, in-12. *v. fil.*

1996. Elogia cardinalium pietate doctrina, etc. illustrium ab Alexandro III ad Benedictum XIII. *Romæ*,
1751, in-fol. *br.*

1997. Est (Hyppolite d'), card. de Ferrare, Négociations
ou lettres d'affaires ecclésiastiques et politiques, trad.
en franç. (par J. Baudouin). *Paris*, 1650, in-4. *v. br.*

1998. Estius (Guilb.), Histoire véritable des martyres de Gorcom en Hollande, translatée en franç. par M. M. D. L. B. *Cambray*, 1618, pet. in-12. *v. br. fil.*

1999. Etat présent de l'église de la Chine et des autres roiaumes voisins. *Paris*, 1670, in-12. *v. br.*

2000. Fleury, Histoire ecclésiastique. *Paris*, 1722. — Table, par Rondet. *Paris*, 1774. 3 7 vol. in-4. *v. br.*

2001. J. Gastius, Anabaptismi exordio, erroribus hisriis abominandis, confutationibus adjectis. *Basileæ*, 1544, in-8. *vél.*
    Signature de J. A. de Thou.

2002. Gatterer. Memoria sæculi Hildebrandini. *Gott.* 1782, in-12. *br.*

2003. Gesquierus (Jos). Acta sanctorum Belgii selecta. *Bruxellis*, 1738, 6 vol. in-4. *fig. br.*

2004. Godeau. Éloges des évêques qui ont fleury en doctrine et en sainteté. *Paris*, 1665, in-4. *v. br.*

2005. Godeau (Ant.), Histoire de l'Église. 1680, 6 vol. in-12. *v. br.*

2006. Graveson (Ign. H.), Historia Ecclesiastica veteris testamenti. *Romæ*, 1727, 3 vol. in-8. *br.*

2007. Grouwels, Historia critica S. indulgentiæ, B. Mariæ angelorum, vulgo de portiunculâ ad preces B. Francisci ab ipso christo concessæ. *Antv.* 1726, in-8. *v. br.*

2008. Grutleri (N ), Histosia templariorum. *Amst.* 1703, in-8. *v.*

2009. Hecatæi abderitæ eclogæ sive fragmenta de historia et antiquitatibus sacris veterum ebræorum gr. et lat. cum notis E. Scaligeri et P. Zornii. *Altona*, 1730, in-8. *vél.*

2010. Helwing, de Pii II, Pontif. max. rebus gestis et moribus. *Berol.* 1827, in-4. *br.*

2011. J. Hildebrandi, Augusta cæsaris octaviani augusti et principis, augusti ducis Brunsw. *Helmestadii*, 1672, in-4. *non rel.*

2012. Histoire critique de la créance et des coutumes des nations du Levant, publiée par le S. de Moni (Richard Simon). *Francfort*, 1684, in-12. *v. br.*

2013. Histoire de l'ordre des chevaliers du temple de Jérusalem, dits Templiers. *Paris*, 1789, 2 vol. in-4.

*br.* — Nicolai (Fred.), Essai sur les accusations intentées aux Templiers et sur le secret de cet ordre, avec une dissertation sur l'origine de la franc-maçonnerie, *Amst.* 1783, in-12. *br.*

2014. Histoire des conclaves depuis Clément V jusqu'à présent. *Cologne*, 1694, in-12. 2 tom. en 1 vol. *dem. rel.* — Juste (la), balance des cardinaux vivans, trad. de l'Ital. *Avignon*, 1652, pet. in-12. *parch.*

2015. Historia et monumenta Joannis Hus atque Hieronymi Pragensis, confessorum christi. *Norimbergœ*, 1715, 2 vol. in-fol. *v.*

2016. Historia fratrum sportulantium. *Francof.* 1724, in-8. *br.*

2017. Historiæ controversiarum de divinæ gratiæ auxiliis sub Sixto V, Clemente VIII, Paulo V, aut. Lemos, Eleutherio, Serry. *Antverpiæ.* 1705. 3 vol. in-fol. *v. br.*

2018. Historiæ Joannis VIII Rom. pontificis virum primùm simulantis, postea sexum suum partu in publicâ viâ edito prodentis a jesuitarum, in primis technis vindicatæ edito nova. *Helmestadii*, 1667, in-4. *non rel.*

2019. Honnert (V. Den), de Bohemorum et Moravorum ecclesiâ. *Lugd. Bat.*, 1739, in-4. *br.*

2020. Istoria dell' assemblea degli arcivescovi e Vescovi della Toscana tenuta in Firenze. *Firenze*, 1788, in-4. *cart.*

2021. Ittigii ( T. ) Historia Concilii Nicæni. *Lipsiæ*, 1712, in-4. *br.*

2022. Jablonski (P. E.) Institutiones historiæ christianæ, ed. Schullze. *Franc. ad V.*, 1783, 3 vol. in-8. *br.*

2023. Jésuites. Anecdotes ecclésiast., jésuitiques, par Sonnes, 1770. — Mémoires à consulter et consultation pour les jésuites de France (affaire de Lavalette et Léoncy et autres pièces. — Oracle des anciens fidèles, 1777. in-12 *br.* — Apologie des Lettres provinciales, 1697. — Intrigues secrettes des jésuites, 1718. — Instruction aux princes sur la manière dont se gouvernent les jésuites. — Arrêt du Parlement de Bretagne contre plusieurs propositions enseignées par les jésuites. 1718. — Nouvel évangile du P. Renaud sur le pardon des ennemis, 1720. — Nouvel pratique du confessional selon la doctrine du P. Salson, 1718. — Acte d'appel au futur Concile par les écoliers du collége d'Arras, 1721. — Réponse à la lettre de l'évêque d'Angérs, 1721. — Lettre au sujet des lettres de M. de

Marseille contre les pères de l'Oratoire, 1721.—Relation de ce qui s'est passé à la Faculté de théologie de Bourges au sujet de la thèse du P. Villeneuve, 1721, in-12.—Appel à la raison des écrits et libelles publiés par la passion contre les jésuites de France, 1762, 2 tom. en 1 vol. in-12.—Beste à sept têtes ou Beste jésuitique. *Cologne*, 1693, in-12. *v. br.*—Constitutions des jésuites avec les déclarations, trad. sur l'édition de Prague, 1762, 3 tom. en 2 vol. in-12.

2004. Lacroix ( de ), Etat présent des nations et églises grecque , armenienne et maronite en Turquie. *Paris*, 1715, in-12. *parch.*

2005. Leblanc , Historia congregationum de auxiliis et gratiâ. *Lovan.*, 1700 , in-fol. *v. f.*

2026. Légende dorée , ou sommaire de l'histoire des Frères mendians de l'ordre de Saint-Dominique et de Saint-François. *Amst.* , 1734, in-12. *v. br.*

2027. Lenfant (J.), Histoire du Concile de Constance. *Amsterdam*, 1727, 2 vol. in-4. *fig. br.*

2028. Lenfant (J.), Histoire du concile de Pise. *Amst.*, 1729, 2 vol. in-4. *fig. gr. pap. br.* — Beausobre ( H. de ) Supplément à l'histoire de la guerre des Hussites de Lenfant. *Lausanne*, 1745 , in-4. *gr. pap. br.*

2029. Lord (H.), Histoire de la religion des Banians , trad. de l'anglois. *Paris*, 1667, in-12. *v. br.*

2030. Lubiemecii (S.), Historia reformationis polonicæ. *Freistad*, 1685, in-8. *v. br.*

2031. **Maimbourg**, Histoire de l'Arianisme avec l'origine et les progrès de l'hérésie des Sociniens. *Paris*, 1682 , 3 vol. in-12. *v. f.*—Histoire de l'heresie de Iconoclastes et de la translation de l'empire aux François. *Paris*, 1683, 2 vol. in-12. *v. f.*—Histoire du Lutheranisme. *Paris*, 1688, 2 vol. in-12. *v. f.*—Histoire du pontificat de S. Gregoire-le-Grand. *Paris*, 1686, 2 vol. in-12. *v. f.*—Histoire du Pontificat de S. Léon-le-Grand. *Paris*, 1687, 2 vol. in-12 *v. f.* — Traité historique de l'établissement et des prérogatives de l'Eglise de Rome et de ses Evêques. *Paris*, 1685, in-12. *v. f.*

2032. **Maimbourg**, Histoire des Croisades. *Paris*, 1686, 2 vol. in-4. *v. br.*

2033. Malebranche ( B. M.), Histoire chronologique des papes , des empereurs, des rois et autres princes qui ont régné en Europe depuis la naissance de Jésus-Christ. *Bruxelles*, 1741 , 3 vol. petit in-8. *cart.*

2034. Mallemant , Histoire de la religion. *Paris*, 1704, 6 vol. in-12. *bas.*

2035. Mémoires (6) pour Rome sur l'état de la religion chrétienne dans la Chine, in-4. *mar. r. fil. d. s. tr.*

2036. Miræus (Aub.), Chronicon cisterciensis ordinis. *Colon. Agripp.*, 1614, in-12. *dem. rel.*

2037. Morini antiquitates ecclesiæ Orientalis dissertationibus epistolicis enucleatæ. *Londini*, 1602, in-8. *v. br.*

2038. Moshemii (J. L.) Dissertationes ad historiam ecclesiasticam. *Altonaviœ*, 1733, 2 vol. in-8. *dem. rel. dos de vél.*

2039. Moshem (Jo. Laur.), Dissertationes ad historiam ecclesiasticam. *Altonœ*, 1767, 2 vol. in-8. *dem. rel.*

2040. Natalibus ( P. de ), Catalogus Sanctorum. 1520, in-fol. *goth. dem. rel.* (*Mouillé.*)

2041. Ornhiaelms (C.), Historia Sueonum, Gothorumque ecclesiastica. *Stockolmiœ*, 1689, in-4. *dem. rel.*

2042. Pallavicino, istoria del concilio di Trento. *Milano*, 1745, in-4. *v.* parte 1ª.

2043. Pallavicini ( P. Sfortiæ) Vera Concilii Tridentini historia. *Aug. Vindel.*, 1769, 3 tomes en 1 vol. in-fol. *cart.*

2044. Papebrochii responsio ad exhibitionem errorum et elucidatio actorum in controversi, super origine et origines ordinis, B. M. de Monte Carmeli. *Antverpiœ*, 1696, 3 vol. in-4. *v. br.*

2045. Piccoli (Alb.), de antiquo jure ecclesiæ Siculæ. *Messanœ*, 1623, in-4. *vél.*

2046. Poli (Reg.) de Concilo. *Venetiis*, 1562.—Orationes, responsa, literæ, mandata ex actis Concilii Tridentini collecta. *Venetiis Aldus*, 1567, pet. in-8. *parch.*— Aquilinius (Ces.), de tribus historicis concilii Tridentini. *Amstel.*, 1662, in-8. *parch.*

2047. Port-Royal: Histoire abrégée de la dernière persécution de Port Royal. *Edit. royale*, 1750, 3 vol. in-12, *v. non unif.*—Mémoires historiques et chronologiques sur l'abbaye de Port-Royal-des-Champs. *Utrecht*, 1755, 8 vol. in-12. *bas. et cart.*

2048. Recusatio Tridentinæ synodi a statibus augustanæ confessionis germanicæ. *Basileœ*, in-12, *parch.*

2049. Reinesius ( Th.), de Palatio lateranensi ejusque comitiva, accedit G. Schubartus de comitibus Palatinis Cæsareis. *Ienœ*, 1676, in-4. *non rel.*

2050. Renaudot, Défense de l'histoire des patriarches d'Alexandrie et de la collection des liturgies orientales. *Paris*, 1717, in-12. *br.* — Dissertation sur les bulles contre Baius. *Utrecht*, 1737, 2 part. en 1 vol. in-12. *v. br.*

2051. Renoult (J. B.), Histoire des variations de l'église Gallicane. *Utrecht*, 1710, in-8. *v. br.* —Origine (l') des églises de France prouvée par la succession de ses évèques. *Paris*, 1688, in-8. *v. br* — Actes de l'assemblée du clergé de France sur la religion. *Paris*, 1765, in-4. *br.*

2052. Ribadineira flos sanctorum, seu vitæ et res gestæ sanctorum. *Coloniæ*, 1700, in-fol. *vél.*

2053. Rosweydi (Her.) Vitæ patrum. *Antverpiæ*, 1628, in -fol. *non rel.*

2054. Sacris (de) ritibus usui Capuccinorum accommodatis. *Neapoli*, 1626, in-4. *v. br.*

2055. (Sarpi) P. Suavis Polani historia concilii Tridentini. *Augustæ Trinobantum*, 1620, in-fol. *v. br.*

2056. Schaffshausius de conscribenda methodistarum rempublicam anglorum sacram mire turbantium historia. *Hamb.*, 1743, in-4. *br.*

2057. Schall (J. Ad.), Historica relatio de ortu et progressu fidei orthodoxæ in regno Chinensi ab anno 1581 usque ad annum 1669. *Ratisbonæ*, 1672, in-8. *dem. rel.*

2058. Schelstrate (Emm. à), Ecclesia africana sub primate carthaginiensi. *Coloniæ*, 1679, in-4. *v. br.*

2059. Schottus (Andr.), Prussia christiana sive de introductione religionis christianæ in Prussiam per martyres tentata. *Gedani*, 1738, in-4. *br.*

2060. Seldenus (J.), De synedriis et præfecturis juridicis veterum ebræorum. *Londini*, 1650-1653, 2 vol. in-4.

(Non uniformes).

2061. Simii (V.) catalogus sanctorum et plurium virorum illustrium congregationis Vallisumbrosæ. *Romæ*, 1693, in-4. *v. br.*

2062. Socratis et Sozomeni historia ecclesiastica, gr. lat., ed. Valesio. *Paris.*, 1668, in-fol. *v. br.*

2063. Spanheim, Histoire de la papesse Jeanne. *La*

*Haye*, 1736, 2 vol. in-8. *fig. br.*—Raemound (Fl. Ed),
Erreur populaire de la papesse Jane. *Lyon*, 1595,
in-8. *parch.*

2064. Thomassin (L.), La méthode d'étudier et d'enseigner les historiens profanes par rapport à la religion.
*Paris*, 1693, 2 vol. in-8. *v. br.*

2065. Thuringia sacra sive historia monasteriorum quæ
olim in Thuringia floruerunt. *Francof.*, 1737, in-fol.
*fig. v.*

2066. Turpin, Histoire de l'alcoran. *Paris*, 1775, 2 vol.
in-12. *br.*

2067. Typotii symbola divina et humana pontificum
imperatorum, etc. *Francof.*, 1652, 3 tom. en 1 vol.
in-fol. *fig. v.*

2068. Usuardi martyrologium, ed. J. Molano. *Antverpiæ*, 1583, in-8. *mar. r. fil. d. s. t.*

2069. Usuardi martyrologium sincerum. *Paris.*, 1718,
in-4. *dem. rel.*

2070. Usuardi martyrologium, ed. J. B. Sollerio. *Venetiis*, 1745, in-fol. *v. br.*

2071. Vastovii (J.) vitis aquilonia sive vitæ sanctorum
regni sueo-gothici. *Upsal.*, 1708, in-4. *br.*

2072. Virorum illustrium arctioris discalceatorum instituti in eramitano D. Augustini exegesis summaria.
*Vetero Pragæ*, 1674, *fig.* — Origo, Progressus
et memorabilia ecclesiæ S. P. Augustini. *Viennæ*,
1730. — Genuina mens S. Augustini de arcanissimis
divinæ scientiæ mysteriis. 1677, in-fol. *dem. rel.*

2073. Vita del glorioso Giov. Gualberto, institutore del
ordine di Valebrosa. *Venetia*, 1510. — Compendio
delli abbati generali di Valebrosa. *Venetia*, 1510,
in-4. *vél.*

2074. Vray trésor de l'histoire saincte sur le transport
miraculeux de l'image de N. D. de Liesse. *Paris*,
1647, in-4. *fig. v. f. fil.*

2075. Wietrowski, Historia de bello sacro pro liberanda terra sancta. *Vetero Pragæ*, 1724, in-fol.
*dem. rel.*

*Histoire ancienne et du Bas-Empire.*

2076. Agathias, De imperio et rebus gestis Justiniani imp.,
ed. Bon. Vulcanio. *Parisiis,* 1640, in-fol. *v. br.*

2077. Anastasii historia ecclesiastica sive chronographia
tripertita, ed. C. A. Fabrotto. *Parisiis,* 1649, in fol.
*v. br.*

2078. Arriani expeditio Alexandri et historia Indica,
ed. G. Raphelio. *Amstelodami,* 1757, in-8. *br.*

2079. Baccetii ( Nic. ) septimaniæ historiæ libri VII,
ed. Mat. d'Inguimbert. *Romæ,* 1724, in-fol. *cart.*

2080. Beckmanni (J. Chr.) analecta historica rerum sacrarum et profanarum ab orbe condito usque ad tem-
pora Constantini magni. *Francof. ad Viadrium,* 1722,
in-4. *br.*

2081. Boecleri (J. H.) lectiones Polybianæ manuscr. codicis Augustani. *Argentorati,* 1670, in-4. *cart.*

> Avec envoi à Guy Patin.

2082. Bougainville ( de ), Parallele de l'expédition
d'Alexandre dans les Indes, avec la conquête des
mêmes contrées par Thamas-Koulikan. 1752, in-8. *br.*

2083. Boxhornii (M. Z.) de imperio Romanorum dissertationes, ed. Jo. Schmidelio. *Ienæ,* 1659, in-4.
*non rel.* — G. Fabricii Roma, cura L. G. L. H. *Helmestadii,* 1670, in-4. *non rel.*

2084. Brantii (J.) elogia ciceroniana romanorum. *Antverpiæ,* 1612, in-4. *v. f. d. s. tr.*

2085. Cæsaris (C. J.) et Auli Hirtii quæ exstant omnia,
cum notis variorum, ed. Jo. Davisio. *Cantabrigiæ,*
1727, in-4. *br.*

2086. Cæsar (C. J.), edd. N. L. Achaintre et N. E. Lemaire. *Parisiis,* 1819, 4 vol. in-8. *br.*

2087. Cantacuzeni ( Jo. ) historiarum libri IV, ed. P.
Seguierio. *Parisiis,* 1645, 3 vol. in-fol. *v. br.*

2088. Cedreni (G.) compendium historiarum, edd. J.
Goar et C. A. Fabrotto. *Parisiis,* 1647, 2 vol. in-fol.
*v. br.*

2089. Chalcocondylæ (F.) Historiarum libri X, ed. C.
A. Fabrotto. *Parisiis,* 1650, in-fol. *v. br.*

2090. Chronicon orientale lat. donatum ab Abr. Ecche-
lensi, accessit supplementum historiæ orientalis ab
eodem concinnatum. *Parisiis*, 1688, in-fol. *v. br.*

2091. Chronicon Paschale, ed. C. Du Fresne Du Cange.
*Parisiis,* 1688. in-fol. *v. br.*

2092. Cinnami (J.) historiarum libri VI, ed. C. Du Fresne
Du Cange. *Parisiis*, 1670, in-fol. *v. br.*

2093. Corippi (Fl. Cr.) de laudibus Justini Augusti mi-
noris libri IIII, ed. And. Goetzio. *Altorfii*, 1743,
in-8. *br.*

2094. Cragius (Nic.), De republica lacedæmoniorum.
1693, in-4. *v. f.*

2095. Curtius Rufus (Q.), ed. N. E. Lemaire. *Parisiis*,
1822, 3 vol. in-8. *br.*

2096. Daretis Phrygii de excidio Troiæ historia, ed.
Andr. Dederich. *Bonnæ*, 1835, in-8. *br.*

2097. Diodori Siculi bibliothecæ historicæ libri qui supersunt, ed. P. Wesselingio. *Amstelodami*, 1746,
2 vol. in-fol. *br.*

2098. Essai sur les règnes de Claude et de Néron. *Londres*, 1782, 2 vol. in-8. *br.* — Gordon (Th.), Discours
sur Tacite, trad. de l'angl. *Amsterdam*, 1742, 2 vol.
in-12. *br.*

2099. Glycæ (Mic.), Annales ed. Ph. Labbe. *Parisiis*,
1670, in-fol. *v. br.*

2100. Fléchier, Histoire de Théodose-le-Grand. *Paris*,
1679, in-4. *v. br.*

2101. Gockinga (S.), de rebus à morte Nebucadnezaris
ad Cyri exitum in oriente gestis. *Groningæ*, 1737.
in-4. *br.*

2102. Guilletière (de la), Athènes ancienne et nouvelle.
*Paris*, 1675, in-12. *v. br.*

2103. Histoire du tribunat de Rome. *Paris*, 1774, 2
vol. in-8. *br.* — Histoire du Triumvirat d'Auguste,
Marc-Antoine et Lepidus. *Paris*, 1694, 3 vol. in-12. *br.*

2104. Historiæ Byzantinæ scriptores post Theophanem,
ed. Fr. Combefisio. *Parisiis*, 1685, in-fol. *v. br.*

2105. Historia Judaica, res Judæorum, de hebræo in
latinum conversa à G. Gentio. *Amstel.*, 1651, in-4.

2106. Hamming (L.), de Jasone Pherarum tyranno.
*Traj. ad Rh.*, 1828, in-8. *br.*

2107. Justini historiæ Philippicæ ex Trogo Pompejo, ed. N. E. Lemaire. *Paris*, 1823, in-8. *br.*

2108. Koopmans, de Sardanapalo. *Amstelodami*, 1819, in-8. *br*

2109. Relandi (Had.) Palestina ex monumentis veteribus illustrata. *Traj. ad Rhen.*, 1714, 2 vol. in-4. *fig. v. br.*

2110. Sainte Marthe ( D. de ), Histoire de S. Grégoire-le-Grand. *Rouen*, 1697, in-4. *v. br.*

2111. Salustius (C. Cr.), de Lucii Catiline conjuratione. *Parisiis, Gering*, circa 1477, in-4. *v. f.*

Le titre manque.

2112. Sallustii (C. Cr. ) opera, ex recensione G. Cortii. *Glasguæ*, 1777, in-8. *br.*

2113. Sallustius (C. Cr.), curante J. L. Burnouf. *Parisiis*, 1821, in-8. *br.*

2114. Silii Italici (C.) Punicorum libri XVII, ed. G. Al. Ruperto. *Gottingæ*, 1795, 2 vol. in-8. *br.*

2115. Silius Italicus (C.), curante N. E. Lemaire. *Paris.*, 1823, 2 vol. in-8. *br.*

2116. Stubelius ( Jo. Fr. ), de fabulosa historia Semiramidis. *Lipsiæ*, 1713, in-4. *br.*

2117. Tacitus (C. Corn.), ed. Jos. Naudet. *Paris*, 1819, 5 tom. en 6 vol. in-8. *br.*

2118. Theophilacti historia Mauricii Tiberii, item G. Phranzæ chronica, ed. J. Pontano. *Ingolstadii*, 1604, in-4. *vel.*

2119. Tillemont ( Lenain de ), Histoire des Empereurs. *Paris*, 1700, 5 vol. in-4. *v. f. d. s. tr.*

2120. Titus Livius, ed. N. E. Lemaire. *Parisiis*, 1822. in-8. *br.* tom. 1 à 11.

2121. Tribus Judæ, de hebræo in latinum versa a G. Gentio. *Amstel.* 1680, in-4. *v. br.*

Même ouvrage que le N° 2105.

2122. Van Capelle (A. G., de Zenobia Palmyrenorum Augusta. *Traj. ad Rh.*, 1817, in-8. *br.*

2123. Varennes (Bern. de), Histoire de Constantin-le-Grand. *Paris*, 1728, in-4. *v.*

2124. Velleius Paterculus, ed. N. E. Lemaire. *Parisiis*, 1822, in-8. *br.*

2125. Victoris (Aurelii) historia Romana, ex recensione

J. F. Gruneri, cum animadversionibus. *Erlangæ*, 1787,
in-8, *br.*

2126. Weguelin, Caractères historiques des Empereurs,
depuis Auguste jusqu'à Maximin. *Berlin*, 1768, 2 vol.
in-8. *br.*

2127. Xenophontis Institutio Cyri, ex editione T. Hut-
chinson, gr. et lat. *Glasguæ*, 1767, 4 vol. pet. in-8. *v.*

2128. Xenophontis Lacedemoniorum Respublica, cum
interpet. lat. Leunclavii. *Glasguæ*, 1756, in-8.

## Histoire moderne.

2129. Demeunier, L'esprit des usages et des coutumes
des différens peuples. *Paris*, 1786, 3 vol. in-8. *br.*

2130. Etat politique de l'Europe. *La Haye*, 1738-1746,
12 vol. in-8. *br.*

2131. Heeren (H. G.), Manuel de l'histoire des états de
l'Europe et de leurs colonies. *Gottingue*, 1819, in-8.
*br.* (*en allemand*).

2132. Macquereau (Rob.), Histoire générale de l'Europe
depuis la naissance de Charles V jusqu'au 5 juin 1527,
*Louvain*, 1765, in-4. *v.*

## France.

2133. Almanach royal et national pour l'an 1836. *Paris*,
1836, in-8. *bas.*

2134. Apologie catholique contre les libelles, déclarations, advis et consultations faictes, escrites et publiées
par les liguez perturbateurs du repos du royaume de
France, par E. D. L. J. C. 1585, pet. in-8. *parch.*

2135. Art (l') d'assasiner les rois enseigné par les jésuites à Louis XIV et Jacques II. *Londres*, 1696, pet.
in-12. *cart.*

2136. Bellay-Langey (M. et G. de), Mémoires. *Paris*,
1753, 7 vol. in-12. *br.*

2137. Berthre de Bourniseaux, Précis de la guerre civile
de la Vendée. *Paris*, 1802, in-8. *fig. br.*

2138. Boulainvilliers (de), Abrégé chronologique de

( 160 )

l'histoire de France. *La Haye*, 1733, 2 vol. in-12.
*v. br.* — Boulainvilliers (de), Etat de la France. *Londres*, 1752. 8 vol. in-12. *br.*

2139. Bref et sommaire recueil de ce qui a esté faict à la joyeuse et triomphante entrée de Charles IX, avec le couronnement de madame Elisabeth d'Austriche son espouse. *Paris*, 1572, in-4. *fig. en bois. v. br.*

2140. Carlier (l'abbé), Dissertation sur l'étendue du Belgium et sur l'ancienne Picardie. *Amiens*, 1753, in-12. *br.* — Histoire des evesques d'Amiens, par J. B. M. D. S. *Abbeville*, 1770, in-12. *br.*

2141. Castelnau (M. de), Mémoires publiés par J. Le Laboureur. *Bruxelles*, 1731, 3 vol. in-fol. *gr. pap. v. f. fil.*

2142. Chassanion, Histoire des Albigeois. 1595, in-8. *v. br.*

2143. Chorier, Recherches sur les antiquitez de la ville de Vienne. *Lyon*, 1659, pet. in-12. *v. br.*

2144. Chronique aretine ou recherches pour servir à l'histoire des mœurs du dix huitième siècle, I$^{ere}$ livraison. 1789, in-8. (*la seule publiée*).

2145. Corrozet (Gilles), Le trésor des histoires de France, réduites par tiltres, partie en forme d'annotations, partie par lieux communs. *Paris*, 1603, in-8. *parch.*

2146. Coste, Histoire du prince de Condé. *La Haye*, 1748. 2 tom. en 1 vol. in-4. *v.*

2147. Davila (H. C.), Historia delle guerre civili di Francia. *Parigi*, 1644, 2 vol. in-fol. *ch. m. v. br.*

2148. Delescornay, Mémoires de la ville de Dourdan. *Paris*, 1624, in-8. *parch.*

2149. Dépêches de la cour 1680, 1681, 1682, 1683. 4 vol. in-fol. *v. br.*

Manuscrit contenant des lettres signées par Louis XIV, par tous les ministres et autres fonctionnaires civils et militaires.

2150. Description de la Corse, des mœurs et coutumes de ses habitans. *Paris*, 1768, in-12. *v.* Boswell (J.), Relation de l'isle de Corse, trad. de l'angl. par Du Bois. *La Haye*, 1769, in-8. *fig. dem. rel.* — Histoire de l'ile de Corse, contenant en abrégé les principaux

événemens de ce pays (par De la Villeheurnois).
*Nancy*, 1768, in-12. *dem. rel.*

2151. Description des festes données par la ville de Paris
à l'occasion du mariage de madame Louise Elisabeth
de France. *Paris*, 1740, gr. in-fol. *fig. color. mar. v.
d. s. t. doublé de tabis.*

2152. Discours au roy sur la naissance, ancien estat, pro-
grez et accroissement de la ville de la Rochelle. *Paris*,
1629, in-8. *v. f. fil. d. s. t.*

2153. Discours merveilleux de la vie, actions et dépor-
temens de la reyne Catherine de Médicis. 1663, pet.
in-12. *v. br.*

2154. Doin (Alex.), Napoléon et l'Europe. *Paris*, 1826,
2 vol. in-8. *br.*

2155. Duchesne (And.), Historiæ francorum scriptores.
*Lut. Paris.*, 1636, in-fol. tom. 1, 3, 4. *non rel.
et v. f.*

2156. Duclos, Histoire de Louis XI. *Paris*, 1745, 3 vol.
in-12. *v.* — Recueil de pièces pour servir de suite à
l'histoire de Louis XI, par Duclos. *La Haye*, 1746,
in-12. *v.*

2157. Dumortous, Histoire des conquêtes de Louis XV,
de 1747 à 1748. *Paris*, 1759, in-fol. *fig. br.*

2158. Dupuy, Traitez concernant l'histoire de France.
*Paris*, 1700, pet. in-8. *v. br.* — Traité du gouvernement de France selon les trois races. *Amsterdam*,
1734, in-8. *br.*

2159. Eloges historiques des evesques et archevesques de
Paris. *Paris*, 1698, in-4. *v. br.*

2160. Entrevues de Charles IV, emp., de Wenceslas son
fils et de Charles V roy de France en 1378, et de
Louis XII, roy de France et de Ferdinand, roy d'Ara-
gon à Savonne en 1507, etc. par J. Godefroy. *Paris*,
1612, in-4. *parch.*

2161. Fabert (de), L'histoire des ducs de Bourgogne.
*Cologne*, 1689, 2 vol. in-12. *v. fil.*

2162. Foix (Paul de), Lettres. *Paris*, 1637, in-4. *v. f.*

2163. France (la) galante ou histoires amoureuses de la
cour. *Cologne*, 1706, 2 tom. en 1 vol. in-12. *fig.
dem. rel.*

2164. Frantzii (J. J.) historia Caroli magni, accessit

Eginhardi Carolus et præfatio S. H. Boecleri. *Argen-
tinœ*, 1644. — Conringius ( Herm.), De Asiæ et
Ægypti antiquissimis dynastiis. *Helmestadii*, 1648.
— Leonis III, papæ epi tolæ ad Carolum magnum, ed.
H. Conringio. *Helmestadii*, 1647, in-4. *v. br.*

2165. Gautier de Sibert, Variations de la monarchie françoise dans son gouvernement politique, civil et militaire. *Paris*, 1765, 4 vol. in-12. *v.*

2166. Gazetier cuirassé, ou Anecdotes scandaleuses de
la cour de France, 1785, in-12. *br.*

2167. Godefroy (D.), Histoire de Charles VII. *Paris*,
1671, in-fol. *v. br.*

2168. Godefroy, Histoire de Charles VIII. *Paris*, 1684,
in-fol. *v.*

2169. Gouye de Longuemare, Dissertation sur l'état du
Soissonnois sous les enfans de Clotaire I. *Paris*, 1745,
in-12. *br.*—Regnault. (Mel.), Abrégé de l'histoire de
l'ancienne ville de Soissons. *Paris*, 1633, in-8. *parch.*

2170. Grappin, Dissertation sur l'origine des droits de
main-morte dans le premier royaume de Bourgogne.
*Besançon*, 1779, in-8. *v.*

2171. Gregorii Turonici Historiæ Francorum, libri X,
Adonis Viennensis chronica. *Paris.*, 1561, in-8. *parch.*
—Grégoire de Tours (S.), Histoire françoise, trad. en
franç., par C. B. D. *Tours*, 1610, in-8. *parch.*

2172. Héros (les) de la France sortant de la barque à
Caron, s'entretenant avec MM. de Louvois, Colbert et
Seignelai. *Cologne, P. Marteau*, 1693, pet. in-12. *par-
chem.*

2173. Histoire civile et ecclésiastique du comté d'Evreux,
*Paris*, 1722, in-4. *fig. br.*

2174. Histoire de l'abbaye de Notre Dame de Soissons.
*Paris*, 1675, in-4. *v. br.*

2175. Histoire de la vie de Philippe de Mornay. *Leyde*,
1647, in-4. *vél.*

2176. Histoire des Camisards, où l'on voit par quelles
fausses maximes de politique et de religion, la France
a risqué sa ruine sous le règne de Louis XIV. *Londres*
(Suisse), 1754, 2 vol. in-12. *v. br.*

2177. Histoire des ducs de Bretagne et des différentes

révolutions arrivées dans cette province. *Paris*, 1739,
6 vol. in-12. *v. fil.*

2178. Histoire du comté de Ponthieu, de Montreuil et
d'Abbeville. *Abbeville*, 1767, 2 vol. in-12. *br.* ---
Daire (le p.), Histoire civile ecclésiastique et littéraire
de Mondidier. *Amiens*, 1765, in-12. *fig. br.*

2179. Histoire du royaume de Navarre, contenant de roy
en roy tout ce qui y est advenu de remarquable dès
son origine. *Paris*, 1596, in-8. *v. f.*

2180. Illustre (l') Orbandale, ou histoire de la ville et
cité de Châlon-sur-Saône. *Lyon*, 1662, in-4. *v. f.*

2181. Klugundweys alias Clodoveus quibusdam ludin,
seu h. Ludovicus Francorum rex, princeps Alemano-
rum, etc., unica veraque stirps anno salutis 485, etc.
*Basileæ*, 1556, in-fol. *fig. v. br.*

2182. Legenda S. Catharinæ Mediceæ reginæ matris
vitæ, actorum et consiliorum. 1575, in-8. *cart.*

Mouillé.

2183. Légende (la) des Flamens. *Paris*, 1558, in-8,
*parch. piq. d. v.*

2184. Lemau de la Jaisse, Carte de la monarchie françoise, contenant l'histoire militaire. *Paris*, 1733, in-
fol. *br.*

2185. Lequien de la Neufville, histoire des dauphins de
Viennois, d'Auvergne et de France. *Paris*, 1760, 2
vol. in-12. *v.*

2186. Lorentz (Fr.), de Carolo magno, litterarum fau-
tore. *Halæ*, 1728, in-8. *br.*

2187. Louvet (P.), Abrégé de l'histoire de Languedoc
et des princes qui y ont commandé sous la seconde et
la troisième race des roys de France. *Nismes*, 1655.
(*Notes manuscrites.*) — Porée (le p.), Oraison funèbre
de Louis-le-Grand. *Paris*, 1716, in-12. *v.*

2188. Maubreuil (de), Adresse au Congrès, à toutes les
puissances de l'Europe. *Londres*, 1819, in-8. *br.* —
Sarrazin (le général), Confession du général Buona-
parte à l'abbé Maury, etc., etc. *Londres*, 1811, in-8.
*cart.*

2189. Mémoire historique pour servir à l'éloge de

Du Cange et à l'intelligence du plan général de ses études sur l'histoire de France. 1766, in-4. *br.*

2190. Mémoire sur la constitution politique de la ville et cité de Périgueux, et pièces justificatives. *Paris,* 1775, 2 vol. in-4. *br.*

2191. Mémoires de M. L. D. M. ( la duch. de Mazarin ). *Cologne,* 1675, pet. in-12. *vél.*

2192. Mémoires historiques et secrets concernant les amours des rois de France. *Paris, vis-à-vis le Cheval de bronze.* 1739, pet. in-12.. *mar. v. fil. d. s. tr.*

2193. Meurisse, Histoire de la naissance, du progrès et de la décadence de l'hérésie dans la ville de Metz et dans le pays Messin. *Metz,* 1642, in-4. *vél.*

2194. Mezerai (F. de), Histoire de France. *Paris, Guillemot,* 1643, 1651, 3 vol. in-fol. *v. br.*

Le tome 1 imparfait de l'*Epitre dédicatoire à la Reine*, 2 *feuillets.*

2195. Mezerai, Histoire de la mère et du fils. *Amst.,* 1730, in-4. *br.*

2196. Mezeray (Fr. de), Histoire de la régence de Marie de Médicis. *La Haye,* 1743, in-4. *br.*

2197. Petitot (Fr.), Continuation de l'histoire du Parlement de Bourgogne. *Dijon,* 1733, in-fol. *br.*

2198. Petri Historia Albigensium et sacri in eos belli. *Trecis,* 1615, in-8. *v. br.*

2199. Piganiol de la Force, Description de la France et introduction. *Paris,* 1752, 15 vol. in-12. *fig. v.*

2200. Premier et second advertissement des catholiques anglois aux françois catholiques et à la noblesse qui suit à présent le roy de Navarre. *Lyon,* 1590, in-8. *v. f.*

2201. Privileges, Franchises et libertez des bourgeois et habitans de Montargis-le-Franc. in-8. *port. parch.*

2202. Recueil de mémoires et instructions servant à l'histoire de France. *Paris,* 1626, in-4. *mar. r. à comp. d. s. tr.*

2203. Recueil des historiens des Gaules et de la France. *Paris,* 1767, in-fol. (Tom. 5, 9, 11 *rel. et br. ;* le tom. 11, *est en gr. pap.*)

2204. Relation de la cérémonie du sacre et couronnement du roy (Louis XV). *Paris,* 1722, in-4. *fig. dem. rel.*

2205. Response d'un gentilhomme françois à l'advertissement des catholiques anglois. 1587, in-8. *parch.*

2206. Reveil de Chyndonax par J. G. D. M. D. *Dijon,*
1621, in-4. *fig. v. br.*

2207. Sablon (V.), Histoire de l'église de Chartres.
*Chartres,* 1683, pet. in-12. *v. br.*—Sommier (J. D.),
Histoire de l'église de Saint-Diez. *Saint-Diez,* 1726,
pet. in-8. *v. br.*

2208. Sanson (N.), Britannia, ou recherche de l'antiquité d'Abbeville. *Paris,* 1636, in-8. *v.*

2209. Tableau de la généralité de Tours. depuis 1762
jusques et compris 1766. in-fol. *v. f. fil. d. s. tr.*

Manuscrit de 988 pages.

2210. Trouillart (P.), Mémoires des comtes du Maine.
*Paris,* 1643, in-12. *v. f.*

2211. Verone (Fr. de), Apologie pour Jehan Chastel et
pour les pères et escholliers de la société de Jésus,
contre l'arrêt donné contre eux le 5 décembre 1594.
1595, pet. in-8. *dem. rel.*

2212. Zampini (Mal.), des états de France et de leur
puissance, trad. de l'italien. *Paris,* 1588, in-8. *v. f.*
*fil. d. s. tr.*

*Allemagne. — Angleterre. — Italie et autres*
*pays de l'Europe.*

2213. Advis fidelle aux véritables Hollandois. 1683,
in-4. *fig. vél.*

2214. Anville (D'), l'empire de Russie, son origine et
ses accroissements. *Paris,* 1772, in-12. *v. br.*

2215. Archenholtz, Histoire de Gustave-Adolphe, trad.
par M. (Mauvillon). *Amst.,* 1764, 4 vol. in-12, *fig. br.*

2216. Archenholtz, Histoire de Gustave-Adolphe, trad.
par M. (Mauvillon). *Amst.,* 1764, *fig. br.*

2217. Archenholtz (d'), Histoire de la guerre de sept
ans en Allemagne, trad. par d'Arnex. *Berne,* 1789,
in-8. *fig. br.*

2218. Bardi (G.), Vittoria navale ottenuta dalla republica
Venetiana contra Federigo I. *Venetia,* 1619.—Mechele

( Civ.) articolo del dominio della republica di Venetia sopra il suo golfo, etc. *Venetia,* 1618.—Allegatione in jure di Cor. Frangipane per la vittoria navale contra Federigo I. — Jurisdictione reipublicæ Venetæ in mare Adriaticum. 1619.— Manfredi degnita procuratoria di san Marco di Venetia. *Venetia,* 1602, in-4. *cart.*

Exemplaire de Baluze et avec sa signature.

2219. Belii (Mat.) Hungariæ antiquæ et novæ Prodromus. *Norimbergæ,* 1723, in-fol. *br.*

2220. Belii (Mat.) Notitia Hungariæ novæ historico-geographica. *Viennæ Austriæ,* 1735, 3 vol. in-fol. *fig. br.*

2221. Bembo (P.), Historia Vinitiana. *Vinegia,* 1752, in-4. *parch.*

2222. Biorerman (Sam. P.), Dissertatio de cingaris. *Upsaliæ,* 1730, in-12. *cart.*

2223. Bisaccioni (M.), Memorie historiche dalla mossa d'armi da Gustavo Adolfo re di Suetia in Germania, l'anno MDCXXX. *Venetia,* 1642, in-4. *parchemin.* ( *mouillé.*)

2224. Bizari (P.) Cyprium bellum, inter Venetos et Selymum gestum.—Ejusdem Pannonicum bellum sub Maximiliano II et Solymano. *Basileæ,* 1573. — Aulæ Turcicæ, othomannicique imperii descriptio. ab A. Geufræo gallice conscripta et a W. Godelevæo latine donata. *Basileæ,* 1573, in-8. *vél.*

2225. Bodmer (C.), Souvenirs d'Ems et de ses environs, dix vues en contours. in-12. *obl. br.*

2226. Boecler (J. H.), Historia belli danici, annis 1643, 1644 et 1645. *Stockholmiæ,* 1676, in-4. *vél.*

2227. Bonfinii ( Ant. ) rerum hungaricarum decades ab origine gentis ad annum MCCCCXCV, ed. C. And. Bel. *Lipsiæ,* 1771, in-fol. *br.*

2228. Burgi (P. B.) de bello suecico commentarii, quibus Gustavi Adolphi in Germaniam expeditio comprehenditur. *Leodii,* 1643, in-12. *vél.*

2229. Casellæ ( P. L.) de primis Italiæ Colonis, de turcorum origine et republica Florentina, Elogia, Epigrammata et Inscriptiones. *Lugduni,* 1606, pet. in-8. *v. f.*

2230. Champigny ( de ), Histoire abrégée de Suède,

depuis les rois de la maison de Vasa jusques en 1776. *Amst.*, 1776, in-4. *dem. rel.*

2231. Chiffletii (Jul.) Aula sacra principum Belgii, ed. Jo. Chiffletio. *Antverp.*, 1650, in-4. *vél.*

2232. Chiffletii (Jo. Jac.) Vindiciæ Hispanicæ. *Antverp.*, 1645, in-4. *vel.*

2233. Clement ( Nic.), Les rois et les ducs d'Austrasie, trad. par F. Guibaudet. *Coulongne*, 1691, in-4. *port. parch.*

2234. Cluverii (Ph.) Italia antiqua. *Lugd. Bat., Elzev.*, 1624. —Ejusdem Sicilia antiqua. *Lugd. Bat., Elzev.*, 1619, 2 vol. in-fol. *vél.*

2235. Colmenar (J. Alv. de ), Délices de l'Espagne et du Portugal. *Leyde*, 1715, 6 vol. in-12. *fig. br.*

2236. Commentaires des dernières guerres en la Gaule Belgique, entre Henry second et Charles cinquiesme, empereur, et Philippes son fils. *Paris*, 1574, in-8. *parch.*

2237. Commentarii de rebellione anglicana ab anno 1640, usque ad annum 1685. *Londini*, 1686, in-8. *v. br.* — Vie d'Anne Stuart, reine de la Grande Bretagne, de France et d'Irlande. *Amst*,, 1716, in-8. *br.*

2238. Commentarius de cancellariis regni Poloniæ, ed. G. P. Schultz. *Dantisci*, 1742. — Heidenstenii (R.) Cancellarius, sive de dignitate et officio cancellarii regni Poloniæ. *Dantisci*, 1742, in-4. *br.*

2239. Coronelli (P. M·) Mémoires historiques et géographiques du royaume de la Morée, Negrepont et des places maritimes jusques à Thessalonique. *Amst.*, 1686, in-12. *vél.*

2240. Corrozet (Gilles), Epitome des histoires des Roys d'Espaigne et Castille, Arragon, Bohême, Hongrie, des maisons d'Absbourg et Autriche. *Paris*, 1553. — —Symeon (Gab.), Epitome de l'origine et succession de la duché de Ferrare. *Paris*, 1553, in-8. *pdrch.*

2241. Cousin ( le Pres.), Histoire de Constantinople. *Paris*, 1685, 8 vol. in-12, .*dem. rel. dos de vél.*

2242. Discours des choses advenues en Lorraine, depuis le decez du duc Nicolas jusques à celui du duc René. *Espinal*, 1626, pet. in-8. *parch.*

( 168 )

2243. Dumouriez, Etat présent du royaume de Portugal. *Hambourg*, 1797, in-4. *fig. br.*

2244. Equicola ( M. ), Istoria di Mantoua , riformata secondo l'uso moderno per B. Osanna. *Mantoua*, 1607, in-4. *v. br.*

2245. Espion turc dans les Cours des Princes chrétiens. *Londres*, 1742 , 7 vol. in-12. *br.*

2246. Ferrarius (G.), de rebus gestis Eugenii a Sabaudia bello Pannonico. *Romæ* , 1747, in-4. *v.*

2247. Gesta et vestigia Danorum extra Daniam. *Lipsiæ*, 1740, 3 vol. in-8. *br.*

2248. Giannone (P.), Istoria civile del regno di Napoli. *Haia*, 1753 , 4 vol. in-4. *cart.*—Giannone (P.), Opere postume. *Palmyra*, 1755 , *v. f. fil.*

2249. Grangeus (Cl.), de bello melitensia a Solimano gesto 1582. — Chytræi ( Dav. ) Chronicon anni 1593, 1594 et initii 1595. *Lipsiæ*, 1595, pet. in-8. *vél.*

2250. Haestens (H.), La nouvelle Troye, ou histoire du siége d'Ostende. *Leyde. Elzev.*, 1615, in-4. *fig. v. br.*

2251. Hermilly (d'), Histoire du royaume de Mayorque, avec ses annexes. *Mastricht*, 1777, in-4. *br.*

2252. Histoire de Ferdinand et Isabelle. *Paris*, 1766, 2 vol. in-12. *br.*—Histoire de Jeanne, reine de Naples. *Paris*, 1764, in-12. *br.*

2253 Histoire de tout ce qui s'est passé en Catalogne depuis qu'elle a secoué le joug de l'Espagnol. *Rouen*, 1642—Secrets publiques de la Catalogne. *Rouen*, 1642. —Appuy de la vérité catalane. *Rouen*, 1642, in-4. *v. f. d. s. tr.*

2254. Histoire des révolutions de Hongrie. *La Haye*, 1739, 2 vol. in-4. *v. br.* — Histoire et description du royaume de Hongrie. *Paris*, 1690, in-12. *br.*

2255. Historia de expeditione Friderici imperatoris, edita a Ansberto, curante Jos. Dobrowsky. *Pragæ*, 1827, in-8. *dem. rel.*

2256. Historia Hialmari regis Biarmlandiæ atque Thulemaskiæ ex fragmento rumini manuscripti , cum gemina versione Jo. Perinsgskioldii , in-4.

2257. Hoynck van Papendrecht ( C. P·), Analecta Belgica. *Hagæ Comitum* , 1743 , 3 tomes en 6 vol. in-4. *bas.*

2258. Hume (Dav.), Histoire d'Angleterre, trad. de l'angl. par M^{me} B. (Belot), 1773, 18 vol. in-12. *br.*

2259. Jebb (Sam.), de vita et rebus gestis Mariæ scotorum reginæ. *Londini*, 1725, 2 vol. in-fol. *br.*

2260. Jordan (Jo. Chr. de), De originibus slavicis. *Vindobonæ*, 1745, 4 part. in-fol. *br.*

2261. Klefeker (Jo.), De hansa teutonica secundum principia juris publici in primis considerata. *Goettingæ*, 1783, in-4. *br.*

2262. Lengnich (G.), Historia polona a Lecho ad Augusti II mortem. *Lipsiæ*, 1740, in-8. *vél.* — Recueil contenant neuf pièces relatives à l'élection de Stanislas, roy de Pologne. 1734, in-4. *cart.*

2263. Leonardi Chiensis historia captæ a Turca Constantinopolis ; item M. Rottingi in eandem præfatio. *Norimbergæ*, 1543, in-4. *non rel.*

2264. Macpherson (J.), An introduction to the history of Great Britain and Ireland. *London*, 1773, in-4. *br.*

2265. Major (J.), Historia majoris Britanniæ tum Angliæ quam Scotiæ, ed. Badio Ascensio. *Edimburgi*, 1740, in-4. *br.* — Baston (G.), Metrum de prælio apud Bannockburn. *Edimburgi*, 1740, in-4. *br.*

2266. Maranda, Tableau du Piémont sous le régime des rois. *Turin*, an XI, in-8. *br.*

2267. Masson (C. J. Ph.), Lettres d'un français à un allemand, servant de réponse à Kotzebue et de supplément aux mémoires secrets sur la Russie. *Basle*, 1802, in-8. *br.*

2268. Matthæi cardin. Sedunensis oratio Philippica ad excitendos contra Galliam Britannos, ed. J. Tolando. *Amst.*, 1709, in-12. *br.*

2269. Maurolyci (Cl. Fr.) Sicanicarum rerum compendium. *Messanæ*, 1716, in-fol. *br.*

2270. Mémoires de Frédéric Henry prince de Nassau, prince d'Orange. *Amst.*, 1733, in-4. *fig. de Bern. Picart, v. f.*

2271. Mémoires de la cour d'Espagne. *La Haye*, 1691, 2 part. en 1 vol. in-12. *v. br. rel. fatiguée.*

2272. Meursii (Jo.) historiæ Danicæ libri III. *Hafniæ*, 1630, in-4. *non rel.*

( 176 )

2273. Minadoi (G. Thom.) historia della guerra fra Turchi et Persiani. *Venetia*, 1594, in-4. *parch.*

2274. M. (Mouradhja) d'Osson, Tableau de l'empire Ottoman. *Paris*, 1787, in-fol. *fig. cart.* tome 1er.

Mouillé.

2275. Nestor, Histoire des hommes illustres de la maison de Medici. *Paris*, 1564, in-4. *mar. v. fil. d. s. t.*

2276. Noulis (des), Histoire des rois de Sicile et de Naples des maisons d'Anjou. *Paris*, 1707, in-4. *v. f. fil.*

2277. Nubila jubila Britannico-Stuartica. *Francfurt*, 1662, pet. in-8. *fig. vél. (en allemand)*.

2278. Osorius (H.), De rebus Emmanuelis Lusitani regis. *Coloniæ*, 1586, in-8. *bas.*

2279. Pastorius (Jo.), Historia Polona plenior et dissertatio de originibus Sarmaticis. *Lipsiæ*, 1685, 2 part. en 1 vol. in-8. *cart.*

2280. Pinto Ribero (G.), Discorso dell'usurpatione retentione e ristoratione del Regno de Portogallo. *Lisbonc*, 1646, in-4. *vél.*

2281. Portio (Cam.), Histoire des troubles advenus au royaume de Naples, soubs Ferdinand I, depuis 1480 jusques en 1487, traduicte d'italien en françois. *Paris*, 1627, in-8. *parch.*

2282. Postel (Guill.), Des histoires Orientales et principalement des turkes ou turchikes et schitiques ou tartaresques. *Paris*, 1575, pet. in-12. *v. br.*

2283. Privilegium civitatum minorum Prussiæ occidentalis comment. illustratum. *Dantisci*, 1739, in-4. *br.*

2284. Profetie dell'abbate Gioachino et di Anselmo Vescovo di Marsico. *Padova*, 1625, in-4. *fig. en bois, parch.*

2285. Pufendorf (Sam.), De rebus à Carolo Gustavo gestis. *Norimbergæ*, 1729, in-fol. *fig. br.*

2286. Quintinus (Jo.), Insulæ Melitæ descriptio ex comment. rerum quotidianarum. *Lugduni*, 1536, in-4. *parch.*

2287. Recueil sur Naples en 1647 et 1648, contenant : Estat du royaume de Naples. — Relation des tumultes de Naples. — Manifeste des Napolitains contre le gouvernement d'Espagne. — Le partement de l'armée navale de France vers Naples. — Le voyage du duc de Guyse, etc. 37 pièces in-4. *v.*

2288. Relation des particularitez de la rebellion de Stenko-Razin contre le grand duc de Moscovie, trad. de l'angl. par C. Desmares. *Paris*, 1672. — Abrégé du procès fait aux juifs de Mets. *Paris*, 1670. — Amelot de la Houssaie, Relation du conclave de M. DCLXX. *Paris*, 1676.—Rochefort, Relation de l'isle de Tabago ou nouvelle Oüalcre, l'une des isles Antilles de l'Amérique. *Paris*, 1666, in-12. *v. br.*

2289. Relation historique et galante de l'invasion de l'Espagne par les Maures. *La Haye*, 1699, 2 tom. en 1 vol. in-12. *v. f. fil.*

2290. Rerum Boicarum scriptores, ed. And. F. Oefelio. *Aug. Vindel.*, 1763, 2 vol. in-fol. *br.*

2291. Riccii (Jos.) de bellis Germanicis libri decem, ab anno M. DCXVIII usque ad annnní M. DCXLVIII. *Venetiis*, 1649, in-4. *dem. rel.*

2292. Rusdorf (de), Mémoires et négociations secrètes pour servir à l'histoire de la guerre de trente ans, rédigés par E. G. Cuhn, *Leipzig*, 1789, 2 vol. in-8. *cart.*

2293. Sanderi (Ant.) Flandria illustrata. *Hagæ Comitum*, 1732, 3 vol. in-fol. *fig. v. br.*

2294. Schoepflini (Jo. Dan.) historia Zaringo Badensis. *Carolsruhæ*, 1763, 6 vol. in-fol. *fig. br.*

2295. Sprecherus à Berneck (Fort.), Historia motuum et bellorum postremis hisce annis in Rhætia excitatorum et gestorum. *Coloniæ Allobr.*, 1629, in-4. *parch.*

2296. Stritter (J. G.), Memoriæ populorum. *Petropoli*, 1771, in-4. tom. 1, 3, 1re part. 3, 2me part. *Index historicus, vel.*, tom. 7, *br.*

2297. Strutt (Jos.), Angleterre ancienne, trad. par B. (Boulard). *Paris*, 1789, 2 vol. in-4. *fig. br.*

2298. Vasæus (J.) et Fr. Tarapha rerum Hispaniæ memorabilium annales. *Coloniæ*, 1577, in-8. *parch.*

2299. Wassenbergius (Ev.), Commentarii de Bello inter imp. Ferdinandos II et III et Fridericum Palatinum, etc. ab anno 1618 usque annum 1648. *Francof.*, 1648, pet. in-12. *v. br.*

2300. Zallony (M. Ph.), Essai sur les fanariotes. *Marseille*, 1824, in-8. *br.*

2301. Zaluski (Jos. And.) specimen historiæ Polonæ criticæ. *Warsaviæ*, 1735, in-4. *br.*

2302. Zurlauben (de), Histoire militaire des Suisses au service de la France. *Paris*, 1754, 5 vol. in-12. *br.*

### *Asie. — Afrique. — Amérique.*

2303. Abulfedæ Africa, ed. J. God. Eichorn. *Gottingæ*, 1791, in-8. *br.*

2304. Abulfedæ descriptio Ægypti, arab. et lat., ed. J. D. Michaelis. *Goettingæ*, 1776, in-8. *br.*

2305. Abulfedæ descriptionis Mesopotamiæ specimen, ed. J. Chr. Fr. Tuch. *Halis Sax.*, 1830, in-4. *cart.*

2306. Anquetil Duperron, l'Inde en rapport avec l'Europe. *Paris*, 1798, 2 vol. in-8. *br.*

2307. Bisselii (J.) argonauticon americanorum sive historia periculorum Petri de Victoria ac sociorum ejus. *Monachii*, 1647, pet. in-12. *v. br.*

2308. Chenier (de), Recherches historiques sur les Maures et histoire de l'empire de Maroc. *Paris*, 1787, 3 vol. in-8. *v.*

2309. Cordier de Launay, Tableau topographique et politique de la Sibérie, de la Chine, de la zone moyenne d'Asie et du nord de l'Amérique. *Berlin*, 1806, in-4. *dem. rel.*

2310. Edrisii Africa, curante J. M. Hartmann. *Gottingæ*, 1796, in-8. *br.*

2311. Essai sur cette question, quand et comment l'Amérique a-t-elle été peuplée d'homme et d'animaux, par E. B. d'E. (Engel). *Amst.*, 1767, in-4. *br.*

2312. Essai sur cette question, quand et comment l'Amérique a-t-elle été peuplée d'hommes et d'animaux, (par Engel). *Amst.*, 1768, 5 vol. in-12. *v.*

2313. Estat présent du royaume de Perse. *Paris*, 1694, in-12. *v. f.*

Aux armes de Huet, évêque d'Avranches, avec plusieurs mots écrits par lui.

2314. Garcilasso de la Vega, Histoire des guerres civiles des Espagnols dans les Indes, trad. par J. Baudoin. *Amst.*, 1706, 3 vol. in-12. *fig. v. br.*

2315. Genabii (Al.) de gentis Timurlenkïi seu Tamerlanis opusculum turc-arab : Persicum latine redditum à J. B. Podesta. *Viennæ*, 1680, pet. in-8. *vél.*

2316. Guignes (de), Mémoire dans lequel on prouve que les Chinois sont une colonie égyptienne. *Paris*, 1759, in-12. *br.*

    Avec envoi de Barthelemy à Danville.

2317. Histoire de la Jamaïque, trad. de l'angl. 1751, in-12. *bas.* — Histoire de la Virginie, trad. de l'angl. *Paris*, 1707, in-12. *fig. v. br.* — Ribeyro, Histoire de Ceylan, trad. par Legrand. *Amst.*, 1701, in-12. *fig. br.*

2318. Histoire de Timurbec, connu sous le nom du grand Tamerlan, écrit en persan, par Cherefeddin Ali, trad. en franç. par Petis de la Croix. *Delft*, 1723, 4 vol. in-12. *fig. v. br.*

2319. Histoire d'une dame chrétienne de la Chine. *Paris*, 1688, in-12. *v. br.*

2320. Histoire naturelle et morale des îles Antilles de l'Amérique, avec un vocabulaire caraïbe. *Roterdam*, 1658, in-4. *vél.*

2321. Hoblenberg (M. H.), De originibus et fatis ecclesiæ christianæ in India Orientali. *Hauniæ*, 1822, in-8. *br.*

2322. Holwell (J. Z.), Evénemens historiques relatifs aux provinces du Bengale, trad. de l'angl. *Paris*, 1768, 2 vol. in-8. *fig. br.*

2323. India (de) ejusque juventute sermones habiti a rhetoribus Viennensis. *Viennæ*, 1626, in-12. *fig. cart.*

2324. Kæmpfer (J. G.), Histoire naturelle, civile et ecclésiastique du Japon, trad. par J. G. Scheuchzer. *La Haye*, 1729, 2 vol. in-fol. *fig. br.*

2325. Koffler (J.), Historica Cochinchinæ descriptio in epitome redacta ab Am. ab Eckart, ed. Chr. Th. de Murr. *Norimbergæ*, 1803, in-8. *cart.*

2326. Labat (le p. J. B.), Relation historique de l'Ethiopie occidentale. *Paris*, 1732, 5 vol. in-12. *v.*

2327. Lafitau (Jos. Fr.), Histoire des découvertes des Portugais dans le nouveau monde. *Paris*, 1733, 2 vol. in-4. *fig. br.*

2328. Lalande (J.), Mémoire sur l'intérieur de l'Afrique. *Paris*, an III, in-4. *br.*

2329. Maillet, Description de l'Egypte. *Paris*, 1735, in-4. *fig. br.*

2330. Mairan (de), Lettres au R. P. Parrenin, contenant diverses questions sur la Chine. *Paris*, 1759, pet. in-8. *v.*

> Avec envoi autographe.

2331. Martinii (M) Sinicæ historiæ decas prima. *Amst.*, 1659, pet. in-8. *v. br.*

2332. Nouvelle histoire d'Abissinie ou d'Ethiopie tirée de l'histoire latine de Ludolf. *Paris*, 1684, in-12. *fig. v. br.* — Puget de S. Pierre, Histoire des Druses, peuple du Liban formé par une colonie de François. *Paris*, 1763, in-12. *fig. br.*

2333. Pockocke (Rich.), Voyage en Orient, dans l'Egypte, l'Arabie, etc. trad. de l'angl. *Paris*, 1772, 7 vol. in-12. *v. fil.*

2334. Relacion de la vida y dichosa muerte del P. Cypriano Baraze, muerto a manos de Barbaros en la mission de los moxos de la provincia del Peru. *Lima*, 1704, in-4. *parch.*

2335. Relation de Dourry Effendy, ambassadeur de la Porte Othomane auprès du roi de Perse, trad. du turk. *Paris*, 1810, in-8. *br.*

2336. Rommel (Chr.), Caucasiarum regionum et gentium Straboniana descriptio ex recentioris ævi notitiis. *Lipsiæ*, 1804, in-8. *cart.*

2337. Schall (J. Ad.), Historica narratio de initio et progressu missionis societats Jesus apud Chinenses. *Viennæ*, 1665, in-8. *parch.*

2338. Selecta ex historia Halebi e codice arabico latine vertit et adnotationibus illustravit G. W. Freytag. *Lut. Paris.*, 1819, in-8. *br.*

2339. Tableau des provinces situées sur la côte occidentale de la mer Caspienne, entre les fleuves Terek et Kour. *St.-Pétersbourg*, 1798, in-4. *br.*

2340. Tableau historique de l'Orient, par M. D. (Mou-
radjah d'Osson). *Paris*, 1804, 2 vol. in-8. *br.*
2341. Wilken (Frid.), Commentatio de Bellorum cru-
ciatorum ex Abulfedæ historia. *Gottingæ*, 1798, in-8.
*br.*

### Histoire héraldique et généalogique.

2342. Cherin (L. N. H.). Abrégé chronologique d'édits,
déclarations, etc., concernant le fait de noblesse.
*Paris*, 1788, in-12. *bas.*
2343. Calmet (le p. Dom. Aug.), Histoire généalogique
de la maison Du Chatelet, branche puînée de la maison
de Lorraine. *Nancy*, 1741, in-fol. *v.*
2344. Chifflet (J. J.), Blason des armoiries des chevaliers
de l'ordre de la Toison d'or, lat. fr. *Anvers*, 1632.
— Le faux Childebrand relégué aux fables. 1559.
Patini (Car.) commentarius in tres inscriptiones
græcas Smyrna nuper allatas. *Patavii*, 1685, in-4. *vél.*
2345. Du Chesne (And.), Histoire de la maison de Chas-
tillon. *Paris*, 1621, in-fol. *v. br.*
2346. Hergott (M.) Genealogia diplomatica augustæ
gentis Habsburgicæ. *Viennæ Austriæ*, 1737, 3 vol.
in-fol. *fig. br.*
2347. Histoire des ordres militaires ou des chevaliers,
des milices séculières et régulières de l'un et l'autre
sexe. *Amst.*, 1721, 4 vol. in-8. *fig. v br.* — Saint-
Foix (de), Histoire de l'ordre du St.-Esprit. *Paris*,
1775, 2 vol. in-12. *v.*
2348. Sousa de Macedo (Ant.), Genealogia regum Lusi-
taniæ. *Londini*, 1643, in-4. *parch.*
2349. Wlson de la Colombière, la Science héroïque.
*Paris*, 1669, in-fol. *fig. v. br.*

### Antiquités.

2350. Agricola (G.), De mensuris et ponderibus Romanorum atque Græcorum. *Basileæ*, 1550, in-fol. *parch.*

2351. Appendix ad metallothecam Vaticanam M. Mercati. *Romæ*, 1619, in-fol. *fig. br.*

2352. Arlbuthnotii ( Car. ), Tabulæ antiquorum Nummorum, mensurarum et ponderum pretiique rerum venalium in lat. conversæ à Dan. Konigio. *Traj. ad Rh.*, 1756, in-4. *dem. rel.*

2353. Aringhi (P.), Roma subterranea novissima. *Coloniæ*, 1659, 2 tom. en 1 vol in-fol. *v. br.*

2354. Ausonioli ( Goulianoff ), Opuscules archéologiques. *Paris*, 1824, in-4. 1$^{\text{re}}$ liv. *br.*

2355. Baldi ( Bern. ), in tabulam æneam eugubinam lingua hetrusca veteri perscriptam divinatio *Aug. Vindel.*, 1613, in-4. *non rel.*

2356. Bartholinus (Th.) , de unicornu observationes, ed. C. Bartholino. *Amstel.*, 1678, pet. in-12. *br. non rog.*

2357. Bayfii (Laz.), Annotationes in L. II de captivis et postliminio reversis in quibus tractatur de re navali : Ant. Thylesii de coloribus libellus. *Parisiis, Rob. Steph.*, 1536, in-4. *non rel.*

2358. Bebelii ( Balt. ), Antiquitates Germaniæ primæ et in hac Argentoratensis ecclesiæ evangelicæ. *Argentorati*, 1669, in-4. *br.*

2359. Begeri (L.), Thesaurus Brandenburgicus selectus, sive gemmarum et numismatum græcorum in cimeliarchio Elect. Brandenburgico series. *Coloniæ Marchicæ*, 1696, 3 vol. in-fol. *fig. br.*

2360. Belgrado (J.), Il trono di Nettuno illustrato. *Cesana*, 1766, in-4. *fig. br.*

2361. Bellori (J. P.) et M. A. Caussei picturæ antiquæ cryptarum romanarum et sepulcri Nasonum. *Romæ*, 1738. in-fol. *fig. ch. m. br.*

2362. Berger ( Chr. H.), de Personis vulgo Larvis, seu mascheris. *Francof.*, in-4. *fig. br.*

2363. Bosio (Ant.) Roma sotteranea. *Roma*, 1632, in-fol. *fig. vél.*

2364. Bose ( de ), Lettre sur une médaille antique de Smyrne. *La Haye*, 1744, in-4. *non rel.*

2365. Carloni (M.), Bassirilievi Volsci in terra cotta trovati nella cita di Velletri *Roma*, 1775, in-fol. *fig. br.*

2366. Cellarii (Ch. ) Breviarium antiquitatum romanarum, accurante H. Freyro. *Veronæ*, 1739, in-8. *br.*

2367. Chausse (M. A. de la ), Le grand cabinet romain,
ou recueil d'antiquités romaines. *Amsterdam*, 1706,
in-fol. *fig. br.*

2368. Chifletius ( H. Th. ), Dissertatio de Othonibus
æreis. *Antverpiæ*, 1656 , in-4. *br.*

2469. Choul ( G. du ), Veterum romanorum castrama-
tatio, disciplina militaris ut et Balneæ. *Amstelodami*,
1748 , in-4. *fig. br.*

2370. Contelorius (Fel.), de Præfecto urbis, in-4. *fig. v. f.*

2371. Corsini (Ed.) , Series præfectorum urbis ab urbe
condita ad annum usque 1753, *Pisis* , 1763 , in-4. *br.*

2372. Crasset ( Le p. J.), Dissertation sur les oracles des
Sybilles. *Paris* , 1678, in-12, *v. br.*

2373. Cristiani ( Al.) Adpendicula ad numismata græca
populorum et urbium J. Gessneri. *Viennæ* , 1769 ,
in-4. *br.*

2374. Description des bas reliefs anciens trouvez depuis
peu dans l'église Cathédrale de Paris. *Paris* , 1711,
in-4. *fig. v.*—Observations sur des monuments d'antiquité trouvez dans l'église Cathédrale de Paris , par
M. d. M. (Moreau de Mautour.) *Paris*, 1771 , in-4. *br.*

2375. Description des pierres gravées du cabinet du duc
d'Orléans. *Paris* , 1780, 2 vol. in-fol. *fig. br.*

2376. Diarium Varstenense, ed. Er. Benzelio. *Upsaliæ*,
1721.—Becmanni (Jo. Chr.) Analecta historica. *Francof.* , 1722, in-4. *v. br.*

2377. Duæ antiquitatum romanarum prolusiones. *Altor-
phii* , 1747 , in-8. *br.*

2378. Dupuis, Lettres (3) sur l'origine astronomique de
l'idolâtrie et de la fable , in-4. *dem. rel.* — Lettre sur
Minerve ( extrait du journal des Savants).— Note sur
le dictionnaire encyclopédique de l'histoire de l'origine de tous les cultes. *Manuscrit.*

2379. Eisenschmidius (J. C.) , de ponderibus et mensuris veterum romanorum , græcorum , hebræorum,
necnon de valore pecuniæ veteris. *Argentorati* , 1708,
in-8. *v. br.*

2380. Gorii (Ant. Fr.) Monumentum, sive Columbarium
libertorum et servorum Liviæ Augustæ et Cæsarium,

descriptum, cum notis Ant. M. Salvinii. *Romæ*, 1727, in-fol. *fig. br.*

2381. Gyllii (P ) de topographia Constantinopoleos et de illius antiquitatibus. *Lugduni*, 1561, in-4. *v., à compart.*

2382. Hamaker (H. A. ), Lettre à M. Raoul Rochette sur une inscription en caractères phéniciens et grecs récemment découverte à Cyrène. *Leyde*, 1825, in-4. *fig. br.*

2383. Hartzheim ( Jos. ) , Historia rei nummariæ Coloniensis et dissertationes de eadem. *Coloniæ*, 1754, in-4. *fig. br.*

2384. Jablonski ( P. Er. ) de Memnone græcorum et ægyptiorum. *Francofurti*, 1753, in-4. *fig. br.*

2385. Jablonski (P. Ern.) Pantheon ægyptiorum. *Francofurti*, 1750. 3 tom. en 1 vol. in-8, *dem. rel.*

2386. Jaekel (Ern.), de Diis domesticis priscorum italorum. *Berolini*, 1830, in-4. *broch.*

2387. Khell (Jos.), ad numismata imperatorum romanorum à Vaillantio edita, supplementum. *Vindobonæ*, 1767, in-4. *fig. bas.*

2388. Maffei (Sc.) Origines etruscæ et latinæ, sive de priscis ac primis ante urbem conditam Italiæ incolis. *Lipsiæ*, 1731, in-4. *broc.*

2389. Montfaucon ( B. de ), Antiquité expliquée et représentée en figures. *Paris*, 1719, 10 vol. in-fol. *gr. pap. v br.*—Supplément, 1724, in-fol *gr. pap.*, tom. 1, 3, 4. — *Idem.*, in-fol. *pap. ordin.*, tom. 2 et 3 en 1 vol.

2390. Montfaucon (B. de), Antiquité expliquée et représentée en figures. *Paris*, 1722, 10 vol. in-fol. *fig. v*

2391. Patini (Car.) Introductio ad historiam numismatum. *Amstel.*, 1683, pet. in-12. *v. br.*

2392. Pinkerton (J.), Dissertations sur la rareté, les différentes grandeurs et la contrefaction des médailles antiques, trad. de l'anglais, par J. G. Lipsius. *Dresde*, 1795, in-4. *v. f. fil. d. ε. tr.*

2393. Rolland (le Pres.), Dissertation sur la question de savoir si les inscriptions doivent être rédigées en latin ou en françois. *Paris*, 1784. — Recueil de pièces et mémoires concernant le testament de M. Rouillé des Filletières. 1781, in-4. *v. f. fil. d. s. t.*

2394. Schmidt (de), Recueil d'antiquités de la Suisse. *Francfort*, 1771, in-4. *fig. v. fil. d. s. tr.*

2395. Schramm (Car. Chr.), Saxonia monumentis viarum illustrata hoc est de statuis mercurialibus columnis brachiatis ac milliaribus. *Vitembergæ*, 1726, in-4. *dem. rel. dos de vél.*

2396. Stella (Ev.), De Borussiæ antiquitatibus. *Basileæ*, 1518. — Garzoni (Er.) de rebus Saxoniæ Thuringiæ, etc. *Basileæ*, 1518. — Salinus, de mirabilibus mundi. *Parrhisiis*, (1503), *gothique*. — Pomponius Mela, de situ orbis. 1502, in-4. *dem. rel.*

2397. Taylor (J), Marmor sanduicense cum commentario et notis. *Cantabrigiæ*, 1743, in-4. *br.*

2398. Tochon d'Annecy (J. Fr.), Recherches sur les médailles des nomes ou préfectures de l'Egypte. *Paris*, 1822, in-4. *br.*

2399. Tormii (Er. Ol.) antiquitatum Danicarum sermones XVI ex Bojaricæ historiæ Jo. Aventini selecti. *Hafniæ*, 1642, in 4. *vel.*

2400. Vaillant (J.), Numismata imperatorum romanorum. *Lutetiæ Paris.*, 1692, 2 tom. en 1 vol. in-4. *v. br.*

### *Histoire littéraire et bibliographique.*

2401. Academia Molshemensis a Leopoldo firmata et panegyrico explicata. *Molshemii*, 1618, in-4. *v. br.*

2402. Agricola (Alex.), Sapientia hyperborealis sive specimina litteraturæ Barbaro-Scythicæ. 1733, in-8. *br.*

2403. Almeloveen (Th. J. ab), Inventa nov-antiqua et rerum inventarum onomasticon. *Amstel.*, 1684, in-12. *v.*

2404. Analecta acad. Friburgensis ad historiam et jurisprudentiam præcipue ecclesiasticam illustrandam, ed. S. Ant. Rieggero. *Ulmæ*, 1774, in-8. *v.*

2405. Analecta de calamitate litteratorum : P. Alcyonii de exilio lib. II : accessere J. Pierius Valerianus et C. Tollius, de infelicitate litteratorum ut et J. Barberius de miseria poetarum græcorum, cum præfatione J. B. Menckenii. *Lipsiæ*, 1707, in-12. *vél.*

2406. Analecta græca. *Lutetiæ Parisiorum*, 1688, in-4. v. br.

2407. Andreæ (Val.) Bibliotheca Belgica. *Lovanii*, 1643, in-4. v. br.

2408. Artigny (l'abbé d'), Nouveaux mémoires d'histoire, de critique et de littérature. *Paris*, 1749, 7 vol. in-12. v.

2409. Aschpanus (Gr.), De superstitione erudita seu litteraria. *Coloniæ*, 1728, in-8. parch.

2410. Barbosa Machado (D.), Bibliotheca Lusitana historica, critica e chronologica. *Lisboa*, 1759, in-fol. br.

2411. Baringii (Dan. Eb.) clavis diplomatica. *Hanoveræ*, 1754, in-4. fig. br.

2412. Bibliographia Parisinia. *Parisiis*, 1649. — Anni M. DCLXI. Bibliographia RR. PP. societatis Jesu. *Parisiis*, 1662. — Catalogus librorum quos in lucem emisit Ph. Labbe. *Paris.*, 1662. — Inventaire des livres de M. Du Laurent. — Catalogues de Leipsick : foire de Saint Michel, 1761 : foire de Paques, 1762 : foire de Paques, 1777 : foire de Saint Michel, 1778, etc. in-4. cart.

2413. Bibliothèque des écrivains de l'ordre de S. Benoit. *Bouillon*, 1777, 4 vol. in-4. br.

2414. Cartulaire de l'abbaye de S. Silvin d'Auchy en Artois, rédigé par P. J. L. de Betencourt, tome 1ᵉʳ in-4. br.

> Tiré à 25 ex. suivant une note autographe de l'abbé de Betencourt.

2415. Catalogi duo, primus auctorum omnium, alter rerum antiquarum ex quibus trigintatria volum. antiquitatum græcarum romanarumque congesta sunt. *Venetiis*, 1755, in-8. br.

2416. Catalogue des livres de la bibliothèque de Berne. *Berne*, 1811, 3 vol. in-8. br.

2417. Catalogue des manuscrits de M. de Chauvelin. 1752, in-fol. v. br. manuscrit. — Supplementum catalogi manuscriptorum codicum G. L. Chauvelin. in-fol. v. br. manuscrit.

2418. Catalogue des manuscrits de la bibliothèque d'Achille de Harlay, passés dans celle de L. G. Chauvelin et actuellement dans celle de l'abbaye de St. Germain des Près, transcrit en 1762. in-fol. *vél. vert. manuscrit.* — Catalogus librorum. in-fol. *cart. manuscrit.*

2419. Catalogue de Guyon de Sardiere. *Paris*, 1759, in-8. *br.* — Catalogues ; de Ch. Sim. Favart. 1793. — Lamesle, 1792. — Montmorin. 1793. — Montesquiou. 1793, in-8. *cart.* — Catalogues ; de l'abbé Pluquet. 1791. — Paignon Dijonval. an II. — Domea autrement Nostradamus. 1791. — Lalemand. an III. — De Boissy. 1792, in-8. *cart.*

2420. Clodii (H. J.) primæ lineæ bibliothecæ Lusoriæ sive notitia scriptorum de Ludis. *Lipsiœ*, 1761, in-8. *v.*

2421. Codex laureshamensis diplomaticus. *Mannhemii*, 1768, 3 vol. in-4. *cart.*

2422. Codices manuscripti bibliothecæ Taurinensis, recensuerunt et animadv. illustrarunt Jos. Pasinus, Ant. Rivautella et Franc. Berta. *Taurini*, 1749, 2 vol. in-fol. *br.*

2423. Crusius (Chr.), De multiplici usu humanitatis studiorum. *Petropoli*, 1747. — Crusius (Chr.), De originibus pecuniæ a pecore ante nummum signatum. *Petrop.*, 1748, in-8. *v.*

2424. Daire (le p.), Tableau historique des sciences, des belles-lettres et des arts en Picardie. *Paris*, 1768, in-12. *br.*

2425. Dictionnaire des livres jansénistes ou qui favorisent le jansénisme. *Anvers*, 1755, 4 vol. in-12. *br.*

2426. Dreyer (J. C. H.), Notitia librorum manuscriptorum historiæ cimbricæ ( scriptores historiæ ecclesiasticæ cimbricæ anecdoti ). *Rostochii*, 1769, in-4. *br.*

2427. Dupin (L. Ellies), Bibliothèque des auteurs ecclésiastiques. *Paris*, 1719, in-8. part. 1, 2, 3, 5 et 5 suite 1 et 2 part. *br.* — Dupin (L. Ellies), Histoire de l'église et des auteurs ecclésiastiques du seizième siècle. *Paris*, 1723, in-8. tom. 3, 4, 5.

2428. Du Saussay (Andr.), De mysticis Galliæ scriptoribus. *Parisiis*, 1639, in-4. *v. f.*

2429. Eckhardi (Chr. H.) introductio in rem diplomaticam præcipue germanicam. *Ienœ*, 1753, in-4. *cart.*

2430. Europe savante. *La Haye*, 1718-1720, 12 vol. in-8. *br.*

2431. Eyring (J. N.), Synopsis historiæ literariæ. *Gottingæ*, 1783, in-4. *br.*

2432. Fabricii (J. Alb.) Bibliotheca ecclesiastica. *Hamburgi*, 1718, in-fol. *v. br. (piq. de vers).*

2433. Fabricii (J. Alb.) Bibliotheca græca, ed. G. Chr. Harles. *Hamburgi*, 1790, *et ann. seq.* in-4. tom. 1 à 8, 12. in-4. *br.*

2434. Fischer (G.), Essai sur les monumens typographiques de Jean Guttenberg. *Mayence*, an X, in-4. *br.*

2435. Floriacensis vetus Bibliotheca Benedictina, ed. J. A. Bosco. *Lugduni*, 1605, in-8. *v. f.*

2436. Fontanini (J.) Vindiciæ antiquorum diplomatum. *Romæ*, 1705, in-4. *br.*

2437. Fritsch (A.), Dissertatio de vitiis eruditorum. *Lipsiæ*, 1677, in-4. *v. br.*

2438. Furii (Fred.) Bononia, sive de libris sacris in vernaculam linguam convertendis, lib. II. *Lugd. Bat.*, 1819, in-8. *br.*

2439. Gattereri (Jos. Chr.) Elementa artis diplomaticæ universalis. *Gottingæ*, 1765, in-4. *fig. br.*

2440. Hager, Relation d'une insigne imposture littéraire, découverte dans un voyage fait en Sicile en 1794, trad. de l'allemand. *Erlang*, 1799, in-4. *br.*

2441. Hahn (J. Benj.), Récit abrégé du jubilé célébré le 11 juillet 1740 à Gotha, à l'occasion de l'anniversaire de la découverte de l'imprimerie. *Gotha*, in-12, *v. d. s. tr. (en allem. et en lat.)*

2442. Haller (Alb.), Bibliotheca chirurgica. *Bernæ*, 1774, 2 vol. in-4. *bas.*

2443. Hérissant (L. A. P.), Bibliothèque physique de la France. *Paris*, 1771, in-8. *br.* — Bibliotheca Hoblyniana, sive catalogus librorum Rob. Hoblyn. *Londini*, 1769, in-8. *br.*

2444. Histoire littéraire de la Congrégation de Saint-Maur, ordre de Saint-Benoit. *Paris*, 1770, in-4. *br.*

2445. Hugo (Herm.), de prima scribendi origine et universa rei literariæ antiquitate, ed. C. H. Trotz. *Traj. ad Rh.*, 1738, in-8. *v. br.*

2446. Janozkius, litterarum in Polonia propagatores. *Dantisci*, 1746, in-4. *br.*

2447. Jonsius (Jo.), de scriptoribus historiæ philosophicæ, edd. J. Chr. Dornio et Struvio. *Ienæ*, 1716, in-4. *cart.*

2448. Kempius (M.) charismatum sacrorum trias , sive bibliotheca anglorum theologica. 1677, in-4. *v. br.*

2449. Memorie di matematica, e fisica della societa italiana. *Verona*, 1782-1784, in-4. *fig.* tom. 1 et 2.

2450. Mémoires de mathématique et de physique , rédigés à l'observatoire de Marseille. *Avignon*, 1755 , 2ᵉ partie. in-4. *br.*

2451. Morhofii (Dan. G.) Polyhistor literarius, philosophicus et practicus. *Lubecæ*, 1747, 2 vol. in-4. *br.*

2452. Museum Burckhardianum , 2 tom. 8 vol., scilicet Bibliotheca Burckhardiana. *Helmstadii* , 1755, 4 vol. in-4. *br.* — Numophylacium Burckhardianum. *Wolfenbutelli* , 4 vol. in-4. *br.*

2453. Oudinus ( C. ) , Commentarius de scriptoribus ecclesiæ antiquis. *Francof.,* , 1722, 3 vol. in-fol. *dem. rel.*

2454. Pfaffii (M.) , Introductio in historiam theologiæ litterariam. *Tubingæ*, 1724, 3 vol. in-4. *bas.*

2455. Pfreschner (Bern.) , de literiis amatoriis. *Ienæ*, 1735 , *brochure* in-4.

2456. Revue Encyclopédique , juillet à décembre 1824. 6 cah. in-8. *br.*

2457. Sabatier de Castres , les trois Siècles de la littérature françoise. *Paris , 1781, 4 vol. in-12. v.*

> Exemplaire avec des corrections et des additions autographes de Sabatier de Castres.

2458. Saggi di dissertationi publicamente lette nell'acadamia etrusca di Cortona *Roma* , 1735-1755 , in-4. *fig* , tom. 1, 2, 5, 6, *br.*

2459. Saxius (Chr ) . Onomasticon litterarium. *Traj. ad Rh.*, 1775-1803 , 8 vol. in-8, *v. f. fil.*

2460. Schwarz ( Chr. Got. ) , de ornamentis librorum et varia rei litterariæ veterum supellectile dissertationum antiquariarum hexas. *Lipsiæ*, 1756, in-4. *fig. dem. rel.*

2461. Scriptorum a societate Hafniense, danice edita et in latine conversa. *Hafniæ*, 1745-1747, 3 vol. in-4. *br.*

2462. Sectanus (L.), de tota græculorum hujus ætatis litteratura. *Hagæ Vulpiæ*, 1738, in-8. *vél.*

2463. Struvius (B. G.), Bibliotheca historiæ litterariæ selecta, ed Jo. Fr. Jugler. *Ienæ*, 1754, 3 vol. in-8. *br.*

2464. Struvii (B. G.) Bibliotheca librorum rariorum. *Ienæ*, 1719, in-4. *cart.*

2465. Summa librorum quos in omnibus scientibus ac artibus in lucem emittet academia. *Venetia*, 1559. — Ziletti (J. B.) Index librorum nomina complectens in utroq : jure ad hanc diem editorum. *Venetiis*, 1559, in-4. *non rel.*

2466. Terrasson, Mélanges de littérature, de jurisprudence littéraire, de critique, etc. *Paris*, 1768, in-12, *v. fil. d. s. tr.*

2467. Thura (Alb.), Idea historiæ litterariæ Danorum. *Hamburgi*, 1723, in-8. *vél.*

2468. Vigneul-Marville ( d'Argonne'), Mélanges d'histoire et de littérature. *Paris*, 1725, 3 vol. in-12. *v. br.*

2469. Weidler (J. Fr.), Bibliographia astronomica. *Wittembergæ*, 1755, in-8. *v.*

2470. Woit (Jac.) et Jo. S. Jungschultz, de incrementis studiorum per Polonos ac Prussos. *Lipsiæ*, 1723, in-4. *broch.*

### Biographie. — Extraits historiques.

2471. Abrégé de la vie d'Alex. Sauli, supérieur général des Barnabites. *Paris*, 1742, in-12. *mar. v. dent. d. s. t.*

2472. Abrégé de la vie de P. Danes. *Paris*, 1731, in-4. *v. f,*

2473. Abrégé de la vie, vertus et miracles de S. Jean de la Croix, trad. de l'italien par Amable de S. Joseph. *Paris*, 1727, in-12. — Istoria della vita, del martirio e de' miracoli di S. Giovanni Nepomuceno. *Genova*, 1735, in-12. *cart.*

2474. OErythræi (J. N.), Pinacotheca imaginum illustrium doctrinæ vel ingenii laude virorum. *Guelferbyti*, 1729, in-8. *br.*

2475. Apini (S. J.) vitæ et effigies procancellariorum academiæ Altorfinæ. *Norimbergæ*, 1721, in-4. *v. br.*

2476. Aubery, Histoire du cardinal de Joyeuse. *Paris*, 1654, in-4. *v.*

2477. Bailly, Eloge de Leibnitz. *Berlin*, 1768, in-4. *br.*
— Goetzius (Fr. L.), De mathematico uxorato. *Lipsiæ*, 1724, in-4. *br.*

2478. Bandiera (J. Nic.), De Augustino dato. *Romæ*, 1733, in-4. *cart.*

2479. Beaulieu (de), Vie de St. Thomas de Cantor-bery. *Paris*, 1674, in-4. *v. br.*

2480. Besze (Theod. de), Les vrais pourtraits des hommes illustres en piété et doctrine. *Genève*, 1581, in-4. *fig. sur bois, parch.*

2481. Binet (Cl.), Discours de la vie de P. de Ronsard. *Paris*, 1586, in-4. *parch.*
Exemplaire de Baluze et avec sa signature.

2482. Christius (J. Fr.), de Nic. Machiavello. *Lipsiæ*, 1731, in-4. *br.*

2483. Colin, Vie de Marie Lumagne, veuve de M. Polla-lion, institutrice des filles de la Providence. *Paris*, 1744, in-12. *v. f. fil. d. s. t.*

2484. Colomesius (P.), Gallia orientalis sive Gallorum qui linguam hebræam vel alias orientales coluerunt vitæ. *Hagæ Comitum*, 1665, in-4. *v. f.*

2485. Colomesii (P.) Italia et Hispania orientalis, ed. J. Chr. Wolfio. *Hamburgi*, 1730, in-4. *br.*

2486. Coret (Jac.), Le cinquième ange de l'apocalypse, Ignace de Loyola, fondateur de la C. de J. *Namur*, 1679, in-4. *v. br.*

2487. Cornelius Nepos, curante J. B. F. Descuret et cum notis J. V. Leclerc. *Parisiis*, 1820, in-8. *br.*

2488. Coste (Hil.), Portrait en petit de S. François de Paule. *Paris*, 1655, in-4. *v. br.*

2489. Daubenton, Vie de J. Fr. Regis. *Paris*, 1716, in-4. *v. br.*

2490. D'Auvigny, Vies des hommes illustres de la France. *Paris*, 1739, 26 vol. in-12. *br.*

2491. Dominique de Jesus, Vie de la B. Marie Magde-laine de Pazzi. *Paris*, 1622, in-12. *parch.*

2492. Eclaircissemens sur la vie de J. d'Aranthon d'Alex, évêque de Genève. *Chambery*, 1699, in-8. *mar. n. à comp. (Aux armes de S. Cyr).*

2493. Extrait du dictionnaire historique et critique de Bayle. *Amsterdam*, 1780, 2 vol. in-8. *br.*

2494. Feuillet (J. B.), Vie de la bienheureuse épouse de J. C., sœur Rose de Sainte Marie, originaire du Pérou. *Paris*, 1668, in-12. *v. br.* — Vita di S. Tomaso d'Aquino, di Partenio Etiro. *Venetia*, 1630, pet. in-24. *v. br. d. s. t.*

2495. Fischer (Jo. Chr.), Vita Joan. Vict. Roscii vulgo Jani Nicii Erythræi. *Coloniæ Ubiorum*, 1739, in-8. *br.*

2496. Frizon (Nic.), Vie du card. Bellarmin. *Bruxelles*, 1718, in-4. *v. br.*

2497. Girard, Histoire de la vie du duc d'Espernon. *Paris*, 1730, in-4. *v. br.*

2498. Guistiniani (M.), Gli scrittori Liguri descritti. *Roma*, 1667, in-4. *v. br.*

2499. Glorie (le) de gli incogniti. *Venetia*, 1647, in-4. *fig. vél.*

2500. Godeau (Ant.), Vie de S. Augustin. *Paris*, 1657, in-4. *v. br.*

2501. Gratiani, Vie du card. Commendon, trad. en franç. par Flechier. *Paris*, 1671, in-4. *v. br.*

2502. Grotius (G.), Vitæ jurisconsultorum quorum in pandectis extant nomina. *Lugd. Bat.*, 1690, in-4. *v. br.*

2503. Habert (Germ ), Vie du card. de Berulle. *Paris*, 1646, in-4. *v. br.*

2504. Hasenmilleri historia parallela vitæ doctoris Martini Lutheri et Martini, episcopi Turonensis. *Francof.*, 1593, in-4. *dem. rel.*

2505 Hermant (God.), Vie de S. Ambroise. *Paris*, 1679, in-4. *v. br.*

2506. Hermant (G.), Vie de St. Athanase. *Paris*, 1671, 2 vol. in-4. *v. f.*

Ex. de Guyon de Sardiere.

2507. Hindenburg, oratio in memoriam J. Aug. Ernesti. *Lipsiæ*, 1790, in-4. *br.*

2508. Histoire de Ciceron, tirée de ses écrits et des monumens de son siècle. *Paris*, 1749, 4 vol. in-12. *br.* — Morabin, Histoire de l'exil de Cicéron. *Paris*, 1725, in-12. *br.*

2509. Histoire de la vie de Ch. de Crequy, duc de Lesdi-
guières ( par N. Chorier ). *Grenoble*, 1683, in-12.
*v. br.*

2510. Histoire et vie de S. Epiphane. *Paris*, 1738,
in-4. *v.*

2511. Histoire des plus illustres favoris anciens et modernes. *Leide*, 1659, in-4. *v. br.*

2512. Historia succincta S. Elisabethæ extra muros mo-
nasterii S. Maximini, ord. S. Benedicti prope Treviros.
*Londini*, 1786, in-8. *fig. br.*

2513. Hobbes (Th.), Vita. *Carolopoli*, 1682, in-4. *v.*
Ex. de Baluze.

2514. Hugo (L. C.), Vie de S. Norbert. *Luxembourg*,
1704, in-4. *v. br.*

2515. Imprese di diversi principi et d'altri personnagi
illustri, col designo loro e le dichiarationi in versi
di L. Dolce et d'altri. *Venetia*, 1578, in-4. *fig. v.*

2516. Janociana sive Clarorum atque illustrium Poloniæ
auctorum, mæcenatumque memoriæ miscellæ. *Var-
saviæ*, 1786, in-8. tom. 1<sup>er</sup>. *br.*

2517. Kunzius (P.), De Conrado Kauffungo. *Vitembergæ*, 1717, in-4. *br.*

2518. Lassere, Vie de Monseigneur sainct Hierosme.
*Paris*, 1529, in-4. *dem. rel.* ( *Titre raccomodé* ).

2519. Legendre (L.), Vie du cardinal d'Amboise. *Rouen*,
1726, in-4. *v. br.*

2520. Lesléo (G. L.), Vita di sancta Margherita regina
di Scozia. *Roma*, 1675, pet. in-12. *v. br. d. s. t.*

2521. Leti (Greg.), Vie du pape Sixte V. *Paris*, 1731,
in-4. *cart.*

2522. Lilienthal (Th. Chr.), Historia Beatæ Dorotheæ
Prussiæ patronæ fabulis variis maculata. *Dantisci*,
1744, in-4. *br.*

2523. Loyac (J. de), Le Triomphe de la charité en la vie
du B. H. Jean-de-Dieu. *Paris*, 1661, in-4. *v. br.*

2524. Marchety (Fr.), Vie de J. B. Gault, évèque de Marseille. *Paris*, 1750, in-4 *v. br.*

2525. Marchety, Vie de M. de Chasteuil, solitaire du
Mont-Liban. *Paris*, 1666, in-12. *v. br.*

2526. Marie (J.), Vie de la M. Marguerite de St.-Xavier.
*Paris*, 1665, in-4. *v. br.*

2527. Marie (J.), Vie de saint Louis, roy de France.
*Paris*, 1662, in-4. *v. br.*

2528. Marin (Maurice), Vie de la sœur Marie de l'Incar-
nttion, fondatrice de l'ordre de N. D. du Mont-Carmel
en France. *Paris*, 1642, in-8. *m. r. à compart.
d. s. t.*

2529. Marini Procli vita, ed. J. Alb. Fabricio. *Londini*,
1703, in-8. *vél.*

2530. Marini vita Procli, gr. et lat., ed. J. Fr. Boisso-
nade. *Lipsiœ*, 1814, in-8. *br.*

2531. Marsollier (de), Vie de A. J. Le Bouthillier de
Rancé, abbé de la Trappe. *Paris*, 1758, 2 vol. in-12. *v.*

2532. Martianay (J.), Vie de S. Jérome. *Paris*, 1706,
in-4. *v. br.*

2533. Mauroy (de), Discours de la vie et faits héroïques
de M. de la Vallette. *Metz*, 1624. — La grande dia-
blerie de Jean Vallette dit de Nogaret. 1589, ( in-8.
monté in-4), 1 vol. in-4. *v.*

Exemplaire de Guyon de Sardiere et avec sa signature.

2534. Maupas du Tour (H. de), Vie de François de Sales
evesque et prince de Genève. *Paris*, 1657, in-4. *v.*

2535. Maupas de la Tour, Vie de la m. Françoise
Fremiot. *Paris*, 1645, in-4. *mout.*

2536. Mazzoleni (Al.) vita di Fr. Bianchini. *Verona*,
1735, in-4. *cart.*

2537. Mémoires de la vie de Jacques Auguste de Thou.
*Rotterdam*, 1711. — Lettres d'un théologien à l'évêque de Soissons. 1722. — Seconde instruction pastorale du card. de Noailles. 1729, in-4. *v.*

2538. Mémoires de la vie et des aventures de Nic. Gargot
capitaine de marine. in-4. *v. br.*

2539. Mémorie anedote spettanti alla vita ed agli studj
di F. Paolo Sarpi. *Losana*, 1770, in-8. *br.*

2540. Molleri (Dan. G.) de vitis quinquaginta historico-
rum. *Noribergœ*, 1726, in-4. *br.*

2541. Morhofii (D. G.) vita. in-4. *v. f.*

2542. Naudæi (G.) Tumulus, cura et labore Lud. Jacob
collectus. *Parisiis*, 1659, in-4. *v. f.*

2543. Patinus (C.), Lyceum Patavinum : pars 1ᵃ. *Patavii*,
1683, in-4. *fig. v. br.*

2544. Paullini (Chr. Fr.) theatrum illustrium virorum Corbeiæ Saxonicæ. *Ienæ*, 1686, in-4. *parch.*

2545. Planchette (Bern.), Vie de S. Benoist. *Paris*, 1652, in-4. *v. br.*

2546. Quarré (le p. J. H.), La vie de la mère Angele fondatrice de la Compagnie de Sainte Ursule. *Paris*, 1648, in-12. *parch.* — Lachere (le p.), Vies de S. Jacques de la Marche et de S. François Solano, religieux de l'observance de S. François. 1728, in-12. *v. br.*

2547. Relation de la vie et de la mort de frère Palemon de la Trappe, nommé dans le monde le comte de Santena. *Paris*, 1695, in-12. *mar. r. fil. d. s. t.*

2548. Roberti (Jo.) historia S[ti]. Huberti. *Luxemburgi*, 1621, in-4. *v. br.*

2549. Roye (Fr. de), Vita, hæresis et pænitentia Berengarii Andegavensis Episc. et ad: Fl. Josephi locum de D. Jesu Christo. *Andegavi*, 1656, in-4. *parch.*

2550. Saint Jure (J. B.), Vie de M. de Renty. *Paris*, 1651, in-4. *v. fil. d. s. tr.*

2551. Saint Jure (le p. J.), La vie de M. de Renty. *Paris*, 1653, pet. in-12. *v. br.*

2552· Sainte Marthe (Denys de), Histoire de S. Grégoire le grand. *Rouen*, 1697, in-4. *v. br.*

2553. Seyfridius, de Joh. Hussi martyris, vita, fatis et scriptis, cum notis Mylii. *Hilperhasæ*, 1743, in-4. *cart.*

2554. Spizelius ( Th.), Templum honoris reseratum sive illustrium ævi hujus theologorum et philosophorum imagines ac elogia. *Aug. Vindel.*, 1673, in-4. *fig. v. br.*

2555. Tarnoczi (Steph.) Idea coronata sive vita S. Stephani regis et apostoli hungarorum. *Viennæ*, 1680, in-12. *mout. d. s. t.*

2556. Touron (P. A.), Vie de Saint-Dominique *Paris*, 1739. in-4. *v. br.*

2557. Touron (A.), Vie de S. Thomas d'Aquin. *Paris*, 1737, in-4. *v. br.*

2558. Touron (P. A.), Vie et esprit de S. Charles Borromée. *Paris*. 1761, in-4. *br.*

2559. Tyrwhitt (Th.), Dissertatio de Babrio fabularum

Æsopearum scriptore, ed. Th. Chr. Harles. *Erlangæ,* 1785, pet. in-8. *br.*

2560. Utenhouij Xenia, seu ad illustrium aliquot Europæ, hominum nomina allusionum liber I. *Basileæ,* pet. in-8. *vél. doré.*

2561. Valerius Maximus, de dictis factisque memorabilibus, et Jul. Obsequens, de prodigiis, ed. C. B. Hase *Parisiis,* 1822, 2 tom. en 3 vol. in-8. *br.*

2562. Van Heusde (J. A. C.), Diatribe in Guil. Lud. Nassavii vitam, ingenium, merita. *Traject. ad Rhen.* 1835, in-8. *fig. br.*

2563. Vie de Catherine II ( par Castera). *Paris,* 2 vol. in-8. *cart.*

2564. Vie de S. Cyprien. *Paris,* in-4. *v. br.*

2565. Vie du p. P. Fourier, dit le P. de Mataincour. *Au Pont-à-Mousson,* 1656, in-4. *v. br.*

2566. Vie de S. François de Sales, évêque de Genève ( par Cotolendi). *Paris,* 1689, in-4. *v. br.*

2567. Vie de S. François de Borgia ( par le p. Ant. Verjus). *Paris,* 1672, in-4. *mar. n. d. s. tr.*

2568. Vie de S. François-Xavier ( par le p. Bouhours ). *Paris,* 1682, in-4. *v. br.*

2569 Vie de la m. Françoise de S. Bernard ( Madame de Maisons ). *Paris,* 1650, in-4. *parch.*

2570. Vie de messire Gaspard de Coligny. *Amsterdam,* 1643, in-4. *parch.*

2571. Vie de Gaspard de Coligny. *Cologne, P. Marteau,* 1686, in-12. *v. br.*

2572. Vie d'Ignace de Loyola et de Jacques Laynez et François de Borja, trad. de Maffee et de Ribadeneyra, par Michel Desne. *Tournay,* 1613, in-4. *parch.*

2573. Vie de S. Jean Chrysostome. *Paris,* 1664, in-4. *v. br.*

2574. Vie de madame de Miramion. *Paris,* 1706, in-4. *v. f. d. s tr.*

2575. Vie de S. Paulin. *Paris,* 1743, in-4. *v.*

2576. Vie du B. H. Robert d'Arbrissel. *Saumur,* 1667, in-4. *v. br.*

2577. Vie et bons mots de Santeuil. *Cologne,* 1722, 2 tom. en un vol. in-12, *v. br.*

2578. Vie des Saints pour tous les jours de l'année. *Paris*, 1680, in-4. *v. br.*

2579. Vies des Saints pour tous les jours de l'année. *Paris*, 1825, 2 vol. in-4. *fig. gr. pap. en livraisons.*

2580. Villefore (de), Vie de S. Bernard. *Paris*, 1704, in-4. *v. br.*

2581. Viole (G.), la vie, les vertus et les miracles de S. Germain, evésque d'Aucerre. *Paris*, 1656, in-4. *v. br.*

2582. Vita S. Antonii a Athanasio græce scripta, cum notis D. Hoeschelii. *Aug. Vind.*, 1611, in-4. *parch.*

2583. Vita D. Aur. Augustini, auctore incerto, ed. And. Guil. Cramer. *Kiliæ*, 1832, in-8. *br.*

FIN.

# TABLE

# DES MATIÈRES.

IMPRIMERIE D'HIPPOLYTE TILLIARD,
RUE ST.-HYACINTHE-ST.-MICHEL, n° 30.

www.ingramcontent.com/pod-product-compliance
Ingram Content Group UK Ltd.
Pitfield, Milton Keynes, MK11 3LW, UK
UKHW020157130726
13696UKWH00002B/561